DIREITO MATERIAL E PROCESSUAL DO TRABALHO

I Congresso Latino-americano de Direito Material e Processual do Trabalho

COORDENAÇÃO CIENTÍFICA
Prof. Dra. Maria Cecília Máximo Teodoro

COORDENAÇÃO EDITORIAL
Sabrina Colares Nogueira

CONSELHO EDITORIAL
Prof. Dr. Cleber Lúcio de Almeida
Prof. Dr. José Eduardo Resende Chaves Júnior
Prof. Dr. Luiz Otávio Linhares Renault
Profa. Dra. Maria Cecília Máximo Teodoro
Prof. Dr. Márcio Túlio Viana
Prof. Dr. Vitor Salino de Moura Eça

MARIA CECÍLIA MÁXIMO TEODORO
Coordenadora

DIREITO MATERIAL E PROCESSUAL DO TRABALHO

I Congresso Latino-americano de Direito Material e Processual do Trabalho

LTr

EDITORA LTDA.

© Todos os direitos reservados

Rua Jaguaribe, 571
CEP 01224-001
São Paulo, SP — Brasil
Fone (11) 2167-1101
www.ltr.com.br
Junho, 2015

versão impressa — LTr 5233-2 — ISBN 978-85-361-8485-2
versão digital   — LTr 8747-6 — ISBN 978-85-361-8491-3

Dados Internacionais de Catalogação na Publicação (CIP)
(Câmara Brasileira do Livro, SP, Brasil)

Direito material e processual do trabalho / Maria Cecília Máximo Teodoro, coordenadora. — São Paulo : LTr, 2015.

Vários autores
Bibliografia.

1. Direito do trabalho 2. Direito material 3. Direito processual do trabalho I. Teodoro, Maria Cecília Máximo.

15-02600   CDU-34:331

Índice para catálogo sistemático:

1. Direito material e processual do trabalho   34:331

Sobre os autores e colaboradores

COORDENADORA DA OBRA

MARIA CECÍLIA MÁXIMO TEODORO — Pós-doutora em Direito do Trabalho pela Universidade de Castilla — La Mancha, com bolsa da CAPES. Doutora em Direito do Trabalho pela USP. Mestre em Direito do Trabalho pela PUC-MG. Professora do Programa de Pós-graduação da PUC-MG. Membro reeleita do Colegiado do Programa de Pós-graduação da PUC-MG para o triênio 2014-2016. Pesquisadora CNPQ.

AUTOR DO PREFÁCIO

MÁRCIO TÚLIO VIANA — Pós-Doutor pela Universidade de Roma *I La Sapienza* e pela Universidade de Roma *II TorVergata*. Doutor em Direito pela UFMG. Professor da graduação na UFMG. Professor do Programa de Pós-Graduação em Direito da PUC/MG. Professor visitante da Universid Externado de Bogotá — Colômbia. Coordenador do Programa Pólos de Cidadania da UFMG.

COLABORADORES

ARIETE PONTES DE OLIVEIRA — Doutoranda e Mestre em Direito do Trabalho pela PUC/MG. Pesquisadora CAPES — PDSE na Universidad Castilla-La Mancha. Professora de Direito do Trabalho. Orientadora do Grupo de Iniciação Científica do "Programa Interdisciplinar de Capacidade Discente" — PICD na Faculdade Doctum. Advogada.

BÁRBARA NATÁLIA LAGES LOBO — Doutoranda e Mestre em Direito Público pela PUC-MG. Servidora do Tribunal Regional do Trabalho da 3ª Região. Professora de Direito e Processo do Trabalho.

BRUNO FERRAZ HAZAN — Doutorando em Direito Privado pela PUC-MINAS. Mestre em Direito do Trabalho pela PUC-MINAS. Professor.

DAYSE COELHO ALMEIDA — Doutoranda, mestre e especialista em Direito pela Pontifícia Universidade Católica de Minas Gerais. Professora de Direito. Advogada e consultora jurídica.

DÉBORA CAROLINE PEREIRA DA SILVA — Mestranda em Direito do Trabalho pela PUC-MG. Pesquisadora CAPES. Advogada.

GRACIANE RAFISA SALIBA — Doutoranda em Direito do Trabalho e Mestre em Direito Público pela PUC-MG. MBA em Direito do Trabalho pela Fundação Getúlio Vargas. Especialista em Derecho del Trabajo y Crisis Económica pela Universidad Castilla la Mancha — Espanha. Coordenadora da Pós-Graduação em Direito e Processo do Trabalho da Faculdade Pitágoras. Professora. Advogada.

ISABELLE CARVALHO CURVO — Mestranda em Direito do Trabalho pela PUC Minas. Advogada.

KONRAD SARAIVA MOTA — Doutorando em Direito do Trabalho pela PUC-MG. Mestre e especialista em Direito e Processo Administrativo pela UNIFOR. Professor de Direito e Processo do Trabalho. Juiz do Trabalho junto ao TRT 7ª Região.

LETÍCIA BITTENCOURT E ABREU AZEVEDO — Graduanda em Direito da PUC-MG. Fundadora do Projeto Social MXZ — Student Leader (Estudante Líder) pelo Departamento de Estado Norte-Americano.

LÍDIA MARINA DE SOUZA E SILVA — Mestra em Direito do Trabalho pela PUC-MG. Especialista em Direito do Trabalho pela Faculdade de Direito Milton Campos. Professora e Advogada.

LÍLIA CARVALHO FINELLI — Mestranda em Direito do Trabalho pela UFMG. Pesquisadora pela FAPEMIG. Advogada.

LÍLIAN MARIANO FONTELE MOTA — Mestranda em Direito e Gestão de Conflitos pela UNIFOR. Pedagoga e Advogada. Especialista em Direito e Processo do Trabalho pela UNIFOR.

LUCAS SCARPELLI DE CARVALHO ALACOQUE — Mestrando em Direito do Trabalho pela PUC Minas. Servidor do Tribunal de Justiça do Estado de Minas Gerais.

LUCIANA COSTA POLI — Pós-Doutoranda pela UNESP (Bolsista da CAPES/PNPD). Doutora em Direito Privado pela PUC-MINAS. Mestra em Direito e Instituições Políticas pela Universidade FUMEC/MG.

MAÍRA NEIVA GOMES — Doutoranda e Mestre em Direito do Trabalho pela PUC Minas. Professora de Direito do Trabalho. Coordenadora do departamento Jurídico do Sindicato dos Metalúrgicos de BH/Contagem e Região. Membro da Comissão de Direito Sindical e Direitos Humanos da OAB/MG.

PATRÍCIA SANTOS DE SOUSA CARMO — Doutoranda e Mestre em Direito do Trabalho pela PUC-MG. Advogada. Professora de Direito do Trabalho.

RAFAEL CHIARI CASPAR — Mestre em Direito do Trabalho. Professor de Direito do Trabalho e Processo do Trabalho. Advogado trabalhista.

ROBERTA DANTAS DE MELLO — Doutoranda e mestre em Direito do Trabalho pela PUC-MG. Pesquisadora da CAPES (2010/2012). Advogada. Professora de Direito do Trabalho.

THAÍS CAMPOS SILVA — Mestranda em Direito do Trabalho pela PUC-MG. Advogada.

THIAGO MORAES RASO LEITE SOARES — Mestrando em Direito do Trabalho pela PUC-MG. Especialista em Direito e Processo do Trabalho pela PUC-MG. Auditor-Fiscal do Trabalho.

Sumário

PREFÁCIO
    Márcio Túlio Viana 9

APRESENTAÇÃO 13

A APLICAÇÃO DA RESPONSABILIDADE CIVIL PELA PERDA DE UMA CHANCE NO DIREITO DO TRABALHO: discussões sobre a busca pela natureza jurídica do instituto
    Ariete Pontes de Oliveira/Débora Caroline Pereira da Silva 15

A APLICAÇÃO DAS TUTELAS DE URGÊNCIA, DE OFÍCIO, COMO FORMA DE GARANTIR A EFETIVIDADE DO PROCESSO: uma análise de direito comparado dos países latino-americanos
    Thaís Campos Silva/Thiago Moraes Raso Leite Soares 25

A FACE OCULTA DA CONCILIAÇÃO
    Rafael Chiari Caspar 35

DO WHAT YOU LOVE, LOVE WHAT YOU DO: impactos do lema de Steve Jobs na proteção trabalhista globalizada
    Lília Carvalho Finelli 45

EXECUÇÃO DAS SENTENÇAS TRABALHISTAS ESTRANGEIRAS NO ORDENAMENTO JURÍDICO BRASILEIRO
    Lucas Scarpelli de Carvalho Alacoque 53

LICENÇA-MATERNIDADE, LICENÇA-PATERNIDADE E LICENÇA PARENTAL. DIREITO VOLTADO À PROTEÇÃO DA FAMÍLIA, À DIGNIDADE DA PESSOA HUMANA E INSTRUMENTO DE IGUALDADE NO TRABALHO
    Dayse Coelho Almeida 60

O ADICIONAL DE PENOSIDADE SOB A ÓPTICA DA TEORIA CONSTITUCIONAL CONTEMPORÂNEA: a efetivação dos direitos fundamentais
    Bárbara Natália Lages Lobo 70

O ENQUADRAMENTO SINDICAL DO TRABALHADOR TERCEIRIZADO A PARTIR DE UMA INTERPRETAÇÃO EVOLUTIVA DO CRITÉRIO LEGAL DE CONEXÃO PREVISTO NA CLT
    Lilian Mariano Fontele Mota/Konrad Saraiva Mota 83

O TRABALHO DA MULHER ENTRE A PRODUÇÃO E A REPRODUÇÃO
    Isabelle Carvalho Curvo 88

O TRABALHO VOLUNTÁRIO NO BRASIL: um olhar crítico sobre a prestação de serviços na copa do mundo de 2014
    Roberta Dantas de Mello 96

O VALOR FILOSÓFICO DO TRABALHO PROPICIA A TRANSFORMAÇÃO DA "CLASSE — EM — SI" EM "CLASSE — PARA — SI"
    Maíra Neiva Gomes 103

PRAZER E SOFRIMENTO NO TRABALHO: reflexões sobre a ambivalência do trabalho no Brasil contemporâneo e sua ligação com o direito
    Letícia Bittencourt e Abreu Azevedo/Lídia Marina de Souza e Silva 117

RELEITURA DA APLICAÇÃO DO DIREITO NOS CONTRATOS DE TRABALHO COM CONEXÃO INTERNACIONAL NUMA PERSPECTIVA JUSPRINCIPIOLÓGICA
    Graciane Rafisa Saliba 127

REPENSANDO O SISTEMA DE ENQUADRAMENTO SINDICAL: uma releitura à luz dos novos princípios constitucionais
    Bruno Ferraz Hazan/Luciana Costa Poli 137

TRABALHO: valor ou mercadoria?
    Patrícia Santos de Sousa Carmo 148

PREFÁCIO

Márcio Túlio Viana(*)

Dizem que nos tempos muito antigos, bem antes dos espanhóis e mesmo antes das primeiras tribos, Naainuema, o grande deus, já reinava sobre os rios e as terras que depois se chamariam Colômbia.

Na verdade, como contam as mesmas histórias, o seu reino se espraiava por todos os lugares e as coisas, já que tudo era obra sua, construída com o seu próprio corpo:

> "Una vez controlada la nada, Naainuema creó el agua: transformó en agua la saliva de su boca. Luego se sentó en esta parte del universo, que es nuestra tierra, para crear el cielo: tomó una parte de esa tierra y con ella formó el cielo azul y las nubes blancas.[1]"

É bem verdade que essas antigas histórias não falam dos outros entes — igualmente poderosos — conhecidos fora dali, como os que habitavam as terras e os rios que depois se chamariam Brasil.

Mas é provável que esses outros entes — como Iara ou Tupã — fossem na verdade o próprio Naainuema, que também tinha poder sobre os nomes e os usava, talvez, para brincar, ou quem sabe para nos confundir.

Já do lado oposto do mar, entre os espanhóis e portugueses, o deus não tinha nome — era só deus — mas talvez fosse outra vez Naainuema, pois certamente não haveria outro capaz de criar o céu com a própria terra ou de fazer a água do mundo com as gotas de sua saliva.

O fato é que Naainuema reinava tranquilo, com seus arco-íris e passarinhos, e embora já visse guerras e outras maldades, foi só muito tempo depois, quando os portugueses e os espanhóis chegaram, que ele conheceu os canhões e as caravelas, as espadas e as mortes em série.

E foi também então que — talvez com grande surpresa — Naainuema presenciou cruéis disputas em torno de seu nome, assim como veio a perceber a cobiça dos homens pelo ouro, o mesmo ouro que ele havia copiado do sol para enfeitar a terra.

(*) Pós-Doutor pela Universidade de Roma I *La Sapienza* e pela Universidade de Roma II *TorVergata*. Doutor em Direito pela UFMG. Professor da graduação na UFMG. Professor do Programa de Pós-Graduação em Direito da PUC/MG. Professor visitante da Universid Externado de Bogotá — Colômbia. Coordenador do Programa Pólos de Cidadania da UFMG.
(1) Inscrição no Museu do Ouro, de Bogotá.

Contam que a partir desse tempo, e com o andar dos séculos, surgiu uma variedade infinita de outros nomes, coisas, gentes, plantas e bichos, que também foram se misturando entre si. E dessa mistura nasceu um novo povo — ele próprio misturado — que passou a ser conhecido como o povo latino-americano.

Esse povo, que somos nós, é um povo da floresta, mas é também europeu e africano; e são tantos e tão variados os seus pais, que seria mesmo impossível nomeá-los um a um. Entre eles estão, por exemplo, o índio, o jesuíta, a mucama, o camponês, o escravo, o senhor do escravo, o conde, o visconde, o alcaide, o professor, a grande dama, o mascate, o mendigo, o cantador de viola, o pastor de lhamas e o sanfoneiro.

Ainda assim, apesar de tantas e tão contraditórias origens, esse povo conseguiu — também com o passar do tempo — construir-se de forma mais ou menos inteira, mais ou menos coerente, com modos de sentir e de pensar parecidos. E hoje, embora possa ter rostos, cores e até línguas distintas, é possível identificá-lo na multidão, no meio dos outros povos do mundo.

Quem é ele? Como é ele?

É claro que nas multidões há de tudo; mas seja no Brasil ou na Colômbia, no Paraguai ou em Porto Rico, no Equador ou na Bolívia, esse povo tende a ser doce, embora não perca seu traço guerreiro; e é também sensual e místico, musical e sensível, alegre e melancólico, emocional e criativo.

Um exemplo — ou testemunho — nos é dado por Gilberto Freyre, antropólogo brasileiro, numa página muito bela de "Casa Grande e Senzala"[2]. Ele mostra como o nosso Português se tornou Brasileiro:

> "A ama negra fez (...) com as palavras o mesmo que com a comida: machucou-as, tirou-lhe as espinhas, os ossos, as durezas, só deixando para a boca do menino branco as sílabas moles".

E o que aconteceu com as palavras também sucedeu com outras coisas, até mesmo com os móveis de sala:

> "Os desenhos dos móveis ingleses foram suavizados com curvas quando chegaram ao Brasil (...) arrendondando-se no clima brasileiro(...) em lugar das linhas anglicanamente secas"[3].

Em seus cinco séculos de história, o povo latino-americano traz as marcas da opressão, e a enfrentou muitas vezes. Mas antes de tudo aprendeu a driblar os obstáculos e a se reinventar sempre, o que o torna bem mais capaz de viver as incertezas do nosso tempo e de propor um futuro eclético, inventivo, surpreendente e também misturado, como convém aos tempos pós-modernos.[4]

No campo do Direito do Trabalho, o latino-americano é um povo que questiona — bem mais que o europeu — a onda neoliberal e as pressões flexibilizantes. Mas é sobretudo um povo que experimenta as alternativas as mais variadas, e que hoje vão desde as práticas solidárias até os movimentos de rua ou as ocupações de terras.

Não obstante tudo isso, porém, até as tendências mais fortes podem se contradizer; e foi assim que, mesmo encravado nesse todo, o Brasil sempre se pôs meio à parte, como uma espécie de ilha, um tanto ou quanto distante dos seus irmãos dessa América.

Talvez — quem sabe? — o nosso país tenha se olhado no espelho e se deixado impressionar por seu tamanho, como se fosse — ele próprio — o continente. Ou talvez o seu espelho fossem os grandes países, do outro lado do mundo, os mesmos que o haviam colonizado.

O fato é que essa postura, alimentada pela língua diferente e por um passado um tanto peculiar, desviou o nosso olhar mais para o Norte e o Leste do que para o Sul e o Oeste. E assim acontecia até há pouco.

Felizmente, de algum tempo para cá, parece que o canto de Mercedes Sosa, os romances de Garcia Marquez, a saga das Mães de Maio, a crítica poética de Eduardo Galeano, o martírio de Salvador Allende e os estudos de brilhantes juristas, de La Cueva a Uriarte — além de tantos e tantos outros — começaram a nos tocar.

---

(2) FREYRE, Gilberto. *Casa-Grande e Senzala...*, p. 234. Global, 2003.
(3) Idem.
(4) Em "O Despertar da Águia". Petrópolis: Vozes, 1987

E hoje, pouco a pouco, mesmo tendo nascido no Brasil, muitos de nós já se sentem um pouco colombianos, peruanos, argentinos, uruguaios, venezuelanos, bolivianos, porto-riquenhos, equatorianos, cubanos ou nicaraguenses.

É claro que temos também diferenças, e não só de nomes ou de línguas. Mas, como eu dizia, começamos a nos ver como parte de um todo, e resgatar essa condição é em si mesmo uma das condições para que possamos, pouco a pouco, trocar a dependência historica por um projeto de emancipação crescente.

Foi pensando assim que o Programa de Pós-Graduação em Direito da PUC-Minas desenvolveu esse projeto pioneiro, abrangendo vários países do continente em torno de estudos e debates na área trabalhista.

Mais do que conhecer de perto as normas jurídicas daqui ou dali, fazendo exercícios comparativos, a ideia é — a partir dessa investigação — pensarmos juntos um futuro melhor para os nossos trabalhadores, dentre os quais estarão certamente os nossos filhos.

O livro que o Leitor tem às mãos é o primeiro resultado desse grande esforço. Traz temas atuais, de alta relevância, mesclando experiências e propondo soluções. Seu conteúdo foi construído, em boa parte, a partir do I Congresso Latino-americano de Direito Material e Processual do Trabalho, que contou com o valioso apoio do Instituto Lopes da Costa.

Do livro participam não só renomados professores da Universidad Externado, de Bogotá, e da Pontifícia Universidade Católica, de Belo Horizonte, como também pesquisadores do Mestrado e Doutorado das duas Instituições.

Mas ainda não é só. Para além dos enfoques jurídicos, esse projeto envolve aquele objetivo maior, embora menos explícito: o de fortalecer a chama da latinoamericanidade, revivendo na medida do possível algo do sonho de Simon Bolívar e abrindo novos espaços de comunhão.

Talvez esse passo seja tão pequeno que as pessoas não o percebam: afinal, o que é um simples livro, em meio às infinitas variáveis que nos cercam? Mas pelo menos — quem sabe? — traremos de volta as bençãos de Naainuema, que tudo vê e tudo escuta (mesmo as menores coisas) e nos acompanha de longe.

Apresentação

Os textos apresentados neste livro retratam as discussões atuais acerca do Direito Material e Processual do Trabalho realizadas durante as oficinas de artigos do I Congresso Latino-americano de Direito Material e Processual do Trabalho, realizado de forma interdisciplinar pelos Programas de Pós-graduação da Pontifícia Universidade Católica de Minas Gerais e da Universidade Externado de Bogotá/Colômbia.

Esta parceria é fruto do Projeto de Internacionalização do Programa de Pós-Graduação da PUC Minas, nota 6 junto à Capes, sendo a primeira edição de um Congresso que promete ser um evento paradigmático e ansiosamente esperado pelos acadêmicos e juristas da seara trabalhista.

A seleção dos artigos observou o critério da dupla análise cega por pares o que resultou numa seleta coletânea de textos de alto nível acadêmico-científico, retratando temas atuais e controversos do Direito Material e Processual do Trabalho na América Latina, frente as pressões flexibilizantes neoliberais que atacam o mundo do trabalho.

Os temas permeiam o Direito do Trabalho e a responsabilidade civil, as tutelas de urgência, a conciliação e a execução de sentença estrangeira na esfera do Direito Processual do Trabalho e a nova face na globalização na esfera do trabalho, com foco na análise da revisão destes temas, conforme o marco teórico da repersonalização do Direito do Trabalho, segundo o qual este abandona seu caráter patrimonial, colocando o ser humano digno em seu centro. Ainda, os valores do trabalho na sociedade contemporânea, a violação de direitos, o reconhecimento da dignidade humana pelo trabalho e controvérsias do Direito Coletivo e do Direito Previdenciário também são discutidos sob o escopo da progressividade do Direito ao trabalho digno.

Esta obra reflete, assim, o atual cenário latino-americano da pesquisa acerca do trabalho: é séria, instigante, interdisciplinar, combatente, incisiva, atual e de leitura obrigatória.

Maria Cecília Máximo Teodoro
Sabrina Colares Nogueira

A APLICAÇÃO DA RESPONSABILIDADE CIVIL PELA PERDA DE UMA CHANCE NO DIREITO DO TRABALHO:
discussões sobre a busca pela natureza jurídica do instituto

Ariete Pontes de Oliveira[*]
Débora Caroline Pereira da Silva[**]

1. INTRODUÇÃO

O dever de reparar, outrora fundamentado na conduta culposa do agente infligidor do dano, tem sofrido evoluções importantes em face do contexto histórico, cultural, econômico e social, iluminado pelos princípios da dignidade da pessoa humana, pela solidariedade social e pela reparação integral de danos causados injustamente. A reconstrução teórica do dever de reparar, ou ainda a sua mudança paradigmática, trouxe como consequência a alteração do objeto do dever de reparar, deslocando-se, então, da pessoa do ofensor (identificação da culpa) à pessoa da vítima, visando à reparação integral do dano injustamente sofrido. Nesta nova interpretação dada à reparação civil, novos danos passam a ser discutidos, dentre eles, a reparação pela perda de uma chance, que consiste na perda injustificada da oportunidade de se auferir uma vantagem.

A perda de uma chance, contraditória em seus elementos, pois envolve a certeza da perda da oportunidade, mas a incerteza do resultado a ser alcançado, acarreta sérias discussões em torno da sua natureza jurídica, tanto no plano teórico quanto no plano da casuística. De origem civilista, a perda de uma chance foi recepcionada pelo Direito do Trabalho a fim de buscar a reparação pelos danos injustos acarretados à pessoa do trabalhador. Mas em que perspectiva deve se utilizar a perda de uma chance? Enquanto dano autônomo a ser reparado, enquanto extensão do nexo causal ou, ainda, como técnica de deslocamento do objeto da reparação? Enfim, qual a natureza jurídica da perda de uma chance?

A busca pela natureza jurídica do instituto tem por objetivo resguardar a reparação integral do dano sofrido pela vítima (aqui, o trabalhador), fundamentando-se a análise a partir da leitura do Direito do Trabalho constitucionalizado. Para tanto, parte-se da nova hermenêutica de interpretação do dever de reparação, seguida pela contextualização da perda de uma chance, para, ao final, apontar as diferentes teorias que cercam a natureza jurídica da perda de uma chance.

2. A EVOLUÇÃO DO DEVER DE REPARAR

Pensar o dever de reparar pressupõe sua limitação temporal e histórica, justificando-se, então, a perspectiva de mudanças paradigmáticas que cercam todo o instituto. Neste sentido, "tudo sói mudar e se transformar no campo do Direito escrito, em face

---

[*] Doutoranda e Mestre em Direito do Trabalho pela PUC/MG. Pesquisadora CAPES — PDSE na *Universidad Castilla-La Mancha*. Professora de Direito do Trabalho. Orientadora do Grupo de Iniciação Científica do "Programa Interdisciplinar de Capacidade Discente" — PICD na Faculdade *Doctum*. Advogada.
[**] Mestranda em Direito do Trabalho pela PUC — MG. Pesquisadora CAPES. Advogada.

de injunções múltiplas e sempre renovadas, ditadas pela realidade circunstante, seja ela de natureza política, econômica, histórica ou mesmo filosófica"[1].

Assim, o dever de reparar, cujo termo tem origem latina *respondere*, que significa tornar-se garantidor de algo, sofre mutações, de modo a conformar o Direito e a realidade social. No sistema jurídico brasileiro, o conceito, os fundamentos e pressupostos do dever de reparar são modificados a partir da Constituição da República Federativa do Brasil de 1988 — CR/88.

Inicialmente, no plano das codificações, ainda na leitura oitocentista, o dever de reparar estava atrelado ao conceito de ato ilícito, pressupondo então a responsabilidade civil de natureza jurídica subjetivista. Bem, outra não poderia ser a leitura. A doutrina individualista, construída a partir do conceito de homem natural, tomou-o como ser isolado, livre, igual e sujeito proprietário. Deste modo, a moralidade era que o dever de reparar só seria imputado na hipótese de conduta consciente, ilícita e causadora de danos patrimoniais. A culpa era elemento basilar do dever de reparar. A instituição do dever de reparar tinha por fim sancionar a conduta do ofensor. Esta era a ideia do Código Civil brasileiro de 1916 ao estabelecer a responsabilidade civil subjetiva como regra e a objetiva nos casos expressamente excepcionados em lei.

No entanto estes valores não se mantêm. Com a CR/88, novos valores são reconhecidos pelo Direito e, novamente, o Direito deve se conformar à realidade. A leitura individualista do Direito cede espaço à leitura socialista, em que o homem passa a não ser considerado abstrata e isoladamente, mas um ser socialmente integrado, objeto de tutela do Direito. Neste sentido, o constituinte elegeu como princípios fundamentais, ou melhor, como "a causa ideológica que serviria de fundamento a todo o ideário constitucional [...]"[2], o valor da dignidade humana como fundamento do Estado Democrático de Direito (art. 1º, III, da CR/88), a busca por uma sociedade justa, igualitária e solidária (art. 3º, I, da CR/88).

No plano do dever de reparar, tem-se que:

> A nova realidade social — fundada depois do advento da Constituição Federal de 1988, que tem como princípios fundamentais a dignidade da pessoa humana (art. 1º, III) e a solidariedade social (art. 3º, I) — impõe que hoje a responsabilidade civil tenha por objetivo não mais castigar comportamentos negligentes, senão proteger a vítima do dano injusto[3].

Neste sentido, por meio de uma nova hermenêutica, o dever de reparar deve ser estudado a partir dos princípios da dignidade da pessoa humana e da solidariedade social, garantindo uma leitura personalista de tutela à vítima a reparação integral.

Nesta mudança de paradigmas, pode-se trabalhar a conceituação da responsabilidade civil como dever jurídico sucessivo, já que há desrespeito ao dever jurídico originário, imposto pelo ordenamento jurídico, a saber, o dever da solidariedade que, se violado, poderá dar ensejo ao dever jurídico sucessivo, que é o dever de reparar. Daí responsabilidade civil é o dever que o ofensor tem de reparar o dano injusto[4] decorrente da violação de outro dever jurídico "de não lesar".

Quando se remete à ideia de dever jurídico sucessivo tem-se a desconformidade com os valores tutelados pelo ordenamento jurídico, independentemente do conceito de ato ilícito[5].

A fundamentação da responsabilidade civil, que outrora era punir a ação ilícita, passa a ser a busca da reparação, viabilizando instrumento para que a vítima não fique sem reparação, efetivando por fim a causa ideológica do fundamento do Estado Democrático de Direito, que é a tutela da pessoa humana.

2.1 Pressupostos tradicionais[6] à incidência do dever de reparar

Tradicionalmente, o dever de reparar na leitura da responsabilização subjetiva exige a conduta ilícita

---

(1) SILVA, Wilson Melo da. *Responsabilidade sem culpa e socialização do risco*. Belo Horizonte: Bernardo Álvares, 1962. p. 19.

(2) SILVA, Antônio Álvares. *Greve no serviço público depois da decisão do STF*. São Paulo: LTr, 2008. p. 15.

(3) CRUZ, Gisela Sampaio da. *O problema do nexo causal na responsabilidade civil*. São Paulo: Renovar, 2005. p. 16.

(4) "O dano injusto constitui uma cláusula geral, através da qual os aplicadores do direito — mais especificamente, os juízes — concretizam as situações de dano ressarcível, analisando não mais a conduta culposa como parâmetro de identificação do ilícito, mas agora a concreta violação do dever de não lesar, criando assim uma possibilidade da atipicidade dos danos [...]". MULHOLLAND, Caitlin Sampaio. *A responsabilidade civil por presunção de causalidade*. Rio de Janeiro: GZ, 2010. p. 15-16 em nota de rodapé.

(5) Ato ilícito é o ato ofensivo a direitos subjetivos, proibidos pelo ordenamento jurídico, e que são praticados com culpa ou dolo.

(6) Segundo Fernando Noronha (NORONHA, Fernando. *Direito das Obrigações*: fundamentos do direitos das obrigações-introdução à responsabilidade civil. v. I. São Paulo: Saraiva, 2003. p. 468-478) são cinco os pressupostos necessários à incidência da responsabilidade civil: fato antijurídico, nexo de imputação, dano, nexo de causalidade e lesão de bem protegido. Assim: "a) antijurídicos, ou injurídicos, são os fatos que se colocam em contradição com o ordenamento, desse

(seja por ação ou omissão culposa ou dolosa), o nexo de causalidade e o dano. Já no plano da responsabilização objetiva, exige-se a conduta independente do conceito de ilícito, o nexo de causalidade e o dano.

O pressuposto dano é elemento essencial sem o qual o dever de reparar não se configura. O conceito de dano é tão importante que nos países de língua espanhola, como é o caso da Espanha, o dever de reparar é conceituado como *Derecho de daños*.[7]

Tradicionalmente, no sistema brasileiro, são qualificáveis como danos reparáveis o dano material, o dano moral e o dano estético, este último, por reconhecimento da jurisprudência do Superior Tribunal de Justiça — STJ.[8]

Como efeito da mudança paradigmática em torno do dever de repar, surge a atipicidade dos danos, levando a uma problemática: quais danos são reparáveis? Houve um alargamento de novas situações jurídicas que podem ensejar o dever de reparar? Assim, há dano por abandono afetivo?[9] No plano juslaboral, o excesso no poder diretivo dá ensejo à reparação por dano moral ou trata-se de mero aborrecimento?[10] A perda da capacidade laborativa em razão de acidente de trabalho acarreta dano moral?[11] Há o dano existencial? Ou trata-se de reparação por dano moral?[12] Há dano por perda de uma chance?[13] Ou busca-se de forma inadequada a qualificação de novos danos em vez de se buscar a extensão do nexo causal?

Fato é que a dinâmica social imporá a autonomia de novos danos, como o foi o reconhecimento do dano moral, que antes da CR/88 não era reconhecido. Mas fato é também que em muitos casos estar-se-á diante de violação de interesses já tutelados pela ordem jurídica, descabendo então falar em novos danos reparáveis. Deve-se tratar com cautela a qualificação de novos danos, sob pena de haver uma panaceia em torno do dever de reparar, ou ainda de ocorrer uma vitimização social.

O dano material, reconhecidamente reparável, pode dar ensejo ao dano emergente e ao lucro cessante. Pela teoria da diferença, pode-se entender que o dano emergente é aquele que se encontra pela diferença patrimonial, a menor ocorrida após o evento danoso. Assim, após o evento danoso, a vítima passa a ter patrimonialmente menos do que tinha antes do evento. Ou ainda, que haja aumento do passivo. Ou, seja, ocorre dano emergente quando se tem a diminuição do ativo ou aumento do passivo. Já os lucros cessantes podem ser entendidos como a frustração de um ganho.

Quanto ao dano, deve-se observar que o art. 403 do Código Civil de 2002 estabelece que "as perdas e danos só incluem os prejuízos efetivos e os lucros cessantes por efeito dela direto e imediato". Pela disposição legal, reparam-se danos certos.

Sujeito à compensação, tem-se o dano moral, que envolve inúmeros questionamentos: a) a conceituação do dano moral: afronta a dignidade humana? Violação dos direitos da personalidade? Sentimento de dor, sofrimento, humilhação? b) prova do dano moral: requer efetiva comprovação ou resta presumida a prova a partir dos fatos? c) a funcionalização do dano moral deve ser compensatória ou punitiva? d) quantificação do dano moral? Deve-se definir critérios para se quantificar o dano moral? Tarifação? e) legitimação para se arguir danos morais em caso de falecimento: somente os ascendentes, descendentes e esposa/marido/companheiro(s) são legitimados? Somando a tantos problemas tem-se, ainda, a funda-

---

modo afetando negativamente quaisquer situações que eram juridicamente tuteladas (...); b) nexo de imputação é o fundamento, ou a razão de ser da atribuição da responsabilidade a uma determinada pessoa, pelos danos ocasionados ao patrimônio ou à pessoa de outra, em consequência de um determinado fato antijurídico. É o elemento que aponta o responsável, estabelecendo a ligação do fato dano com este; c) dano é o prejuízo, de natureza individual ou coletiva, econômico ou não econômico, resultante de ato ou fato antijurídico que viole qualquer valor inerente à pessoa humana, ou atinja coisa do mundo externo que seja juridicamente tutelada; d) nexo de causalidade é o elo que liga o dano ao fato gerador, é o elemento que indica quais são os danos que podem ser considerados como consequência do fato verificado; e) lesão ao bem protegido significa que é necessário (...) que ele seja lesão de um bem protegido pelo ordenamento jurídico".

(7) DÍEZ-PICAZO, Luis. *Derecho de Daños*. Madrid: Civitas, 1999.

(8) STJ Súmula n. 387 — 26.8.2009 — DJe 1º.9.2009. Licitude — Cumulação — Indenizações de Dano Estético e Dano Moral. É lícita a cumulação das indenizações de dano estético e dano moral.

(9) BRASIL. Superior Tribunal de Justiça. REsp n. 1.298.576/RJ, RECURSO ESPECIAL 2011/0306174-0. Relator(a) Ministro LUIS FELIPE SALOMÃO (1140). Órgão Julgador. T4 — QUARTA TURMA. Data do Julgamento: 21.8.2012. Data da Publicação/Fonte: DJe 6.9.2012 RMP, v. 47, p. 421. RSTJ v. 228, p. 539.

(10) BRASIL. Tribunal Regional do Trabalho da 3ª Região. TRT da 3ª Região; Processo n. 916-2013-148-03-00-4/RO; Data de Publicação: 9.4.2014; Órgão Julgador: Primeira Turma; Relator: Emerson José Alves Lage; Revisor: José Eduardo Resende Chaves Jr.; Divulgação: 8.4.2014. DEJT/TRT3/Cad. Jud. p. 45.

(11) BRASIL. Tribunal Regional do Trabalho da 3ª Região. TRT. TRT da 3ª Região; Processo n. 534-2012-158-03-00-7/RO; Data de Publicação: 10.4.2014; Órgão Julgador: Turma Recursal de Juiz de Fora; Relator: Convocada Maria Raquel Ferraz Zagari Valentim; Revisor: Heriberto de Castro.

(12) BRASIL. Tribunal Regional do Trabalho da 3ª Região.TRT da 3ª Região; Processo n. 1.038-2013-007-03-00-0/ED; Data de Publicação: 24.3.2014; Órgão Julgador: Quarta Turma; Relator: Paulo Chaves Correa Filho.

(13) BRASIL. Tribunal Regional do Trabalho da 3ª Região. TRT da 3ª Região; Processo n. 716-2012-009-03-00-0/RO; Data de Publicação: 7.3.2014; Órgão Julgador: Oitava Turma; Relator: Sercio da Silva Peçanha; Revisor: Márcio Ribeiro do Valle.

mentação inadequada das decisões que reconhecem e arbitram os danos morais.(14)

E por fim, quanto aos pressupostos tradicionais, tem-se o nexo de causalidade, entendido como o liame que interliga conduta ao resultado danoso, tendo como função a identificação do verdadeiro causador do dano e a verificação da extensão do dever de reparar, pois este "mede-se pela extensão do dano" — art. 944, *caput*, do Código Civil de 2002.

No plano do nexo causal, a grande problemática apresenta-se na medida em que o fato constitutivo da responsabilidade não precisa ser a única causa do dano. A concorrência de causalidade pode aparecer na forma de causas complementares, cumulativas ou na forma alternativa. E quanto ao tempo, podem surgir cumulativa ou simultaneamente.

Na multiplicidade de causalidade, com o objetivo de identificar a real causa do evento danoso, surge a teoria que generaliza todas as causas, que é a teoria dos equivalentes dos antecedentes, também conhecida como *conditio sine qua non* (condição sem a qual não). Defende ser causa toda condição da qual dependeu a produção do resultado, sem considerar sua maior ou menor proximidade ou importância, pois todas as condições eram equivalentes. A equivalência decorria da assertiva que todo efeito tem uma multiplicidade de condições causais e cada uma delas é necessária para a produção do resultado. A teoria não foi recepcionada pelo nosso ordenamento jurídico.

Já as teorias individualizadoras defendem a necessária identificação da causa real do evento danoso. Entre as teorias apontadas, destaca-se a teoria da causalidade adequada e do dano direto e imediato.

A teoria da causalidade adequada defende que examina-se:

> [...] a adequação da causa em função da possibilidade e probabilidade de determinado resultado vir a ocorrer, à luz da experiência comum. Significa dizer que a ação tem que ser idônea para produzir resultado. E, para que se verifique a adequação da causa, realiza-se um juízo retrospectivo de probabilidade que, no âmbito doutrinário, é denominado "prognose póstuma" e cuja fórmula se resume na seguinte indagação:? *la acción u omisión que se juzga era per se apta o adecuada para producir normalmente esa consecuencia?*(15)

Assim, quanto maior a probabilidade com que determinada causa se apresente para um dano, tanto mais adequada é a relação a esse dano.

Já pela teoria do dano direto e imediato, prevista no art. 403 do Código Civil de 2002, no plano da multiplicidade de causalidade, entende-se que nem todas contribuíram para o evento danoso, devendo-se identificar como causa apenas aquela elevada à categoria de causa necessária do dano. Assim, se vários forem os fatores que contribuem para a produção do dano, nem por isso devem ser todos causa, mas somente aqueles que se ligam ao dano em uma relação de necessariedade, a romper o equilíbrio existente entre o conjunto de antecedentes causais, a causa das demais condições.

Por fim, quanto ao nexo causal, há de se observar que pode haver a sua interrupção e, como consequência, do dever de reparar quando se verificar culpa exclusiva da vítima, fato exclusivo de terceiro ou caso fortuito ou força maior.

2.2 A perda de uma chance no Direito do Trabalho: sua recepção e contextualização

A perda de uma chance surge dentro do novo contexto que cerca o dever de reparar. Como foi observado, a constelação bipolar tradicional dano patrimonial/dano moral sofreu um *Big Bang*.(16) Houve uma expansão dos conceitos de danos a serem reparados e por consequência a problemática de se arguir a autonomização destas "novas" espécies de danos reparáveis.

A perda de uma chance "se exprime pela possibilidade de condenação pela reparação daquele que retirou de outrem uma oportunidade de obter uma vantagem ou de evitar um prejuízo"(17), sendo fruto de construção jurisprudencial francesa e italiana.

A sua primeira avocação, segundo Rafael Pettefi da Silva(18), ocorreu no Direito francês, quando em 17.7.1889 a Corte de Cassação conferiu reparação à

---

(14) MORAES, Maria Celina Bodin de. *Danos à pessoa humana*: uma leitura civil-constitucional dos danos morais. Rio de Janeiro: Renovar, 2003.

(15) CRUZ, Gisela Sampaio da. *O problema do nexo causal na responsabilidade civil*. São Paulo: Renovar, 2005. p. 64.

(16) GUEDES, Gisela Sampaio da Cruz. *Lucros Cessantes*: do bom-senso ao postulado normativo da razoabilidade. São Paulo: Revista dos Tribunais, 2011. p. 36.

(17) TEODORO, Maria Cecília Máximo. TEIXEIRA, Érica Fernandes. Responsabilidade Civil pela perda de uma chance no Direito do Trabalho. In: ALVARENGA, Rúbia Zanotelli; TEIXEIRA, Érica Fernandes (Orgs). *Novidades em Direito e Processo do Trabalho: estudos em homenagem aos 70 anos da CLT*. São Paulo: LTr, 2013. p. 195.

(18) SILVA, Rafael Peteffi da. *Responsabilidade Civil pela Perda de uma Chance*. São Paulo: Atlas, 2007.

vítima de perda de uma chance que perdeu a oportunidade de defesa processual em razão de atuação culposa de oficial ministerial.

A partir desta decisão, outros casos versando sobre perda de chance foram julgados pela Corte e, em muitas circunstâncias, foram igualmente deferidas as respectivas indenizações, inclusive em situações envolvendo a relação médico-paciente[19]. Veja-se:

> A Corte de Cassação referendou julgado da Corte de Paris, condenou-se cirurgião que se fez assistir, durante a cirurgia, por outro médico não especialista em anestesia. Durante a indução anestésica, efetuada por este último, a paciente sofreu uma crise de apneia, seguida de distúrbios cardíacos. Transportada, em coma, ao hospital, a mulher morreu dias mais tarde. A culpa do cirurgião foi reconhecida pelos peritos da Corte de Paris, por falta de diligência, o cirurgião ocasionou a perda de uma chance de sobrevivência à paciente.[20]

Por vez, no Brasil, o primeiro caso envolvendo a temática teve decisão prolatada pelo Tribunal de Justiça do Rio Grande do Sul, nos idos de 1991, em que se pleiteou perante o Poder Judiciário reparação contra negligência do advogado que causou a perda da oportunidade de o autor conseguir um resultado futuro melhor[21].

No entanto o caso de maior destaque no país fora, com certeza, o caso do "Show do Milhão"[22], julgado em instância superior em 2005, em que a autora alegou a perda da oportunidade de acertar a questão, diante da falta de opção correta à pergunta feita no programa, e chegar ao prêmio milionário oferecido pelo canal de televisão.

O STJ entendeu, neste caso, ser devida a indenização pela perda de uma chance na proporção de 25% dos R$ 500.000,00 (quinhentos mil reais) faltantes e correspondentes à última pergunta, frente às possibilidades reais que a autora possuía de chegar à resposta correta caso tivesse respondido ao questionamento, considerando que para cada pergunta havia quatro opções de resposta.[23] "Nesse caso, a condenação responsabilizou o agente pelo ato que fez com que a candidata perdesse a chance de obter uma vantagem, na proporção de suas chances de êxito."[24]

Em relação à aplicação da teoria no âmbito trabalhista, por permissão do art. 8º, parágrafo único da norma consolidadora, casos sobre perda de chance envolvendo a não contratação de trabalhador após a realização de processo seletivo organizado por empresa, acidentes do trabalho ou aquisição de doença ocupacional no curso do contrato que impediram a promoção de cargo do empregado, o envio de "lista suja" elaborada pelo ex-empregador a outras empresas para evitar que o trabalhador consiga novo emprego, dentre muitos outros, já foram postos à apreciação dos Tribunais Trabalhistas e, em muitos deles, foram deferidas as indenizações pleiteadas.

Isso porque

> O ramo jurídico trabalhista possui fundamental intento democrático e inclusivo no sistema socioeconômico capitalista, visando desmercantilizar a força de trabalho e restringir o livre império das forças de mercado na regência da oferta e da administração do trabalho humano.[25] Seus institutos, características, funções e princípios admitidos, em especial o da dignidade da pessoa humana, o valor social do trabalho e a livre-iniciativa, assim como o princípio basilar da proteção, compatibilizam-se com a teoria da perda de uma chance. Esta teoria pode contribuir para atenuar os conflitos entre capital e trabalho, ao permitir a reparação das oportunidades perdidas pelas partes envolvidas numa relação de emprego, além

---

(19) Sugere-se ao leitor o aprofundamento da temática relativa à perda de chance decorrente de ato médico através da leitura de "NORONHA, Fernando. *Direito das Obrigações*. p. 664 a 691. São Paulo: Saraiva, 2003".

(20) KFOURI NETO, Miguel. *Culpa Médica e Ônus da prova*. 2002. p. 104.

(21) RESPONSABILIDADE CIVIL. ADVOGADO. PERDA DE UMA CHANCE. Age com negligência o mandatário que sabe do extravio dos autos do processo judicial e não comunica o fato à sua cliente nem trata de restaurá-los, devendo indenizar à mandante pela perda de uma chance. (TJRS, 5ª Câmara Cível, Apelação Cível n.. 591064837, Rel. Des. Ruy Rosado de Aguiar Júnior, julgado em: 29.8.1991).

(22) RECURSO ESPECIAL. INDENIZAÇÃO. IMPROPRIEDADE DE PERGUNTA FORMULADA EM PROGRAMA DE TELEVISÃO. PERDA DA OPORTUNIDADE. 1. O questionamento, em programa de perguntas e respostas, pela televisão, sem viabilidade lógica, uma vez que a Constituição Federal não indica percentual relativo às terras reservadas aos índios, acarreta, como decidido pelas instâncias ordinárias, a impossibilidade da prestação por culpa do devedor, impondo o dever de ressarcir o participante pelo que razoavelmente haja deixado de lucrar, pela perda da oportunidade. 2. Recurso conhecido e, em parte, provido. (Recurso Especial n. 788.459/TJBA. Relator: Min. Fernando Gonçalves. 4ª Turma. Julgado em: 8.11.2005. DJ 13.3.2006. p. 334).

(23) A questão envolvendo o Show do Milhão pode se pensada de outra forma: não há que se falar em perda de uma chance, mas efetivamente em dano, na forma de lucro cessante sofrido pela vítima. A questão foi mal formulada levando a concorrente a responder que não havia resposta. Cabe observar que a má-fé perpetrada pelo programa efetivamente causou um dano à vítima.

(24) TEODORO, Maria Cecília Máximo. TEIXEIRA, Érica Fernandes. *Op. cit.*, 2013. p. 199.

(25) DELGADO, Maurício Godinho. *Curso de Direito do Trabalho*. 12. ed., São Paulo: LTr, p. 54.

de contribuir para promover uma sociedade mais justa e democrática.[26]

A recepção do instituto alienígena pelo Brasil tem causado algumas indagações, em especial quanto à sua natureza jurídica.

Ao se aplicar a teoria da perda de uma chance não há consenso entre os Tribunais juslaborais em reconhecer a natureza jurídica do instituto e, assim, podem ser encontradas conclusões no sentido de enquadrá-la ora como dano material, seja na forma de lucro cessante ou dano emergente[27], ora na forma de dano moral, ou ainda, conclui-se pela autonomia do instituto[28], entendendo tratar-se, dentro do dano material, de outra espécie além do dano emergente e lucro cessante. E ainda há de observar o posicionamento doutrinário[29] que entende que a perda de uma chance é problema de nexo causal. Enfim, trata-se de uma problemática que deve ser enfrentada.

3. NATUREZA JURÍDICA DA PERDA DE UMA CHANCE

A discussão que gravita em torno da natureza jurídica da perda de uma chance tem por objetivo buscar seus elementos essenciais, observando seus elementos componentes. Assim, será analisada a perda de uma chance como dano autônomo ou *sui generis*, a teoria da perda de uma chance como problema de nexo causal e a perda de uma chance como técnica de deslocamento do objeto de reparação.

3.1 Perda de uma chance como dano autônomo ou sui generis

Precipuamente, cumpre-se fazer algumas breves ponderações sobre a perda de uma chance, especialmente sobre o que se entende por *chance*, bem como quais são os requisitos específicos necessários para se permitir o pleito de indenização pela oportunidade perdida.

Conforme bem salienta Fernando Noronha[30], "quando se fala em chance, estamos perante situações em que está em curso um processo que propicia a uma pessoa a oportunidade de vir a obter no futuro algo benéfico". Além disso, o autor ainda traz importante apontamento no sentido de que "quando se fala em perda de chances, para efeitos de responsabilidade civil, é porque esse processo foi interrompido por um determinado fato antijurídico e, por isso, a oportunidade ficou irremediavelmente destruída".

Disto ressai que interrompido o referido processo que estava em curso por ato ilícito de um terceiro, e que se não fosse isso levaria, com probabilidades sérias e reais, a um evento e resultado mais vantajoso, pode-se dizer que se perdeu, de fato, a oportunidade, impossibilitando de saber se a vantagem esperada seria ou não realizada.

Dessa maneira, tem-se que a reparação de dano decorrente da perda de uma chance necessita da comprovação dos requisitos específicos deste tipo de responsabilização, a saber, da constatação de que a chance perdida era *real* e *séria*, pois dano hipotético e abstrato encontra-se fora do âmbito da reparação legal.

Acerca disto, Flávio da Costa Higa[31] dispõe que os termos *real* e *sério* não são sinônimos, havendo uma hierarquia entre os dois, uma vez que o critério da seriedade para que exista depende da existência primeva do caráter real da chance, e somente depois de caracterizados ambos é que se pode dizer que a vítima esteja apta a pleitear indenização para reparar os danos sofridos. Isso porque "é possível haver uma chance real que não seja séria, mas não é possível cogitar de chance séria que não seja real".

Por vez, a respeito da natureza jurídica atribuída ao dano decorrente da perda de uma oportunidade em se alcançar uma condição futura mais favorável ou evitar a ocorrência de um prejuízo sério, a doutrina e a jurisprudência ainda não entraram em consenso, a fim de estabelecer com maior clareza e nitidez a natureza do instituto.

Nesse ínterim, existem argumentos divergentes alegando que o referido dano se caracteriza ora como um dano moral, ora como dano material (lucro cessante[32] ou dano emergente[33]), e ainda como um dano *sui generis*, que se encontra a transitar entre

---

(26) TEODORO, Maria Cecília Máximo. TEIXEIRA, Érica Fernandes. *Op. cit.*, 2013. p. 200.

(27) BRASIL. TRT 20ª Região, Processo n. 402-72.2012.5.20.0004, Relator: Desemb. João Bosco Santana de Moraes. S. D.

(28) BRASIL. TRT 3ª Região, 3ª Turma, Processo n. 136-2013-149-03-00-0/RO; Data de Publicação: 10.2.2014; Relator: Luiz Otavio Linhares Renault; Revisor: Cesar Machado; Divulgação: 7.2.2014. DEJT. p. 49.

(29) GUEDES, *Op. cit.*; MULHOLAND, *Op. cit.*

(30) NORONHA, Fernando. Ob. cit., 2003. p. 665.

(31) HIGA, Flávio da Costa. *A perda de uma chance no direito do trabalho.* Dissertação de mestrado. São Paulo, USP, 2011. p. 87.

(32) Como defensor da natureza de dano material — lucro cessante — tem-se os argumentos de Sérgio Cavalieri Filho, na obra Programa de Responsabilidade Civil. 8. ed., São Paulo: Atlas, 2008, ao dispor que o dano que decorre da perda de uma chance, na verdade, ilustra a perda do lucro que a vítima deixou de auferir, caso o procedimento tivesse chegado ao seu final comum e esperado.

(33) De outro giro, há ainda quem defenda ser este tipo de dano um dano material emergente, na medida em que o prejuízo causado pela perda da chance configura uma lesão presente, atual, que afeta diretamente o patrimônio da vítima, comprovando-se, portanto, a certeza deste prejuízo, a exemplo, a doutrinadora Maria Helena Diniz, na obra Curso

os dois clássicos danos materiais citados retro, atribuindo-lhe autonomia jurídica, já que não se encaixa perfeitamente na conceituação de um ou de outro.

No que pertine à classificação do dano como um dano autônomo, *sui generis*, tem-se as ponderações de Cássia Bertassone da Silva[34], ao afirmar que há a autonomia da chance perdida (em si) em relação ao dano final. Portanto, um dano reparável autonomamente, existente por si só e presente no patrimônio da vítima antes mesmo que o ofensor adote e pratique um ato ilícito capaz de interromper o processo aleatório que levaria à vantagem final.

E para demonstrar os argumentos que sustentam a afirmação de que este tipo de dano *é um dano autônomo*, sem vinculação aos demais danos previstos em nosso ordenamento, ilustrar-se-á, a partir de agora, com alguns trechos de decisões judiciais e doutrinas, a fundamentação desta corrente. Veja-se:

> Especificamente em relação à perda de uma chance, segundo Nancy Levit, tem-se observado uma crescente consciência de que o Direito, 'porque trata com complexos e probabilísticos conflitos dos fenômenos sociais', deve considerar a incerteza como parte integrante das soluções jurídicas. Portanto, o que passará a ser propugnado é a **autonomia das chances perdidas em relação ao dano final, isto é, o prejuízo representado pela perda definitiva da vantagem esperada pela vítima**. Esta simples interrupção do processo aleatório em que se encontrava a vítima é suficiente para a caracterização de um dano reparável: a perda de uma chance. Neste ponto, é possível visualizar completamente a distinção entre os casos em que o processo aleatório foi até o seu estágio final (no qual se utiliza o conceito de causalidade parcial) e nos casos em que o processo aleatório foi interrompido (dano autônomo e específico). Assim, resta claro que, quando o processo aleatório for totalmente interrompido, **haverá um prejuízo distinto do benefício que era esperado ou do prejuízo efetivamente sofrido; portanto, a teoria da perda de uma chance aplicar-se-á como categoria de dano autônomo, existente, por si só, e já presente no patrimônio da vítima, antes mesmo da conduta do ofensor**.[35] (grifos acrescidos).

> TRABALHADOR PORTUÁRIO AVULSO. RESPONSABILIDADE CIVIL. INDENIZAÇÃO POR PERDA DE UMA CHANCE. A perda de uma chance é categoria de dano cuja reparação recai sobre a oportunidade sonegada, a qual obstaculizou a vítima de auferir uma posição jurídica mais vantajosa ou de evitar um prejuízo. Portanto, **o bem jurídico a ser reparado não é o valor patrimonial total da chance, mas a probabilidade real e séria de alguém, com aquela chance, obter um lucro ou evitar prejuízo.** [...] Entenda-se por perda de uma chance como a obrigação de indenizar que surge a partir da frustração de uma expectativa real da vítima em obter um proveito ou uma posição mais vantajosa em sua vida, ou seja, é a obstaculização da chance de obter um ganho provável, gerando prejuízo àquele pela perda da oportunidade. Assim, o sentido jurídico de chance "*é a probabilidade de alguém obter um lucro ou de evitar um prejuízo.*" (MELO, p. 354) [...].[36] (grifos acrescidos).

Dimana destes fundamentos, então, que o dano decorrente de ato ilícito que fundamenta a teoria da perda de uma chance é um *dano material indenizável e autônomo* (porém não caracteriza lucro cessante nem dano emergente; trata-se, pois, de um terceiro tipo de dano material), consubstanciado na real probabilidade de se alcançar uma vantagem favorável ou evitar um prejuízo, caso não fosse o agir ilícito do ofensor.

O que se indeniza é o *prejuízo da perda da chance* real e séria, e não o resultado final, razão pela qual o *quantum* da indenização deve respeitar os critérios de razoabilidade, conforme a possibilidade de se chegar à expectativa esperada (mas não deve adotar o valor integral a que o reclamante faria jus ao final, pois não há a certeza de que o resultado seria alcançado. A certeza reside na perda da oportunidade de buscar o resultado, e, portanto, esta deve ser indenizada).[37]

---

de Direito Civil brasileiro: responsabilidade civil. 17. ed., v. 7, São Paulo: Saraiva, 2003.

(34) SILVA, Cássia Bertassone da. Responsabilidade civil pela perda de uma chance no Direito do Trabalho. in *Revista Síntese Trabalhista e Previdenciária*. v. 24, n. 277, jul/2012.

(35) SILVA, Cássia Bertassone da. *Op. cit.*, 2012. p. 14.

(36) TRT 4ª Região, 5ª Turma. Processo n. 1.330-04.2012.5.04.0122/RO. Relator: Desembargador Clóvis Fernando Schuch Santos.

(37) TST, 8ª Turma, Processo AIRR n. 93.400-45.2009.5.17.0005. Relator: Ministro João Pedro Silvestrini. 27.11.2013.

Note-se que ao se defender o dano decorrente de chance perdida como dano autônomo quer-se dizer que, na verdade, diante da não configuração exata do prejuízo causado como um dano moral ou material (lucro cessante ou dano emergente), o evento, por mais que instável, transita entre um e outro, não se equiparando, porém, aos prejuízos corriqueiros.

É o dano causado pela supressão da oportunidade real e séria de se alcançar resultado positivo, por mais que este não tenha sido alcançado (e nem se sabe realmente se poderia o ser, caso não tivesse sido interrompido o processo aleatório).

Trata-se, pois, de dano independente dos demais, existente por si só, pertencente à esfera do próprio indivíduo antes mesmo que o ato ilícito que interrompeu o prosseguir normal dos fatos e acontecimentos ocorresse, razão pela qual o Direito não pode se eximir de dar respostas às demandas sociais postas à apreciação do Poder Judiciário.

3.2 Perda de uma chance como problema de nexo causal

Cabe observar, precipuamente, que a teoria da perda de uma chance surgiu para contornar os problemas de comprovação do nexo causal e, por consequência, de se medir a extensão do dano, ou seja, o estudo da perda de uma chance está ligado à investigação do nexo de causalidade, com aplicação menos ortodoxa, defendendo uma causalidade parcial, dando ensejo à reparação parcial.[38]

Destaca-se, então, que a defesa de que a perda de uma chance é um dano autônomo não explica o fato da perda de uma chance estar dissociada da vantagem esperada pela vítima, que é seu resultado final, portanto trata-se de extensão de nexo causal.

Como exemplo do problema[39], suponha-se que um advogado é contratado para fazer uma sustentação oral no Tribunal e não cumpre a sua obrigação. Qual seria o dano decorrente da perda de uma chance (sustentação oral) se, ainda assim, o seu cliente obtivesse êxito no recurso? Ou seja, se se admitir que a perda de uma chance está ligada à noção de dano autônomo, então a conclusão, neste caso, seria de que a ação de reparação por perda de uma chance se sustentaria independentemente da perda definitiva da vantagem esperada.

Assim, "é uma situação que, em inúmeras hipóteses, refere-se à investigação do nexo de causalidade e delimitação quantitativa, e não qualitativa, da indenização".[40]

Isto porque a perda de uma chance liga-se ao limite causal da responsabilidade do agente causador do dano e não à qualificação desta hipótese como sendo de dano emergente ou lucro cessante, ou até mesmo um terceiro gênero. Esta classificação é relevante, mas não representa o real problema por trás da perda da chance, que se estabelece na extensão do *quantum* indenizatório que será delimitado pela investigação do nexo de causalidade.[41]

Ou seja, não se trata de nova qualificação de dano, mas de extensão do nexo causal, resultando em dano material ou moral pela perda da chance. Sustentando esta argumentação, há de se lembrar que o art. 403 do Código Civil de 2002 estabelece que a extensão do dano mede-se pelo nexo causal.

3.3 Perda de uma chance como técnica de deslocamento do objeto de reparação

Outra corrente doutrinária a respeito da classificação da perda de uma chance é a trazida por Daniel Amaral Carnaúba[42], ao sustentar que não se trata de discussão sobre o prejuízo sofrido, nem sobre uma nova teoria acerca do nexo causal, mas sim de técnica decisória que desloca o objeto da reparação, a fim de que possa o magistrado decidir lides relacionadas à reparação de danos, ou interesses (como prefere o autor), decorrentes de processos aleatórios.[43]

Para que se possa, então, reparar interesses desta natureza, Carnaúba parte da ideia de perda de uma chance como técnica, e, assim, "reacomoda a álea dentro da estrutura da responsabilidade: em razão do deslocamento da reparação, a incerteza deixa de ameaçar a existência do prejuízo e passa a interferir na sua quantificação".[44]

Note-se que o autor apresenta como pressupostos para a responsabilização pela perda de uma chance, enquanto técnica decisória, a constatação da certeza e da probabilidade. Mas como, de fato, Carnaúba aplicaria a teoria?

Veja-se primeiramente em relação ao critério certeza:

> A reparação de chances não reposiciona a vítima no lugar em que deveria se encontrar. [...] Porém, esta é precisamente a engenhosidade da técnica. Como visto, a incerteza

---

(38) GUEDES, Gisela Sampaio da Cruz. *Op. cit.*, 2011. p. 108.
(39) GUEDES, Gisela Sampaio da Cruz. *Op. cit.*, 2011. p. 109.
(40) MULHOLLAND, Caitlin Sampaio. *Op. cit.*, 2010. p. 35.
(41) MULHOLLAND, Caitlin Sampaio. *Op. cit.*, 2010. p. 35.
(42) CARNAÚBA, Daniel Amaral. A responsabilidade civil pela perda de uma chance: a técnica na jurisprudência francesa. *in Revista dos Tribunais*. Ano 101, v. 922, agosto de 2002.
(43) CARNAÚBA, Daniel Amaral. *Op. cit.*, 2012. p. 142.
(44) CARNAÚBA, Daniel Amaral. *Op. cit.*, 2012. p. 156 e 160, com adaptações.

inerente aos casos de lesão a interesses aleatórios torna inaplicável a regra da reparação. Não é possível afirmar como encontrar-se-ia a vítima sem o evento danoso; e por esta razão a responsabilidade se vê impedida de cumprir de forma satisfatória sua função de reparação. Resignada diante desta impossibilidade, **a técnica da reparação de chances resolve o impasse renunciando ao parâmetro desconhecido, e substituindo-o por outro, bem conhecido no caso em questão: o parâmetro do passado. No lugar de reparar aquilo que teria sido (uma reparação impossível) a reparação de chances se volta ao passado, buscando a reposição do que foi. A vítima será assim recolocada, não mais na situação em que se encontraria sem o acidente, mas na situação em que se encontrava antes deste. Ora, é certo que neste momento pretérito a vítima possuía uma chance. É esta chance, portanto, que lhe será devolvida na forma de reparação.** Encontrada a certeza, a técnica da reparação recoloca a norma reparadora em seu campo natural de ação. De um lado, a incerteza do prejuízo desaparece: tendo o passado como parâmetro de reparação, o juiz pode afirmar que a chance perdida representa um prejuízo certo sofrido pela vítima. De outro lado, ele pode afirmar também que o fato imputável ao demandante é uma causa do prejuízo em questão. É que a perda de chances pressupõe um nexo causal não mais entre o fato do réu e a perda da vantagem, mas sim entre este e a chance perdida[45]. (grifos acrescidos).

Desse modo, pode-se entender que a técnica de deslocamento do objeto da reparação aplicada nos casos de perda de oportunidade abrange não só o deslocamento do interesse a ser reparado (a chance perdida), mas também o deslocamento temporal, em que a reparação "não buscará recolocar a vítima na situação na qual se encontraria sem o evento danoso — um futuro hipotético e incerto — e se preocupará em devolvê-la à situação na qual ela se encontrava antes deste evento — um passado certo"[46].

Portanto o deslocamento da situação da vítima (objeto de reparação) reporta-se ao passado existente antes que o evento danoso ocorresse.

Lado outro, Carnaúba defende a aplicabilidade e constatação da probabilidade na teoria da perda de chances quando "o acaso passa a influir na quantificação da indenização: quanto maiores forem as probabilidades, tanto maior será o valor da chance em questão e, por consequência, da indenização devida à vítima. A incerteza deixa de afetar a existência do interesse e passa a determinar o *quantum* da indenização".[47]

Veja-se que, em razão da forma como a probabilidade passa a influenciar o *quantum* indenizatório, o montante devido será, por consequência lógica, sempre e indubitavelmente inferior ao dano concreto futuro que ocorreria caso o processo aleatório não fosse interrompido.

Advém, com a proposição alhures, a conclusão de que ao se afirmar que o ponto-chave relativo ao questionamento cerne da perda da chance não se remonta à atribuição de autonomia ao dano, tampouco de estudo e abordagem do requisito do nexo causal e sua extensão, quer-se dizer, então, que a aplicabilidade da teoria da perda da chance nada mais é senão uma técnica utilizada pelos magistrados para solucionar casos concretos que versam sobre danos decorrentes de processos aleatórios e que, na condição de julgadores, não podem se eximir do dever de julgar, mesmo quando diante de obscuridades, omissões e lacunas legislativas.

4. CONCLUSÃO

Muito se tem discutido acerca da natureza jurídica da perda de uma chance no Direito, em que se percebe, nitidamente, grandes cizânias e confusões quanto à teoria. Tais divergências são facilmente notadas na prática, quando da análise cuidadosa de julgados prolatados por diversos Tribunais Trabalhistas brasileiros, em que magistrados dão provimento a pleitos de indenizações por chances perdidas nas relações de trabalho com fundamentos obscuros e contraditórios, pautados em doutrinas igualmente dissidentes.

A partir das análises e ponderações feitas, pode-se "concluir" que, diante da instabilidade jurídica que circunda a responsabilização pela perda de uma chance, requer-se do intérprete e do aplicador do Direito cautela na apreciação de lides postas à análise do Judiciário, para não se banalizar o instituto da reparação civil de danos, até que se chegue à clareza e aos pormenores sólidos e pacíficos do instituto.

Isso porque tem-se relegado a segundo plano, nas discussões relativas à responsabilização por chan-

---

(45) CARNAÚBA, Daniel Amaral. *Op. cit.*, 2012. p. 161.
(46) CARNAÚBA, Daniel Amaral. *Op. cit.*, 2012. p. 162.

(47) CARNAÚBA, Daniel Amaral. *Op. cit.*, 2012. p. 163.

ces perdidas, a preocupação finalística do instituto da reparação civil: reparar o dano causado à pessoa humana, objeto de tutela de todo o ordenamento jurídico brasileiro. Partir da perspectiva de que danos à pessoa são reparáveis, seja qual for a esfera da lesão e independentemente da natureza jurídica do instituto arguido e do ato praticado, facilita a percepção do contexto vivido a partir da CR/88, de proteção à pessoa humana como cerne e pilar do Estado Democrático de Direito.

Saliente-se que aplicar a teoria da perda de uma chance, inclusive em sede trabalhista, exige a consciência do intérprete de que restringir a questão, tão somente, à discussão da natureza jurídica do instituto é também reduzir a importância da pessoa humana que se viu lesada em algum momento.

Por fim, muito embora tenha havido uma expansão de danos reparáveis nos últimos anos, em que se inclui o dano decorrente da chance suprimida por ato de outrem, e que, não há como negar, configura-se de fato como um dano autônomo, não se pode esquecer, outrossim, que a reparação civil se volta à tutela da pessoa que se viu lesada por ação ou omissão de um terceiro, e que requer do intérprete do Direito a análise do liame subjetivo (nexo causal) e da extensão do dano para que a vítima reste por reparada.

REFERÊNCIAS BIBLIOGRÁFICAS

BRASIL. SUPERIOR TRIBUNAL DE JUSTIÇA. Disponível em: <www.stj.gov.br>. Acesso em: 24 de março de 2014.

_____. TRIBUNAL SUPERIOR DO TRABALHO. Disponível em: <www.tst.jus.br>. Acesso em: 24 de março de 2014.

_____. TRIBUNAL REGIONAL DO TRABALHO DA 3ª REGIÃO. Disponível em: <www.trt3.jus.br>. Acesso em: 25 de março de 2014.

_____. TRIBUNAL REGIONAL DO TRABALHO DA 4ª REGIÃO. Disponível em: <www.trt4.jus.br>. Acesso em: 25 de março de 2014.

CARNAÚBA, Daniel Amaral. A responsabilidade civil pela perda de uma chance: a técnica na jurisprudência francesa. in Revista dos Tribunais. Ano 101, v. 922, agosto de 2002.

CAVALIERI FILHO, Sérgio. Programa de Responsabilidade Civil. 8. ed. São Paulo: Atlas, 2008.

_____. Programa de Responsabilidade Civil. 9. ed. São Paulo: Atlas, 2010.

CRUZ, Gisela Sampaio da. O Problema do Nexo Causal na Responsabilidade Civil. São Paulo: Renovar, 2005.

DÍEZ-PICAZO, Luis. Derecho de Daños. Madrid: Civitas, 1999.

DINIZ, Maria Helena. Curso de Direito Civil Brasileiro: responsabilidade civil. 17. ed. São Paulo: Saraiva, 2003, v. 7.

GUEDES, Gisela Sampaio da Cruz. Lucros Cessantes: do bom-senso ao postulado normativo da razoabildade. São Paulo: Revista dos Tribunais, 2011.

HIGA, Flávio da Costa. A Perda de uma Chance no Direito do Trabalho. Dissertação de mestrado. São Paulo, USP, 2011.

KFOURI NETO, Miguel. Culpa médica e ônus da prova. São Paulo: Revista dos Tribunais, 2002.

MORAES, Maria Celina Bodin de. Danos À Pessoa Humana: uma leitura civil-constitucional dos danos morais. Rio de Janeiro: Renovar, 2003.

MULHOLLAND, Caitlin Sampaio. A responsabilidade civil por presunção de causalidade. Rio de Janeiro: GZ, 2010.

NORONHA, Fernando. Direito das Obrigações: fundamentos do direitos das obrigações-introdução à responsabilidade civil. v. I. São Paulo: Saraiva, 2003.

SILVA, Antônio Álvares. Greve no Serviço Público depois da Decisão do STF. São Paulo: LTr, 2008.

SILVA, Cássia Bertassone da. Responsabilidade civil pela perda de uma chance no Direito do Trabalho. in Revista Síntese Trabalhista E Previdenciária. v. 24, n. 277, jul/2012.

SILVA, Rafael Peteffi da. Responsabilidade civil pela perda de uma chance. São Paulo: Atlas, 2007.

SILVA, Wilson Melo da. Responsabilidade sem Culpa e Socialização do Risco. Belo Horizonte: Bernardo Álvares, 1962.

TEODORO, Maria Cecília Máximo; TEIXEIRA, Érica Fernandes. Responsabilidade civil pela perda de uma chance no Direito do Trabalho. In: ALVARENGA, Rúbia Zanotelli; TEIXEIRA, Érica Fernandes (Orgs). Novidades em Direito e Processo do Trabalho: estudos em homenagem aos 70 anos da CLT. São Paulo: LTr, 2013.

A APLICAÇÃO DAS TUTELAS DE URGÊNCIA, DE OFÍCIO, COMO FORMA DE GARANTIR A EFETIVIDADE DO PROCESSO:
uma análise de direito comparado dos países latino-americanos

Thaís Campos Silva[*]
Thiago Moraes Raso Leite Soares[**]

1. INTRODUÇÃO

O Direito do Trabalho é o ramo jurídico especializado que regulamenta as relações de trabalho em sentido amplo, sendo dotada de princípios, normas e instituições próprias. Segundo Mauricio Godinho Delgado, a função de todo direito é ser *"instrumento de regulação de instituições e relações humanas, atende a fins preestabelecidos em determinado contexto histórico"*. [1]

Nesse sentido, o Direito do Trabalho é fruto de processos políticos, de manifestações sociais diversas, de conquistas dos trabalhadores, constituindo, em regra, um conjunto de valores socialmente considerados relevantes.

O processo é o instrumento judicial para realização do direito material não espontaneamente cumprido; por isso, as normas e os princípios a ele aplicados devem assegurar o papel que lhe compete na economia do ordenamento jurídico.[2]

Essa efetividade tem sido pauta de grandes debates. Estatisticamente é possível notar que o número de demandas judiciais trabalhistas vem aumentando ao longo dos anos. Para fins apenas de elucidação, os dados constantes do sítio eletrônico do Tribunal Regional do Trabalho da 3ª Região informam que somente no Estado de Minas Gerais, em 2008, foram recebidos 203.967 (duzentos e três, novecentos e sessenta e sete) processos, sendo que em 2012 foram recebidos 258.265 (duzentos e cinquenta e oito mil, duzentos e sessenta e cinco) processos[3].

Entretanto o número de execuções frustradas no mesmo Tribunal Regional é ainda mais assustador: existem 103.282 (cento e três mil, duzentos e oitenta e dois) processos pendentes de execução relativos ao ano de 2008. Do ponto de vista prático, a grande dificuldade que se apresenta a todos os operadores do Direito do Trabalho é exatamente a fase de execução, restando, em muitos casos, reconhecido o direito,

---

(*) Mestranda em Direito do Trabalho pela PUC-MG. Advogada.
(**) Mestrando em Direito do Trabalho pela PUC-MG. Especialista em Direito e Processo do Trabalho pela PUC-MG. Auditor-Fiscal do Trabalho.
(1) DELGADO, Mauricio Godinho. *Curso de Direito do Trabalho*. 10. ed., São Paulo: LTr, 2011. p. 57.

(2) MOREIRA, José Carlos Barbosa. *Por um processo socialmente efetivo*. v. 105, Editora Revista dos Tribunais, 2002. p. 5-7.
(3) Tribunal Superior do Trabalho. Disponível em: <http://www.tst.jus.br/documents/10157/56572/ATA03-11>. Acesso em: 10.7.2014.

mas sem que a efetiva prestação jurisdicional seja entregue.

Essa realidade não é encontrada apenas no Estado de Minas Gerais: é cenário comum a todas as regiões do País. Em 2013, o Tribunal Superior do Trabalho recebeu 295.784 (duzentos e noventa e cinco mil, setecentos e oitenta e quatro) processos, sendo que, no mesmo ano, cada ministro julgou uma média de 9.673 (nove mil, seiscentos e setenta e três) deles. [4]

Por que, nos últimos anos, cresce de forma tão acentuada o número de demandas ajuizadas? Essa pergunta enseja reflexões que podem gerar inúmeras respostas. Sem a pretensão de esgotar as razões, citamos a título de exemplo a maior conscientização do trabalhador atual em relação a seus direitos e obrigações, a facilitação do acesso à Justiça e o baixo índice de cumprimento espontâneo das obrigações trabalhistas por parte dos empregadores.

Esse baixo cumprimento espontâneo, embora o devedor seja citado para pagamento, enseja instauração da execução forçada, sendo que, em muitas oportunidades, são realizadas inúmeras tentativas de bloqueio do *quantum debeatur*, a maioria sem êxito, em que pese a existência de relevantes instrumentos como BacenJud, RenaJud, InfoJud, entre outros à disposição dos jurisdicionados.

Acresça-se a isso o fato de existirem inúmeros defensores da flexibilização dos direitos trabalhistas, que se utilizam de argumentos equivocados para sustentar que o Direito do Trabalho protege de forma demasiada o trabalhador, sendo isso o que inviabiliza a atividade econômica empresarial, em razão de salários e encargos sociais elevados.

Em meio a todo esse contexto, o Direito do Trabalho vai-se enfraquecendo, conforme explica o professor Antônio Álvares da Silva:

> "a lei se transforma num ente inoperante que, embora existente e reconhecido para reger o fato controvertido, nele não incide em virtude da omissão estatal. Cria-se na sociedade a 'síndrome da obrigação não cumprida', revertendo-se a valoração das normas de conduta: quem se beneficia das leis é o que as descumpre e não o titular do direito". [5]

A própria Constituição Federal de 1988 trouxe inúmeros avanços sociais, visando assegurar aos trabalhadores conquistas cidadãs, garantindo um patamar mínimo existencial. Entretanto, também trouxe preceitos que abrem perspectivas de flexibilização dos direitos dos trabalhadores.

A título de exemplo, o art. 7º, nos incisos VI, XIII e XIV, permite a redução de salário e de jornada de trabalho, e a eventual ampliação da jornada de trabalho em turnos ininterruptos de revezamento por meio de acordo ou convenção coletiva. Existem também projetos de lei em tramitação perante o Congresso Nacional que, se aprovados, ampliarão ainda mais essa flexibilização. [6]

Nesse cenário, o que se vislumbra é que não basta garantir ao trabalhador o direito de ação em sentido estrito, ou seja, somente a possibilidade de ingressar em juízo. Torna-se cada dia mais necessária a aplicação dos princípios constitucionais da razoável duração do processo, da celeridade e da efetividade, na forma consagrada nos incisos XXXV e LXXVIII do art. 5º da Carta Magna.

Os jurisdicionados anseiam sempre o reconhecimento do direito postulado, com a procedência dos pedidos, e almejam a efetivação do direito material reconhecido. Não basta, para o trabalhador, ser apenas mais um número na estatística; o que ele efetivamente deseja é o recebimento do crédito.

Nesse sentido, uma Justiça que não é capaz de dar efetividade às suas decisões mostra-se frágil e em descrédito, vez que, como dito alhures, o trabalhador não deseja somente o resultado, mas a satisfação do direito material concreto.

No caso específico da Justiça do Trabalho, a implementação do direito constante de decisão transitada em julgado é medida que se impõe, especialmente em razão da natureza alimentar dos créditos decorrentes da relação de emprego.

Um processo rápido e eficiente é garantia fundamental e constitucional, devendo os operadores do Direito buscar meios de garantir que a prestação jurisdicional seja entregue de forma satisfatória.

Nesse diapasão, José Roberto dos Santos Bedaque, em sua obra *Efetividade do Processo e Técnica Processual*, leciona: *"Processo efetivo é aquele que,*

---

(4) Tribunal Superior do Trabalho. Disponível em: <http://www.tst.jus.br/noticias/-/asset_publisher/89Dk/content/id/6713171>. Acesso em: 15.7.2014.

(5) SILVA, Antônio Álvares da. *A desjuridicização dos conflitos trabalhistas e o futuro da justiça do trabalho no Brasil*. In: TEIXEIRA, Sálvio de Figueiredo. As garantias do cidadão na justiça. São Paulo: Saraiva, 1993. p. 256-257.

(6) Refere-se ao Projeto de Lei n. 4.330/2004, que visa regulamentar a terceirização da mão de obra. O mencionado projeto, tal qual foi apresentado, flexibiliza ainda mais os direitos desses trabalhadores.

observado o equilíbrio entre os valores segurança e celeridade, proporciona às partes o resultado desejado pelo direito material".[7].

Uma das maneiras de tornar o Direito do Trabalho mais efetivo é aplicando-se subsidiariamente as tutelas de urgência previstas no Código de Processo Civil ao Processo do Trabalho.

2. DAS HIPÓTESES DE TUTELAS DE URGÊNCIA PREVISTAS NO CPC E SUA APLICAÇÃO SUBSIDIÁRIA AO PROCESSO DO TRABALHO

A palavra tutela tem origem latina, do verbo *tuere*, que significa proteger, vigiar, defender alguém. O termo urgência está vinculado ao risco de perecimento, de desaparecimento dos componentes que dão efetividade ao processo. A urgência pode estar relacionada ainda a própria natureza ou função do direito invocado[8].

Segundo Luiz Guilherme Marinoni, a doutrina processual civil divide as referidas tutelas de urgência em três espécies: tutela cautelar, tutela antecipada e tutela inibitória[9].

A primeira delas, **tutela cautelar**, está disciplinada no art. 796 e seguintes do CPC e tem por objetivo garantir a eficácia do processo, do resultado final, seja na fase de conhecimento ou de execução.

A tutela cautelar poderá ser incidental ou preparatória, sendo incidental quando for concedida nos autos de um processo principal e preparatória quando tiver por objetivo preparar ou assegurar alguma situação imprescindível para a propositura posterior da ação competente. É necessário, em ambos os casos, que haja o preenchimento dos requisitos do *fumus boni juris* e do *periculum in mora*.

A expressão *fumus boni juris* é traduzida como "a fumaça do bom direito" e entendida como a plausibilidade do direito invocado. Tal plausibilidade é necessária, pois a cognição para deferimento da medida é sumária e não exauriente. Já o *periculum in mora* é traduzido como "o perigo da demora", ou seja, o risco de deixar de ser útil o processo, de não cumprir sua finalidade em razão da demora natural de sua tramitação.

Além dos procedimentos cautelares previstos em lei, nos termos do art. 798 do Código de Processo Civil, pode o juiz determinar outras medidas que julgar adequadas, a fim de evitar que uma parte cause lesão grave ou de difícil reparação em relação ao direito da outra.

Já a tutela antecipada, em breve síntese, encontra-se disciplinada no art. 273 do CPC, *in verbis*:

> "O juiz poderá, a requerimento da parte, antecipar, total ou parcialmente, os efeitos da tutela pretendida no pedido inicial, desde que, existindo prova inequívoca, se convença da verossimilhança da alegação e:
>
> I — haja fundado receio de dano irreparável ou de difícil reparação; ou
>
> II — fique caracterizado o abuso de direito de defesa ou o manifesto propósito protelatório do réu.
>
> § 1º Na decisão que antecipar a tutela, o juiz indicará, de modo claro e preciso, as razões do seu convencimento.
>
> § 2º Não se concederá a antecipação da tutela quando houver perigo de irreversibilidade do provimento antecipado.
>
> § 3º A efetivação da tutela antecipada observará, no que couber e conforme sua natureza, as normas previstas nos arts. 588, 461, §§ 4º e 5º, e 461-A.
>
> § 4º A tutela antecipada poderá ser revogada ou modificada a qualquer tempo, em decisão fundamentada.
>
> § 5º Concedida ou não a antecipação da tutela, prosseguirá o processo até final julgamento.
>
> § 6º A tutela antecipada também poderá ser concedida quando um ou mais dos pedidos cumulados, ou parcela deles, mostrar-se incontroverso.
>
> § 7º Se o autor, a título de antecipação de tutela, requerer providência de natureza cautelar, poderá o juiz, quando presentes os respectivos pressupostos, deferir a medida cautelar em caráter incidental do processo ajuizado"[10].

Essa tutela representa a antecipação do mérito da demanda, total ou parcialmente, por se vislumbrar o preenchimento dos requisitos previstos no mencionado artigo: existência da prova inequívoca que convença o juiz acerca da verossimilhança das alegações do autor; fundado receio de dano irreparável ou de difícil reparação; ou ainda quando ficar

---

(7) BEDAQUE. José Roberto dos Santos. *Efetividade do processo e técnica processual*. Malheiros: São Paulo, 2007. p. 23.

(8) ALVERNAZ, Eduardo Matos. Poder Geral de Cautela e Tutela de Urgência: Os limites da atuação de ofício do Juiz. Disponível em: <http://www.emerj.tjrj.jus.br/paginas/rcursodeespecializacao_latosensu/direito_processual_civil/edicoes/n1_2013/pdf/EduardoMatosAlvernaz.pdf>. Acesso em: 10.7.2014.

(9) MARINONI, Luiz Guilherme. *Tutela antecipatória, julgamento antecipado e execução imediata da sentença*. Editora Revista dos Tribunais: São Paulo, 1997.

(10) BRASIL. *Código de Processo Civil*. São Paulo: Saraiva, 2012.

caracterizado abuso do direito de defesa ou manifesto propósito protelatório do réu.

Entende-se por prova inequívoca dotada de verossimilhança aquela que seja robusta; que, pelo juízo de probabilidade, traga segurança ao juiz acerca da existência ou não do fato narrado.

Por fim, a aludida **tutela inibitória** destina-se a impedir a prática, a repetição ou a continuação de ato ilícito, de forma preventiva, determinando o cumprimento de uma obrigação de fazer ou de não fazer, nos termos do art. 461 do Código de Processo Civil. Um exemplo de utilização dessa modalidade de tutela no Processo do Trabalho seria em caso de pedido de interrupção de uma atividade insalubre, a fim de resguardar o provimento final.

É importante registrar que a Consolidação das Leis do Trabalho contém disposição sobre tutela de urgência no art. 659, mas suas hipóteses são restritas, eis que aplicáveis somente em caso de transferência abusiva de empregado ou para reintegração liminar, como dirigente sindical afastado, suspenso ou dispensado pelo empregador.

Nesse diapasão, a utilização das tutelas de urgência previstas nos arts. 273 e 461, § 3º do Código de Processo Civil, aplicadas subsidiariamente ao Processo do Trabalho, é meio processual de garantir a efetividade do processo para que o decurso do tempo não inviabilize ou prejudique a efetivação do direito postulado. Isso porque, em muitos casos, a demora do processo gera lesão ou agravamento da lesão, que pode culminar em dano irreparável, ou de difícil reparação, à parte demandante.

Embora a doutrina e a jurisprudência estejam pacificadas no sentido de que é aplicável ao Processo do Trabalho a legislação civil pertinente às tutelas de urgência, em razão da compatibilidade principiológica da norma ao ordenamento celetista, tais instrumentos processuais ainda são pouco utilizados pelos operadores na Justiça do Trabalho.

Cumpre registrar que o termo tutela apresenta íntima ligação com o Direito do Trabalho, por ser palavra que significa proteção. Nesse sentido, esclarecem os professores Márcio Túlio Viana e Luiz Otávio Linhares Renault:

> *Como dizíamos, há perfeita compatibilidade entre a regra que antecipa a tutela e os princípios que norteiam o processo do trabalho. Por duas razões, pelo menos: a) o processo reflete, necessariamente, o direito material. E o direito material do trabalho é todo ele voltado à proteção do empregado. Ora: o empregado é quase sempre o autor na ação. E a antecipação da tutela vem ao encontro dos interesses do autor. b) Um dos maiores problemas da norma jurídica trabalhista é o da sua eficácia. Leis, temos à farta, mas não são cumpridas. A antecipação da tutela aumenta a eficácia da regra de direito material.* (1997. p. 88/89)

Como se não bastasse o descumprimento das obrigações trabalhistas durante o contrato de trabalho, é comum ainda que os devedores se desfaçam de seus bens, em fraude à legislação, para não comprometer seu patrimônio em detrimento de direitos dos trabalhadores. As tutelas de urgência também poderiam ser aplicadas nesse particular para garantir que tais fraudes não aconteçam.

Nesse diapasão, a antecipação de mérito por essa medida, bem como as demais supracitadas, visa tornar mais efetiva a tutela jurisdicional prometida constitucionalmente, possibilitando ao Judiciário, em casos excepcionais e predeterminados, antecipar os efeitos de mérito que somente seriam devidos ao final do processo.

Isso porque, segundo destaca José Roberto dos Santos Bedaque: *"caracterizam-se não pela sumariedade da cognição, circunstância também presente em tutelas não cautelares, mas pelo periculum in mora. Analisa-se a situação substancial, verifica-se a necessidade de proteção imediata, em sede cautelar, ante a impossibilidade de se aguardar o tempo necessário para a entrega da tutela final"*[11].

Aliás, o perecimento do direito de um litigante em razão da demora do Judiciário já seria motivo para reflexão jurídica, vez que, embora existam inúmeros processos, cada um deles representa a vida e a luta individual de um trabalhador.

Nesse mesmo sentido é o pensamento do professor José Roberto Freire Pimenta, que, em palestra destinada aos servidores do Tribunal Superior do Trabalho (12.8.2013), no que se refere ao aspecto de que vale a pena utilizar o juízo de ponderação para identificar o princípio mais relevante no caso concreto, indagando se segurança jurídica ou efetividade.

É oportuno salientar ainda que na prática forense trabalhista frequentemente se percebem situações em que as tutelas de urgência poderiam ter sido pleiteadas, mas não foram, ocasionando, muitas vezes, processos paralisados, sem solução, submetidos à execução por longos anos, sem êxito, razão pela qual tais medidas devem ser aplicadas de ofício.

---

[11] BEDAQUE. José Roberto dos Santos. *Efetividade do processo e técnica processual*. Malheiros: São Paulo, 2007. p. 32.

3. DA POSSIBILIDADE DE APLICAÇÃO DAS TUTELAS DE URGÊNCIA DE OFÍCIO

Na exposição de motivos do Código de Processo Civil de 1973, n. 5, já se encontra a preocupação com um processo justo, ou seja, que consiga obter a rápida atuação do direito:

> "Assim entendido, o processo civil é preordenado a assegurar a observância da lei; há de ter, pois, tantos atos quantos sejam necessários para alcançar esta finalidade. Diversamente de outros ramos da ciência jurídica, que traduzem a índole do povo através de longa tradição, o processo civil deve ser dotado exclusivamente de meios racionais, tendentes a obter a atuação do direito. As duas exigências que concorrem para aperfeiçoá-lo são a rapidez e a justiça. Força é, portanto, estruturá-lo de tal modo que ele se torne efetivamente apto a administrar, sem delongas, a justiça". [12]

Como dito, em inúmeras oportunidades a concessão de uma tutela de urgência seria a maneira de efetivar o Direito. Por essa razão deve-se implementar esforços para a concessão das medidas, seja por requerimento da parte ou *ex officio*.

Pela leitura do art. 273 do Código de Processo Civil, que trata da antecipação de tutela, percebe-se que a concessão dessa medida somente é possível se houvesse requerimento expresso da parte.

Em razão de o texto da lei trazer claramente a necessidade de haver requerimento da parte, a doutrina majoritária afasta a possibilidade de aplicação de ofício, entendem que o método de interpretação deve ser, nesse caso, o gramatical.

O professor Alexandre Freitas Câmara é um dos defensores da corrente majoritária. Para ele, o princípio da demanda, segundo o qual o juiz pode conceder somente o que foi objeto de pedido, deve ser observado. O segundo argumento está ligado à hipótese de revogação posterior da tutela, com a ocorrência de danos à parte contrária, visto que, nesse caso, não se poderia atribuir responsabilidade à parte que não requereu a medida ou ao juiz. [13]

As preocupações daqueles doutrinadores que se filiam à corrente majoritária não têm razão de ser, visto que, nos termos do art. 133 do Código de Processo Civil, o juiz somente responde civilmente quando, no exercício da função, agir com dolo ou fraude.

Assim, a postura adotada pela corrente majoritária torna-se demasiado conservadora, tendo em vista que, após a Constituição Cidadã de 1988, se passou a ter a necessidade de interpretar as leis infraconstitucionais com um olhar constitucional, ou seja, dando prevalência aos princípios e aos direitos fundamentais. A dignidade da pessoa humana passou a ser o norteador dos aplicadores do direito.

Registre-se ainda que, na hipótese de ser a tutela posteriormente revertida, não se atribuirá ao juiz a responsabilidade pelos danos causados, eis que não agiu com dolo ou fraude. Ademais disso, poderá ser considerado que o magistrado atuou em inegável estado de necessidade, nos termos do art. 188, inciso II do Código Civil, estando desobrigado a indenizar, conforme art. 927 do mesmo diploma.

Nesse sentido, pensar a aplicação da antecipação de tutela de ofício com base nos princípios da efetividade e da dignidade da pessoa humana representa avançar na defesa da ordem social.

Um dos defensores da corrente minoritária que entende possível a aplicação da tutela antecipada de ofício, é o ministro Luiz Fux, entendendo que o mundo moderno exige um juiz mais atuante, que possa conceder a medida de ofício nas hipóteses em que entender que o direito poderá se perder, que uma futura decisão já não gere a satisfação efetiva do direito material reconhecido. [14]

Essa tendência de um juiz mais ativo e atuante está blindada contra decisões arbitrárias, em razão da necessidade de fundamentar as decisões. As decisões que deferem a antecipação de tutela também devem ser fundamentadas, eis que, conforme dispõe o art. 273, § 1º do Código de Processo Civil, o magistrado deverá indicar, de modo claro e preciso, as razões do seu convencimento.

Não se trata de conceder em qualquer hipótese uma antecipação de tutela que poderia gerar danos à parte contrária, mas sim de analisar com cautela o preenchimento dos requisitos do art. 273, verificando a existência de provas inequívocas da verossimilhança das alegações e o dano irreparável ou de difícil reparação.

Ademais disso, os limites postos ao julgador a esse tipo de atuação serão baseados nos princípios da motivação e da isonomia. [15]

---

(12) Exposição de Motivos do Código de Processo Civil. Disponível em: <http://www.oabsa.org.br/documentos/cod_proc_civil.pdf>. Acesso em: 10.7.2014.

(13) CÂMARA, Alexandre Freitas. *Lições de Direito Processual Civil*. v. I, 11. ed., Lumen Juris. Rio de Janeiro: 2004. p. 453.

(14) FUX, Luiz. *Tutela de segurança e tutela de evidência*. São Paulo: Saraiva, 1996. p. 79.

(15) ALVERNAZ, Eduardo Matos. Poder Geral de Cautela e Tutela de Urgência: Os limites da atuação de ofício do Juiz. Disponível em:

Nesse sentido, Cassiano Scarpinella Bueno explica:

> "À luz de uma visão constitucional do processo, parece que a resposta mais afinada ao que procurei desenvolver no item 1, no entanto, é, diferentemente, positiva. **Se o juiz vê, diante de si, tudo o que a lei reputou suficiente para a concessão da tutela antecipada menos o pedido, quiçá porque o advogado é ruim ou irresponsável, não será isso que o impedirá de realizar o valor 'efetividade', sobretudo naqueles casos em que a situação fática reclamar a necessidade de tutela jurisdicional urgente** (art. 273, I). Se não houver tanta pressa assim, sempre me pareceu possível e desejável que o juiz determine a emenda da inicial, dando interpretação ampla ao art. 284. Não que um não pedido de tutela antecipada enseje a rejeição da inicial; evidentemente que não. É que é essa uma porta que o sistema dá para que a postulação jurisdicional inicial seja apta no sentido de produzir seus regulares efeitos.
>
> **Esclareça-se que, agir de ofício não tem o mesmo significado de poder o magistrado 'agir por agir', como se lhe fosse facultado fazer isto ou aquilo, o que, como consequência, nos levaria, inarredavelmente, à arbitrariedade. Desta sorte, o que defendemos é a possibilidade da concessão da tutela antecipada de ofício, ou seja, em determinadas situações deve o juiz conceder a antecipação de tutela, independentemente do requerimento da parte porque o ordenamento jurídico — que se tem mostrado mais sábio do que os homens que o criaram — lhe impõem tal forma de atuação."**(16) (grifos nossos)

Em relação ao argumento apresentado pela corrente majoritária no sentido de que a concessão de ofício viola o princípio da demanda, é importante ponderar que nesses casos pode-se entender que há conflito de princípios, devendo ser encontrado o princípio que deverá prevalecer. Entendemos que devem prevalecer os princípios fundamentais da efetividade e da dignidade da pessoa humana.

Todos os poderes atribuídos nessa oportunidade ao julgador estão presentes ainda no art. 798 do Código de Processo Civil, que trata do Poder Geral de Cautela do juiz.

É importante registrar que a tutela antecipada pode ser aplicada de ofício ainda em caso de pedidos incontroversos nos autos, eis que sobre eles não haverá produção de prova.

Nesse sentido, Jorge Luiz Souto Maior:

> A tutela antecipada integra a concepção do processo como instrumento ético, buscando a pacificação, com justiça, dos conflitos sociais. A antecipação da tutela integra este contexto, visando equacionar o antigo dilema entre necessidade de celeridade do provimento jurisdicional e necessidade de assegurar ao demandado as conquistas já tradicionais do devido processo legal. Entretanto, o standart legal merece aplicação razoável, para que não se torne letra morta o pretendido avanço do direito processual, em prol da efetivação do direito material. Na Justiça do Trabalho, a tutela antecipada deve ser uma constante, sobretudo quando se está diante de verbas trabalhistas não pagas e quanto às quais não se tenha uma razoável controvérsia. O tempo do processo, para permitir o devido processo legal, nestes casos, não deve penalizar o reclamante que, por avaliação de evidência, tem razão. Pela tutela antecipa-se o efeito da prestação jurisdicional, conferindo-se ao reclamante, de uma vez, o bem da vida perseguido, mediante imposição de multa (*astreinte*) ao devedor. Quando a tutela for de evidência e se configurar atitude meramente protelatória do réu, tentando valer-se da morosidade processual para negar o cumprimento de obrigação alimentar, como é a trabalhista (sobretudo as verbas rescisórias), a concessão da tutela pode ser concedida *ex officio*"(17)

Não se pode olvidar ainda das hipóteses de antecipação de tutela em ações que tenham por objeto

---

<http://www.emerj.tjrj.jus.br/paginas/rcursodeespecializacao_latosensu/direito_processual_civil/edicoes/n1_2013/pdf/EduardoMatosAlvernaz.pdf>. Acesso em: 10.7.2014.

(16) VASCONCELOS, Daniel de Lima. Possibilidade de concessão ex officio da tutela antecipada de urgência. Revista da ESMESE — Escola Superior da Magistratura de Sergipe. Aracaju: ESMESE/TJ, n. 12, 2009 *apud* NASCIMENTO, Paulo Rodolpho Lima. A concessão de tutela antecipada ex officio. *Jus Navigandi*, Teresina, ano 17, n. 3196, 1º abr. 2012. Disponível em: <http://jus.com.br/artigos/21411>. Acesso em: 18 jul. 2014.

(17) MAIOR, Jorge Luiz Souto. *Em defesa da ampliação da competência da Justiça do Trabalho*. Revista da Justiça do Trabalho, v. 260, HS Editora, p. 8-23.

obrigações de fazer e não fazer. Conforme estabelece o art. 461, § 3º do CPC, nessas situações, sendo relevante o fundamento da demanda e havendo justificado receio de ineficácia do provimento final, é lícito ao juiz conceder a tutela liminarmente ou mediante justificação prévia, citado o réu. O mesmo se aplica nas ações que tenham por objeto a entrega de coisa (art. 461-A do mesmo diploma).

Percebe-se que a Lei n. 8.952, de 13.12.1994, que incluiu o § 3º no referido artigo, já contempla a possibilidade de concessão da medida *ex officio*. Do mesmo modo, a medida cautelar prevista nos arts. 888 e seguintes pode ser aplicada de ofício, conforme exegese dos arts. 889 e 798 do CPC, dispondo que *"poderá o juiz determinar as medidas provisórias que julgar adequadas, quando houver fundado receio de que uma parte, antes do julgamento da lide, cause ao direito da outra lesão grave e de difícil reparação"*.

Na Justiça do Trabalho, a aplicação das referidas tutelas, como dito anteriormente, tem ainda mais razão de ser, levando em consideração a natureza do crédito reivindicado nessa Especializada e o caráter pedagógico, a fim de que deixe de ser vantajoso ao empregador descumprir a legislação. José Roberto Freire Pimenta menciona ainda outros importantes efeitos:

> "É possível apontar três efeitos da maior importância que a utilização da tutela antecipatória e específica das obrigações de fazer e não fazer acarretará, no plano trabalhista: a) a eliminação ou ao menos a significativa diminuição das vantagens práticas, econômicas e jurídicas advindas do descumprimento das obrigações trabalhistas; b) o controle jurisdicional da autotutela empresária — até hoje incontrastada, na prática — nos campos do poder disciplinar e do poder diretivo do empregador; c) a eliminação dos 'vazios de tutela' representados pela previsão em abstrato, nas normas trabalhistas materiais, de direitos sociais que, na prática, nunca ou quase nunca foram respeitados, por falta de instrumentos processuais idôneos para sua atuação coativa específica em caso de violação — o que, por sua vez, implicará, no plano substancial, em uma maior e verdadeira equalização das partes da relação de emprego, concretizando, no âmbito interno das empresas e nos locais de trabalho, o princípio constitucional da isonomia". [18]

Nesse raciocínio já é possível encontrar julgados dos Tribunais Regionais do Trabalho endossando a concessão da antecipação de tutela *ex officio*, *in verbis*:

> "ANTECIPAÇÃO DE TUTELA. CONCESSÃO *EX OFFICIO*. INOBSERVÂNCIA DOS REQUISITOS NECESSÁRIOS AO DEFERIMENTO. ART. 273 DO CPC. IMPOSSIBILIDADE. **Não obstante seja possível, em alguns casos, a tutela antecipada *ex officio*, indispensável que sejam observados os pressupostos elencados no art. 273 do CPC que regulamenta a matéria, sob pena de caracterizar-se em arbitrária a decisão**, o que ocorreu no caso em apreço, ensejando a suspensão da medida. Veja-se que os amplos poderes concedidos ao Juiz do Trabalho e a faculdade de este impulsionar de ofício a execução (art. 878 da CLT), não podem justificar a desconsideração da lei, mormente quanto à igualdade de tratamento assegurada às partes, nem às formalidades impostas pelo ordenamento jurídico. (RO — Procedimento Sumaríssimo — N. 621-2002-119-15-00-4 — TRT 15ª REGIÃO — Julgado em 9.12.2003 — Rel: Olga Aida Joaquim Gomieri). Grifos nossos.

Percebe-se, assim, que uma das maneiras de se obter um processo justo é aplicar as tutelas de urgência de ofício, considerando que a Constituição Federal, base do ordenamento jurídico, fornece condições para essa concessão, sempre que preenchidos os requisitos da lei, visando garantir a efetividade do processo.

O Direito Comparado também é fonte do Direito do Trabalho e pode trazer ainda mais sustentabilidade para a aplicação das referidas medidas *ex officio*.

4. DA ANÁLISE DO DIREITO COMPARADO COMO FONTE DO DIREITO PÁTRIO

A análise do Direito aplicado em outros países torna-se importante para a construção de um ordenamento pátrio mais justo e efetivo. O estudo do Direito dos países latino-americanos, nesse sentido, pode ser uma forma de viabilizar ainda mais a apli-

---

(18) PIMENTA, José Roberto Freire. *Tutelas de urgência no processo do trabalho*: o potencial transformador das relações trabalhistas das reformas do CPC brasileiro. Direito do Trabalho: evolução, crise e perspectiva. São Paulo, LTr, 2004. p. 336-339.

cação das tutelas de urgência, de ofício, no Processo do Trabalho.

O Direito chileno prevê expressamente a possibilidade de concessão das medidas urgentes de ofício[19], conforme art. 22 da Lei n. 19.968/2004:

> *"Sin perjuicio de lo dispuesto en leyes especiales, en cualquier etapa del procedimiento, o antes de su inicio, el juez, de oficio o a petición de parte, teniendo en cuenta la verosimilitud del derecho invocado y el peligro en la demora que implica la tramitación, podrá decretar las medidas cautelares conservativas o innovativas que estime procedentes."*

Segundo o professor chileno Juan Carlos Marín González, devem ser cumpridos os requisitos previstos em lei e o juiz deve estar atento para não perder a imparcialidade:

> *"El riesgo de perder la imparcialidad es muy grande y esto sí que desnaturalizaría la función propia del juzgador. (...) Su posición no puede ser más antagónica a la que cumplen las partes. Estas últimas son los sujetos interesados en el conflicto. El juez el sujeto desinteresado del mismo. (...) El expreso reconocimiento de que el juez puede adoptar medidas no sólo de carácter conservativo sino, también, aquellas de carácter innovativo. No sólo medidas de estricta precaución, sino las que alteren el statu quo imperante. La norma, adicionalmente, no acota el número ni el tipo de medidas que el juez puede adoptar. Se pueden conceder todas aquellas que de acuerdo con las circunstancias de cada caso sean procedentes."*[20]

Embora os ordenamentos da Argentina, do Equador e da Colômbia não tragam a possibilidade de concessão das tutelas de urgência de ofício, possibilitam a concessão de sentença *ultra* e/ou *extra petita*, o que, segundo nosso entendimento, já seria suficiente para viabilizar a concessão das medidas cautelares de ofício no Direito pátrio, visto que, nesses casos, o juiz pode julgar além ou fora do pedido elaborado pela parte.

Nesse intuito, embora no ordenamento argentino as províncias tenham liberdade de legislar sobre o processo de forma distinta umas das outras, analisa-se, neste trabalho, apenas a província de Buenos Aires, a título de exemplo. Nela há permissão no Código de Processo Civil, Lei n. 17.454/81, da prolação de decisões *ultra petita*, ou seja, permite que o juiz vá além do pedido quando da apreciação das provas no caso concreto. Além disso, prevê ainda a aplicação da norma mais favorável ao trabalhador. [21]

O Código Processual do Trabalho da Colômbia também permite a prolação de sentença *ultra petita*, possibilitando também decisões *extra petita*, ou seja, contemplando direitos fora dos pedidos formulados, desde que devidamente provados. Esse ordenamento, no art. 48, prevê ainda a possibilidade do impulso processual de ofício, podendo o juiz atuar como julgar necessário para garantir o rápido andamento do processo[22].

No mesmo sentido, o Direito Processual do Equador[23] contempla dois princípios, quais sejam: princípio da interpretação das normas processuais, segundo o qual o objetivo dos procedimentos é a efetividade dos direitos reconhecidos em lei; e o princípio da celeridade, interpretado no sentido de que os juízes estão obrigados a prosseguir o trâmite da demanda no prazo previsto em lei, sem esperar a manifestação de uma das partes.

Percebe-se que o Direito Comparado, principalmente o ordenamento chileno, concede subsídios para a aplicação das medidas de urgência *ex officio*.

5. CONCLUSÃO

Hoje em dia, praticamente tudo tem-se tornado mais intenso e ao mesmo tempo mais célere também. Assim estão as relações humanas, o consumo de bens e o próprio trabalho. Essa aceleração também se reflete no Poder Judiciário, que muitas vezes não tem condições de acompanhar a realidade.

De modo geral, ao ajuizar uma demanda na Justiça do Trabalho, o empregado já não se encontra mais trabalhando na empresa que figura no polo passivo. Com isso, o direito postulado já foi violado, ou seja, o empregador deixou de cumprir em época própria a obrigação que lhe competia, embora tenha usufruído da energia do trabalhador.

Com o objetivo meramente ressarcitório, o empregado procura na Justiça do Trabalho o reconhecimento do seu direito. Entretanto, por inúmeras

---

(19) Actualidad laboral — junio de 2010. Disponível em: <http://www.derecho.uchile.cl/publicaciones/76177/actualidad-laboral-2010>. Acesso em: 10.7.2014.

(20) GONZÁLEZ, Juan Carlos Marín. *Las medidas cautelares en el ordenamiento jurídico chileno: su tratamiento en algunas leyes especiales*. Disponível em: <http://www.derecho.uchile.cl/cej/recej/recej8/DOCTRINA/Medidas%20cautelares%20grl%20jcm%20(6).doc>. Acesso em: 10.7.2014.

(21) EÇA, Vitor Salino de Moura. *Direito Processual do Trabalho Globalizado: homenagem a Professora Alice Monteiro de Barros*. São Paulo: LTr, 2012. p. 25.

(22) Idem, p. 84.

(23) Idem, p. 99.

oportunidades, esse direito é reconhecido em decisão judicial transitada em julgado, mas sua efetividade fica prejudicada.

As tutelas de urgência, portanto, são importantes mecanismos processuais que auxiliam para que o decurso do tempo não inviabilize a pretensão do demandante ou cause dano irreparável ou de difícil reparação. Todavia a ausência de pedido impede a concessão da medida.

Como fonte do Direito do Trabalho, o Direito Comparado dos países latino-americanos também é instrumento para viabilizar a concessão das tutelas de urgência de ofício, com destaque para o ordenamento jurídico do Chile, aplicando-se entendimentos no sentido de que o juiz deve atuar como julgar necessário, desde que de forma motivada, para garantir a efetividade do processo.

Nesse sentido, torna-se necessária uma análise constitucional do Direito do Trabalho e do Processo do Trabalho, dando prevalência à aplicação dos princípios da efetividade e da dignidade da pessoa humana, entendendo-se pela aplicação dessas tutelas de ofício.

Uma justiça efetiva é capaz de produzir alterações substanciais na sociedade, cabendo salientar, inclusive, o caráter pedagógico da sentença judicial, para que as obrigações possam ser cumpridas espontaneamente pelos devedores. Aí se verificaria, com certeza, a maior efetividade da Justiça, que tanto se busca nos dias de hoje.

REFERÊNCIAS BIBLIOGRÁFICAS

Actualidad laboral — junio de 2010. Disponível em: <http://www.derecho.uchile.cl/publicaciones/76177/actualidad-laboral-2010>. Acesso em: 10.7.2014.

ALVERNAZ, Eduardo Matos. Poder Geral de Cautela e Tutela de Urgência: Os limites da atuação de ofício do Juiz. Disponível em: <http://www.emerj.tjrj.jus.br/paginas/rcursodeespecializacao_latosensu/direito_processual_civil/edicoes/n1_2013/pdf/EduardoMatosAlvernaz. pdf>. Acesso em: 10.7.2014.

AMORIM, Theodoro Sozzo e ANGELUCI, Cléber Affonso. *O princípio da efetividade do processo e as tutelas de urgência*. Disponível em: <http://webcache.googleusercontent.com/search?q=cache:M_31aCgQEO0J:intertemas.unitoledo.br/revista/index. php/ETIC/article/viewFile/2590/2281+&cd=1&hl=pt-R&ct=clnk&gl=br.>. Acesso em: 14 de setembro de 2013.

MOREIRA, José Carlos Barbosa. *Por um processo socialmente efetivo*. ed., Revista dos Tribunais, v. 105, 2002.

BRASIL. *Código de Processo Civil*. São Paulo: Saraiva, 2012.

_____. *Consolidação das leis do trabalho*. Decreto-lei n. 5.452, de 1º de maio de 1943. Aprova a consolidação das leis do trabalho. 104.ed. São Paulo: Atlas, 2000. Coletânea de Legislação.

_____. *Constituição (1988). Constituição da República Federativa do Brasil*. Organização de Alexandre de Moraes. 16.ed. São Paulo: Atlas, 2000.

_____. *Tribunal Regional do Trabalho da 3ª Região*. Disponível em: <www.trt3.jus.br/corregedoria/estatistica. html>. Acesso em: 10 de outubro de 2013.

BEDAQUE. José Roberto dos Santos. *Efetividade do processo e técnica processual*. Malheiros: São Paulo, 2007.

DELGADO, Mauricio Godinho. *Curso de Direito do Trabalho*. 10. ed., São Paulo: LTr, 2011.

DINAMARCO. Cândido Rangel. *A instrumentalidade do processo*. 5. ed., Malheiros: São Paulo, 1996.

EÇA, Vitor Salino de Moura. *Direito Processual do Trabalho Globalizado: homenagem à Professora Alice Monteiro de Barros*. São Paulo: LTr, 2012.

FILHO, Manoel Carlos Toledo; EÇA, Vitor Salino de Moura. *Direito Processual do Trabalho Comparado*. Belo Horizonte: Del Rey, 2009.

GONZÁLEZ, Juan Carlos Marín. *Las medidas cautelares en el ordenamiento jurídico chileno: su tratamiento en algunas leyes especiales*. Disponível em: < http://www.derecho.uchile.cl/cej/recej/recej8/DOCTRINA/Medidas%20cautelares%20grl%20jcm%20(6).doc>. Acesso em: 10.7.2014.

MAGANO, Octavio Bueno. *Flexibilização. Dicionário jurídico-econômico das relações de trabalho*. São Paulo: Saraiva, 2002.

MALLET, Estêvão. *Antecipação da tutela no processo do trabalho*. São Paulo: LTr, 1998.

MARINONI, Luiz Guilherme. *Novas linhas do Processo Civil*. Malheiros: São Paulo, 1999.

_____. *Tutela antecipatória, julgamento antecipado e execução imediata da sentença*. Editora Revista dos Tribunais: São Paulo, 1997.

MARTINS, Sérgio Pinto. *Flexibilização das condições de trabalho*. 2. ed., Atlas: São Paulo, 2002.

NASCIMENTO, Paulo Rodolpho Lima. A concessão de tutela antecipada ex officio. *Jus Navigandi*, Teresina, ano 17, n. 3.196, 1º abr. 2012. Disponível em: <http://jus.com.br/artigos/21411>. Acesso em: 15 jul. 2014.

OLIVEIRA, Alexandre Nery de. Tutelas antecipadas na Justiça do Trabalho. Disponível em: <http://jus.com.br/artigos/1252/tutelas-antecipadas-na-justica-do-trabalho>. Acesso em: 20 de setembro de 2013.

PIMENTA, José Roberto Freire. *Tutela de Urgência*. Palestra para os servidores do Tribunal Superior do Trabalho em 12.8.2013. Disponível em: <http://www.youtube.com/watch?v=uU1eO-fWSeU>. Acesso em: 28.9.2013.

PORTELA, Liana Maria Marta dos Santos Rocha. *A flexibilização no direito do trabalho*. Disponível em: <http://www.faete.edu.br/revista/Prof.%20Liana. pdf>. Acesso em: 11 de setembro de 2013.

RENAULT, Luiz Otávio Linhares e VIANA, Márcio Túlio. *Antecipação da Tutela. O que há de novo em Processo do Trabalho — Homenagem a Wilson Carneiro Vidigal*. São Paulo: LTr, 1997.

RIOS NETO, Fernando Luiz Gonçalves. *Limites Constitucionais à Flexibilização dos Direitos Trabalhistas*, 2002. Tese (Mestrado em Direito do Trabalho) — Pontifícia Universidade Católica de Minas Gerais — PUC/MG, Belo Horizonte.

SCHIAVI, Mauro. *Aspectos Polêmicos e atuais das tutelas de urgência no processo do trabalho à luz das recentes alterações do Código de Processo Civil*. Disponível em: <http://www.lacier.com.br/artigos/periodicos/Aspectos%20polemicos%20e%20atuais%20das%20tutelas%20de%20Urgencia%20no%20Processo%20do%20Trabalho%20a%20luz%20das%20recentes%20alteracoes%20do%20CPC.pdf>. Acesso em: 15 de setembro de 2013.

TEIXEIRA FILHO, Manoel Antonio. *Antecipação da Tutela. Curso de Processo do Trabalho — perguntas e respostas sobre assuntos polêmicos em Opúsculos Específicos*, n. 2. São Paulo: LTr, 1996.

UCHÔA, Marcelo Ribeiro. *Ação cautelar e tutela antecipada no processo do trabalho: similitudes e distinções*. Disponível em: <http://www.gomeseuchoa.adv.br/publicacoes/A%C3%A7%C3%A3o%20Cautelar%20e%20Tutela%20Antecipada%20no%20Processo%20do%20Trabalho.doc>. Acesso em: 10 de setembro de 2013.

A FACE OCULTA DA CONCILIAÇÃO

Rafael Chiari Caspar(*)

1. INTRODUÇÃO

O Conselho Nacional de Justiça (CNJ), anualmente, promove a Semana Nacional da Conciliação. Segundo o site oficial do órgão, essa campanha em prol da conciliação tem por objetivo reduzir o grande estoque de processos da justiça brasileira. No período em que a semana acontece, a Justiça do Trabalho interrompe o seu funcionamento normal para que sejam realizadas audiências de conciliação de processos que estejam em andamento. Segundo as estatísticas do CNJ, a campanha de 2013, apenas na Justiça do Trabalho, realizou, em todo o Brasil, 76.637 audiências, com um resultado de 27.622 acordos.[1]

A título de curiosidade, citam-se os títulos das campanhas conciliatórias promovidas pelo CNJ nos últimos cinco anos: em 2009, "Conciliação. Ganha o cidadão. Ganha a Justiça. Ganha o país"; em 2010, "Conciliando a gente se entende" e "Conciliar é legal"; em 2011, "Conciliar é a forma mais rápida de resolver conflitos"; em 2012, "Quem concilia sempre sai ganhando"; em 2013, "Eu concilio. Você concilia. Nós ganhamos". Em Minas Gerais, O Tribunal Regional do Trabalho da 3ª Região intitulou a sua própria campanha de "Conciliar é a nossa missão".[2]

Contrariando essa tendência de idolatria à conciliação, nesta pesquisa, os acordos realizados na Justiça do Trabalho foram examinados sob um viés crítico. Dedicou-se especialmente à investigação das razões que, algumas vezes, levam a parte (em geral, o demandante) a concordar em celebrar um acordo que lhe seja notoriamente prejudicial. Será que existem interesses que extrapolam os dos litigantes, mas que, mesmo assim, são capazes de influenciar decisivamente o ato de celebração do acordo? E mais, há razões capazes de motivar as partes a conciliarem, apesar da consciência de que estão a firmar um mau negócio?

2. FATORES DE INIBIÇÃO À CELEBRAÇÃO DE ACORDOS

2.1 Aspectos ambientais da sala de audiência

Minutos antes do horário designado, as partes costumam se encontrar do lado de fora da sala de audiência. Regra geral, formam-se dois pequenos grupos: o primeiro, composto com as testemunhas convidadas pelo autor, pelo advogado do autor, além de pelo próprio autor; e o segundo, formado pelas testemunhas do réu, pelo advogado do réu e pelo réu ou seu preposto. Observa-se que esses dois grupos quase sempre se localizam em posições antagônicas, a uma distância segura que não permita que a parte contrária e seu respectivo grupo escute a conversa do outro. Dada a tensão da atmosfera do local, raras são as vezes em que se trocam cumprimentos.

O ambiente hostil é mantido após o alto-falante chamar o nome das partes. Assim como anteriormente, dentro da sala de audiência, são raríssimos os casos em que as partes trocam um aperto de mão

---

(*) Mestre em Direito do Trabalho. Professor de Direito do Trabalho e Processo do Trabalho. Advogado trabalhista.
(1) CONSELHO NACIONAL DE JUSTIÇA. *Semana nacional da conciliação*. Disponível em: <http://www.cnj.jus.br/programas-de-a-a-z/acesso-a-justica/conciliacao/semana-nacional-de-conciliacao>. Acesso em: 17 jul. 2014.
(2) CONSELHO NACIONAL DE JUSTIÇA. *Semana nacional da conciliação*. Disponível em: <http://www.cnj.jus.br/programas-de-a-a-z/acesso-a-justica/conciliacao/semana-nacional-de-conciliacao>. Acesso em: 17 jul. 2014.

ou qualquer outro cumprimento amistoso. Da mesma forma, o juiz que as recebe não costuma lhes dar boas-vindas. Não lhes é oferecido um copo de água, tampouco disponibilizado um "cafezinho". Conforme bem acentua o Manual de Mediação Judicial criado por iniciativa do Ministério da Justiça, "outros fatores ambientais como a cor das salas, música ambiente e aromas podem ser úteis para melhorar a qualidade ambiental"[3], mas, infelizmente, a realidade das audiências mostra que não existe preocupação em acalmar os ânimos das partes, tampouco em deixá-las mais confortáveis. Nada relacionado ao ambiente da audiência, apesar das relevantes sugestões inscritas no manual citado, é colocado em prática.

Para o reclamante, a sala de audiência chega a ser ainda mais incompatível com a finalidade conciliatória. Isso porque, além da qualidade ambiental desfavorável, os trajes (roupa social, blazer, terno e gravata) são intimidadores, e o linguajar é de difícil compreensão. É precisa a lição de Márcio Túlio Viana, para quem a desigualdade tão presente enquanto vige o contrato de trabalho se reproduz na sala de audiência, que mais parece uma extensão do escritório do patrão cujo ar solene e sagrado "contamina as falas do juiz, que soam familiares para um, mas quase um mistério para o outro, perpassa os depoimentos das partes e de suas testemunhas, facilitando mentiras ou às vezes dificultando verdades".[4]

Ademais, não se toma o cuidado de perguntar às partes se elas já estiveram presentes na Justiça do Trabalho. O magistrado ou o advogado geralmente não explicam, ainda que de forma simplificada, a sequência dos atos que serão praticados. É muitíssimo comum que, ao fim da audiência, as partes questionem os seus advogados: "E aí, doutor? O que aconteceu?".

Ainda no que se refere ao ambiente da sala de audiência, é criticável a posição em que as partes, os advogados e o juiz se assentam. As partes não deveriam se assentar em posições antagônicas (opostas), afinal um dos objetivos da conciliação é

> [...] tentar evitar um sentimento de rivalidade ou polarização, o que, no caso da disposição das mesas, é melhor conseguido ao não colocar as partes de frente uma para a outra, mas, sim, lado a lado, no caso de mesa retangular, ou em posição equidistante, no caso de mesa circular.[5]

Merecedora de comentário também é a posição em que o magistrado se coloca. Será que é conveniente que a pessoa encarregada de envidar esforços para que as partes consigam entrar em acordo (vide art. 764, § 1º, da CLT) se assente sobre um tablado e que tenha para si uma mesa independente que a separa das partes e dos advogados? A formatação da sala de audiência e a distribuição dos móveis exacerbam a autoridade do magistrado sem necessidade, o que faz com que as partes temam o juiz, agrava a tensão e a sensação de desconforto no ambiente judicial e, consequentemente, prejudica o intento conciliatório. Muito mais eficiente para fins de se alcançar um acordo seria se o magistrado se assentasse junto das partes, sem tablado ou mesa que o separasse.

Ademais, menor dose de solenidade e formalismo poderia ser alcançada com a mudança da forma da mesa na Justiça Trabalhista. Uma mesa circular ou mesmo a sala sem mesa contribuiria para suavizar o desconforto do ingresso em juízo.[6] A opção da sala de audiência sem mesa, apenas com cadeiras, apesar de gerar certo estranhamento, é plenamente viável, sendo apenas necessário que as cadeiras sejam equipadas com apoio para o braço, permitindo, dessa forma, que as partes e os operadores do Direito possam escrever confortavelmente.

Interessante observar que, em vários aspectos, a sala de audiência se aproxima da sala de espera para a audiência. A falta de privacidade da sala de espera é reproduzida, senão agravada, na sala de audiência. Não há como os litigantes manterem uma distância segura que impeça a parte contrária de escutar aquilo que se está a dizer com o advogado. Se o advogado tivesse um pouco mais de liberdade para conversar com o seu cliente, poderia levá-lo a racionalizar e perceber que a proposta de acordo é interessante (ou não). Isso porque, se quiser não se fazer ouvido por seu *ex adverso* na sala de audiência, o advogado precisará cochichar com o seu cliente. Portanto a existência de uma sala apartada, próxima à de audiência, facilitaria o diálogo entre patrono e parte, por vezes essencial para a celebração de acordos. Cumpre elogiar, todavia, a postura de alguns juízes que permitem, quando necessário, que

---

(3) AZEVEDO, André Gomma (Org.). *Manual de mediação judicial.* 2. ed., Brasília: Artecor, 2010. p. 85.

(4) VIANA, Márcio Túlio. Os paradoxos da conciliação: quando a ilusão da igualdade formal esconde mais uma vez a desigualdade real. *Revista do Tribunal Regional do Trabalho da 3ª Região*, Belo Horizonte, v. 45, n. 75. p. 185-198, jan./jun. 2007. p. 187.

(5) AZEVEDO, André Gomma (Org.). *Manual de mediação judicial.* 2 ed., Brasília: Artecor, 2010. p. 84.

(6) AZEVEDO, André Gomma (Org.). *Manual de mediação judicial.* 2 ed., Brasília: Artecor, 2010. p. 84.

advogado e parte conversem dentro da secretaria da Vara, o que, apesar de não ser o ideal, supre a carência ora denunciada.

2.2 Demandas de caráter psicológico

Durante o curso de graduação, o estudante é treinado para se tornar um técnico, um cientista conhecedor de normas de direito material e de direito processual. As faculdades de Direito, regra geral, dão pouca importância às disciplinas com conteúdo reflexivo, tais como Filosofia, Sociologia, Psicologia, Hermenêutica e Ética Jurídica. Por isso, é incomum que as suas grades curriculares contemplem as referidas matérias e, quando o fazem, raramente dispensam carga horária suficiente para conferir formação humanista aos estudantes, futuros candidatos ao concurso da magistratura.[7]

Quanto à formação dos juízes, Maria Cecília Máximo Teodoro identifica que, salvo em casos excepcionais, exige-se, para a aprovação no concurso da magistratura, que o aspirante a juiz frequente cursos preparatórios. Contudo tais cursos, assim como as universidades, "enfatizam a técnica e se descuidam de temas fundamentais como valores sociais, filosóficos e políticos."[8]

Márcio Túlio Viana, em aula ministrada no Programa de Pós-Graduação em Direito da Pontifícia Universidade Católica de Minas Gerais, relatou situação que ilustra bem a apontada deficiência na formação dos juristas brasileiros. Certo dia, na Justiça do Trabalho, aberta a audiência, a empresa ofereceu montante que alcançava aproximadamente 70% (setenta por cento) do que o trabalhador havia pleiteado na petição inicial. Frente à negativa do autor, a empresa optou por tornar o acordo mais atraente chegando a oferecer 90% (noventa por cento) do valor dos pedidos. Foi quando o magistrado interveio e questionou, impressionado, por qual razão o autor não queria aceitar a proposta de acordo. Naquele momento, o autor se levantou enfurecido e saiu da sala de audiência, dizendo que não aceitaria dinheiro algum do réu, afinal não estava ali para isso.[9], [10]

Evidencia-se que a prioridade do autor não se relacionava ao recebimento do montante pleiteado. Tal como no episódio narrado,

> "pode acontecer, por exemplo, que a indenização que o autor pede seja apenas um pretexto, e nem mesmo ele o perceba muito bem: o que o seu coração quer é trazer o réu àquele ambiente, para que se veja condenado, humilhado e arrependido".[11]

Ações trabalhistas com caráter prioritariamente psicológico são ajuizadas diariamente. A conscientização acerca da existência desse tipo de demanda é relevante, afinal, quando os magistrados passarem a identificá-lo, terão melhores condições de auxiliar as partes no intento conciliatório. Antes disso, a atuação do magistrado tende a ser até mesmo prejudicial, podendo ser interpretada como uma insistência inoportuna ou como uma preocupação pessoal em eliminar o processo.[12]

Outrossim, parece inexistir a preocupação dos magistrados em explicar às partes, em especial ao trabalhador, que a celebração do acordo é uma faculdade e que, em caso de recusa, a prolação da sentença nada mais é do que um direito dos jurisdicionados, além de ser sua obrigação. Tal esclarecimento teria o efeito de acalmar as partes, evitando que o trabalhador, absolutamente acuado no ambiente forense, acabasse por aceitar ou recusar o acordo, por medo ou simplesmente por querer agradar ou desagradar o juiz. Mesmo porque

> Uma palavra mais dura, por exemplo, pode soar também duramente a uma pessoa pobre, simples, que treme de medo ao depor, induzindo-a a responder o que pensa que o juiz quer ouvir; mas uma sugestão do juiz, mesmo suave (como: "vamos fazer um acordo?"), pode também ser traduzida como um favor pessoal que ele pede, para não ter o trabalho de julgar, e em razão disso ser (ou não ser) atendida.[13]

---

(7) TEODORO, Maria Cecília Máximo. *O juiz ativo e os direitos trabalhistas*. São Paulo: LTr, 2011. p. 142.

(8) TEODORO, Maria Cecília Máximo. *O juiz ativo e os direitos trabalhistas*. São Paulo: LTr, 2011. p. 143.

(9) Aula ministrada pelo professor Márcio Túlio Viana no Programa de Pós-Graduação em Direito da Pontifícia Universidade Católica de Minas Gerais, no dia 4 de setembro de 2012.

(10) O mesmo episódio foi sinteticamente mencionado pelo autor em: VIANA, Márcio Túlio. Os paradoxos da conciliação: quando a ilusão da igualdade formal esconde mais uma vez a desigualdade real. *Revista do Tribunal Regional do Trabalho da 3ª Região*, Belo Horizonte, v. 45, n. 75. p. 185-198, jan./jun. 2007. p. 192.

(11) VIANA, Márcio Túlio; VIANA, Ana Maria Fernandes. Os processos da dança e as danças do processo. *Revista da Faculdade de Direito da Universidade Federal de Minas Gerais*, Belo Horizonte, n. 60. p. 209-230, jan./jun. 2012. p. 216. Disponível em: <http://www.direito.ufmg.br/revista/index. php/revista/article/view/183/166>. Acesso em: 25 jun. 2014. p. 217.

(12) CARNELUTTI, Francesco. *Instituições do processo civil*. v. II. São Paulo: Classic Book, 2000. p. 70.

(13) VIANA, Márcio Túlio; VIANA, Ana Maria Fernandes. Os processos da dança e as danças do processo. *Revista da Faculdade de Direito da Universidade Federal de Minas Gerais*, Belo Horizonte, n. 60. p. 209-230, jan./jun. 2012. p. 216. Disponível em: <http://www.direito.ufmg.

Portanto a postura dos magistrados e mesmo dos advogados, que normalmente também não se importam em tranquilizar os litigantes em momento que antecede e/ou durante a audiência, prejudica a conciliação.

2.3 Outros fatores de inibição

Na ação trabalhista, regra geral, tem-se em um dos polos da lide (geralmente no polo ativo) o trabalhador e, no outro, o seu (ex) empregador. Enquanto o trabalhador ingressa em juízo pleiteando parcelas que lhe são garantidas por lei ou pelo contrato de trabalho, o patrão tenta demonstrar que o que está sendo pedido não é devido ou já foi pago, por exemplo.

Pela lógica, presume-se que, na tentativa conciliatória, o réu nunca oferecerá importância superior à que entende ser devida. Aliás, os valores propostos pelos réus em demandas trabalhistas costumam ser bem inferiores aos que os autores projetam receber em final sentença. Logo, ao que parece, o autor da ação trabalhista sempre sai perdendo no acordo, pois, para que o réu aceite conciliar, o autor precisa abrir mão de parte de seus direitos.

Outro fator que poderia desencorajar a celebração de acordos é a solidariedade ou o sentimento de classe entre os trabalhadores. É viável que o reclamante opte por rejeitar o acordo, pensando no bem da coletividade. Assim, orientado por seu advogado e tomado por um sentimento de pertencimento ao grupo, o trabalhador pode vislumbrar que, por mais que o acordo lhe pareça interessante, a recusa e a consequente condenação do patrão abrirão precedente capaz de beneficiar vários colegas de sua profissão. De fato, especialmente em razão da desunião dos obreiros e da crise de representatividade sindical vivenciada no Brasil, os efeitos dessa hipótese parecem não ultrapassar o âmbito teórico.

Concebe-se, ainda, hipótese relacionada aos advogados, que também dificultaria a celebração de acordos, capaz de afetar tanto o procurador do autor quanto o do réu. Trata-se de situação excepcional, mas que pode receber nomes diversos: prepotência, apego, curiosidade ou simplesmente confiança nas teses desenvolvidas. Há situações concretas que desafiam o advogado. Causas muito particulares, teses inovadoras e bem elaboradas, ou, ainda, situações sobre as quais ainda não houve manifestação dos Tribunais — nesses casos, tendo em vista que os acordos são normalmente firmados antes da manifestação do juiz, o advogado pode se sentir tentado a convencer seu cliente a recusar o acordo, por curiosidade ou desejo de conhecer o posicionamento do Judiciário.

3. O ELEVADO ÍNDICE DE PROCESSOS CONCILIADOS NA JUSTIÇA DO TRABALHO

Segundo o que até o momento foi descrito, conciliar parece ser uma tarefa muito difícil. Paradoxalmente, as estatísticas divulgadas pelos Tribunais Trabalhistas apontam índice bastante elevado de processos que são solucionados por meio da conciliação. Veja-se o gráfico a seguir, elaborado com base em informações divulgadas pelo TRT/MG.[14] Comparou-se o número total de processos solucionados na primeira instância com aqueles que, dentro desse universo, foram conciliados durante o ano de 2013. São considerados como "processos solucionados", além dos conciliados, aqueles cujos pedidos foram julgados procedentes, procedentes em parte ou improcedentes; os arquivados; os casos de desistência; outros casos de extinção do processo sem resolução do mérito ou de extinção do processo com resolução do mérito; bem como aqueles remetidos a outros órgãos:

---

br/revista/index. php/revista/article/view/183/166>. Acesso em: 25 jun. 2014.

(14) SECRETARIA DA CORREGEDORIA DO TRIBUNAL REGIONAL DO TRABALHO. *Estatística processual.* Disponível em: <http://www.trt3.jus.br/conheca/corregedoria/estat.htm>. Acesso em: 17 jul. 2014.

GRÁFICO 1 — PROCESSOS SOLUCIONADOS E CONCILIADOS DURANTE O ANO DE 2013

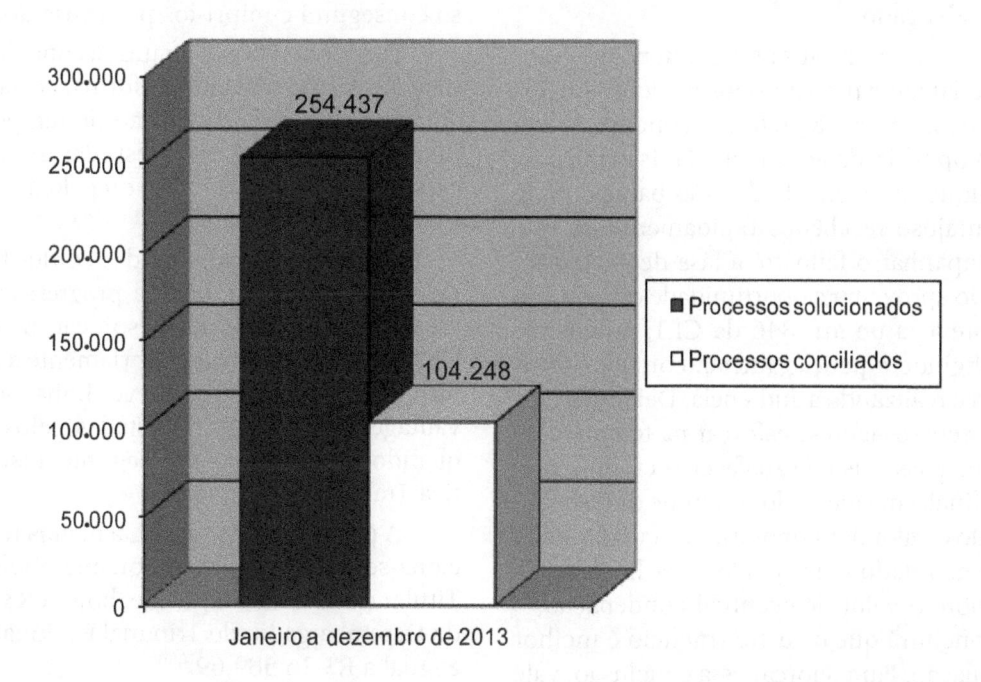

Janeiro a dezembro de 2013: Processos solucionados = 254.437; Processos conciliados = 104.248.

Fonte: Gráfico elaborado pelo autor com base nas informações estatísticas disponibilizadas pelo TRT/MG[15]

Nota-se que as conciliações abrangem quase a metade dos processos solucionados (40,97%). Como explicar esse fenômeno? Por que tantas conciliações, se inúmeros são os fatores que contribuem para que os acordos sejam malsucedidos?

Cabe elucidar que a totalidade dos fatores relacionados à qualidade do ambiente do foro trabalhista que foram denunciados como dificultadores da conciliação diz respeito às partes. Os juízes e os advogados dificilmente serão psicologicamente afetados pelas vestimentas utilizadas, por exemplo. As demais razões explicitadas como inibidoras dos acordos, em sua maioria, também influenciam unicamente as partes (recusa aos acordos motivada pela solidariedade entre os integrantes da classe, por exemplo).

Destarte, o índice elevado de conciliações na Justiça do Trabalho deve ser considerado um forte indício de que outros atores participantes do processo, mas diferentes das partes, possuem interesses na celebração de acordos. Esses outros atores podem ter encontrado meios de influenciar as partes em maior ou menor grau, convencendo-as quanto às supostas vantagens de se firmar um acordo. Afinal, como argumentado, as partes, em especial o trabalhador, possuem muito mais motivos para evitar a conciliação do que para acatá-la.

4. A FACE OCULTA DA CONCILIAÇÃO

4.1 Os advogados e a conciliação

De início, vale lembrar que o advogado, como qualquer outro trabalhador, precisa prover o próprio sustento. A tabela de honorários disponibilizada pela Ordem dos Advogados do Brasil (OAB) ilustra bem as condições sob as quais, regra geral, os advogados de reclamantes são contratados. A OAB recomenda que o procurador do reclamante cobre percentual mínimo equivalente a 20% do valor bruto apurado em liquidação ou sobre o valor do acordo.[16] Logo, o advogado só recebe quando o cliente recebe. Assim, no caso de advogados especializados no atendimento de reclamantes, é forçoso reconhecer que, nos primeiros anos de profissão, não existindo celebração de acordos, não haverá recebimento de honorários.

Por isso, correto afirmar que os acordos são atalhos para a percepção tanto das verbas trabalhistas

---

(15) SECRETARIA DA CORREGEDORIA DO TRIBUNAL REGIONAL DO TRABALHO. *Estatística processual.* Disponível em: <http://www.trt3.jus.br/conheca/corregedoria/estat.htm>. Acesso em: 17 jul. 2014.

(16) ORDEM DOS ADVOGADOS DO BRASIL — SUBSEÇÃO DE MINAS GERAIS. *Tabela de Honorários 2012.* Disponível em: <http://www.oabmg.org.br/tesouraria/tabela_honorarios/index.html>. Acesso em: 1º jul. 2014.

demandadas pelos reclamantes quanto dos honorários de seus advogados.

Quando o valor da causa for pequeno, se o advogado do reclamante pensar exclusivamente em termos financeiros, tenderá a preferir a conciliação tão logo tenha a oportunidade de firmá-la. Isso porque, quando os honorários envolvidos são baixos, pode ser mais vantajoso recebê-los rapidamente do que ter que acompanhar o feito até a fase de execução. Se o advogado aproveitar a oportunidade obrigatória de acordo prevista no art. 846 da CLT, atuará tão somente redigindo a petição inicial, convidando as testemunhas e realizando a audiência. Deixará de ter que redigir recursos e/ou se esforçar na tentativa de localizar bens passíveis de satisfazer o crédito exequendo. Ao final, considerando o volume de trabalho e comparando o valor dos honorários calculado sobre o montante acordado com o valor dos honorários calculado sobre o valor de eventual condenação, o advogado concluirá que o custo/benefício é melhor com a conciliação. Para reforçar essa conclusão, vale lembrar que, na Justiça do Trabalho, salvo hipótese excepcional[17], o advogado não se beneficia com os honorários de sucumbência.

Aliás, a inexistência de honorários sucumbenciais é fator que acaba por tornar o acordo opção também muito atraente aos advogados do reclamado que recebem "por partido". Tal expressão designa o valor mensal contratado entre escritórios de advocacia e empresas clientes independentemente do volume de causas. Em outras palavras, existem empresas que preferem pagar valor fixo ao escritório que contratam, haja ou não necessidade de se socorrerem aos serviços de seus advogados. Assim sendo, para os escritórios contratados, como a remuneração não varia e não se pagam honorários de sucumbência na Justiça do Trabalho, se a empresa estiver disposta a firmar um acordo em audiência, será ótimo: menos esforço dos advogados com idêntica remuneração.

4.2 Os juízes e a conciliação

Segundo Márcio Túlio Viana, além do advogado, o juiz é outro interessado nos acordos, afinal sabe que tem que cumprir os prazos e que, efetivamente, só conseguirá cumpri-los por causa dos acordos.[18]

Do ponto de vista do juiz, a conciliação significa menos estresse e melhor performance nas estatísticas. Significa também a liberação de tempo para trabalhar em outros processos, estudar questões difíceis, capacitar-se um pouco mais ou pelo menos preservar a sua saúde.[19]

Além disso, o número de acordos homologados pelo juiz influencia em sua progressão na carreira, conforme detalhado na Resolução n. 106/2010 do CNJ. Antes de se partir propriamente à análise dessa resolução, dedicar-se-ão breves linhas sobre algumas vantagens que são conquistadas pelos magistrados quando assumem vaga na segunda instância da Justiça Trabalhista.

A primeira, mas, talvez, a menos relevante, relaciona-se à remuneração. Enquanto o subsídio do Juiz Titular do Trabalho equivale, hoje, a R$ 25.260,20, o do Desembargador do Tribunal Regional do Trabalho é igual a R$ 26.589,69.[20]

Além disso, a subida aos Tribunais permite ao magistrado ser auxiliado por um número maior de servidores. Enquanto, em primeira instância, o magistrado conta com um diretor de secretaria e no máximo dois assistentes, na segunda o desembargador tem o auxílio de até dois assessores e nove assistentes.[21]

Por fim, cita-se vantagem de cunho psicológico. Os juízes, quando são promovidos, ganham em *status*, tanto que, na segunda instância, passam a ser chamados de "desembargadores" e, ao assumirem a instância máxima trabalhista (Tribunal Superior do Trabalho — TST), passam a ser denominados de "ministros".

O art. 93 da CR/88 dispõe que os juízes poderão evoluir funcionalmente por antiguidade ou por mere-

---

(17) O Tribunal Superior do Trabalho orienta com a Súmula n. 219, I que "Na Justiça do Trabalho, a condenação aos honorários advocatícios, nunca superiores a 15% (quinze por cento), não decorre pura e simplesmente da sucumbência, devendo a parte estar assistida por sindicato da categoria profissional e comprovar a percepção de salário inferior ao dobro do salário mínimo ou encontra-se em situação econômica que não lhe permita demandar sem prejuízo do próprio sustento ou da respectiva família." (BRASIL. Tribunal Superior do Trabalho. Súmula n. 219, I. *Diário Eletrônico da Justiça do Trabalho*, Brasília, 27 maio 2011).

(18) VIANA, Márcio Túlio. Os paradoxos da conciliação: quando a ilusão da igualdade formal esconde mais uma vez a desigualdade real. *Revista do Tribunal Regional do Trabalho da 3ª Região*, Belo Horizonte, v. 45, n. 75. p. 185-198, jan./jun. 2007. p. 188.

(19) VIANA, Márcio Túlio. Os paradoxos da conciliação: quando a ilusão da igualdade formal esconde mais uma vez a desigualdade real. *Revista do Tribunal Regional do Trabalho da 3ª Região*, Belo Horizonte, v. 45, n. 75. p. 185-198, jan./jun. 2007. p. 193.

(20) SUPREMO TRIBUNAL FEDERAL. *Resolução n. 515, de 2 de janeiro de 2014*. Torna público o subsídio mensal da magistratura da União. Disponível em: <https://www.stf.jus.br/arquivo/djEletronico/DJE_20140103_002.pdf>. Acesso em: 15 jul. 2014.

(21) Conselho Nacional de Justiça. *Resolução n. 63, de 28 de maio de 2010*. Institui a padronização da estrutura organizacional e de pessoal dos órgãos da Justiça do Trabalho de primeiro e segundo graus. Disponível em: <http://www.csjt.jus.br/c/document_library/get_file?uuid=1ac68674-9986-40d1-a758-220b4cf4f731&groupId=955023>. Acesso em: 15 jul. 2014.

cimento. A antiguidade é o tempo de serviço no cargo. Já a definição de merecimento é mais complexa e, conforme antecipado, há resolução editada pelo CNJ (Resolução n. 106/2010) que se destina a explicitar os critérios objetivos para aferição do merecimento para a promoção vertical dos magistrados (ascensão das Varas do Trabalho para os Tribunais de segundo grau). A Resolução n. 106/2010 seleciona cinco critérios, posicionando-os em sistema de pontuação, conforme resumido pela tabela a seguir (vide art. 1º combinado com arts. 4º e 11 da resolução citada):

TABELA 1
Promoção vertical — Magistrados
Segundo grau

(continua)

Desempenho	20 pontos
Produtividade	30 pontos
Presteza no exercício das funções	25 pontos

(conclusão)

Aperfeiçoamento técnico	10 pontos
Adequação da conduta ao Código de Ética da Magistratura Nacional	15 pontos

Fonte: Conselho Nacional de Justiça[22]

Desses cinco critérios, dois são de especial relevo ao objeto estudado, tendo-se em vista que o número de conciliações homologadas pelo magistrado afetará diretamente a medição de suas pontuações. Coincidentemente, são os critérios mais bem pontuados: presteza no exercício das funções (25 pontos) e produtividade (30 pontos).

Ao estabelecer os critérios para pontuação da presteza, a Resolução n. 106/2010, em seu art. 7º, I, h, prescreve que será mais bem avaliado para fins de promoção à segunda instância o magistrado que se dedicar a efetivar medidas de incentivo à conciliação em qualquer fase do processo.[23]

No que tange à produtividade, o art. 6º, II, da Resolução n. 106/2010 define que a sua avaliação será feita de acordo com o número de audiências realizadas (art. 6º, II, a); o número de conciliações realizadas (art. 6º, II, b); o número de decisões interlocutórias proferidas; o número de sentenças proferidas, por classe processual e com priorização dos processos mais antigos (art. 6º, II, d); o número de acórdãos e decisões proferidas em substituição ou auxílio no segundo grau (art. 6º, II, e); e o tempo médio do processo na Vara (art. 6º, II, f).[24]

Nota-se que, entre os aspectos que definem a pontuação da produtividade, a conciliação tem influência tanto em relação ao inciso II, alínea b, como em relação ao inciso II, alínea f. Embora não tão evidentemente quanto na alínea b, a realização de acordos acaba por influenciar o tempo médio do processo na Vara (alínea f), visto que é a forma de solução de conflito mais célere que existe.

A importância dos acordos para a medição da produtividade dos juízes não se limita a isso. O parágrafo único do art. 6º da Resolução n. 106/2010 dispõe que:

> Na avaliação da produtividade deverá ser considerada a média do número de sentenças em audiências em comparação com a produtividade média de juízes de unidades similares [...], privilegiado-se, em todos os casos, os magistrados cujo índice de conciliação seja proporcionalmente superior ao índice de sentenças proferidas dentro da mesma média.[25]

Em termos simplificados, caso estejam competindo dois juízes para promoção ao tribunal, o "Juiz A", com cem sentenças[26] proferidas, mas nenhum acordo, estará em desvantagem com relação ao "Juiz B", com cem acordos homologados, mas nenhuma sentença.

Especificamente quanto à maior valia dos acordos em detrimento das sentenças, a Associação Nacional dos Magistrados da Justiça do Trabalho (Anamatra) discutiu a constitucionalidade do parágrafo único supracitado. Argumenta que houve violação dos princípios da razoabilidade e da independência dos magistrados.

---

(22) Conselho Nacional de Justiça. *Resolução n. 106, de 6 de abril de 2010*. Dispõe sobre os critérios objetivos para aferição do merecimento para promoção de magistrados e acesso aos Tribunais de 2º grau. Disponível em: <http://www.cnj.jus.br/images/stories/docs_cnj/resolucao/rescnj_106. pdf>. Acesso em: 8 jul. 2014.

(23) Conselho Nacional de Justiça. *Resolução n. 106, de 6 de abril de 2010*. Dispõe sobre os critérios objetivos para aferição do merecimento para promoção de magistrados e acesso aos Tribunais de 2º grau. Disponível em: <http://www.cnj.jus.br/images/stories/docs_cnj/resolucao/rescnj_106. pdf>. Acesso em: 8 jul. 2014.

(24) Conselho Nacional de Justiça. *Resolução n. 106, de 6 de abril de 2010*. Dispõe sobre os critérios objetivos para aferição do merecimento para promoção de magistrados e acesso aos Tribunais de 2º grau. Disponível em: <http://www.cnj.jus.br/images/stories/docs_cnj/resolucao/rescnj_106. pdf>. Acesso em: 8 jul. 2014.

(25) Conselho Nacional de Justiça. *Resolução n. 106, de 6 de abril de 2010*. Dispõe sobre os critérios objetivos para aferição do merecimento para promoção de magistrados e acesso aos Tribunais de 2º grau. Disponível em: <http://www.cnj.jus.br/images/stories/docs_cnj/resolucao/rescnj_106. pdf>. Acesso em: 8 jul. 2014.

(26) Para fins de simplificação do texto, utiliza-se, neste artigo científico, a palavra "sentença" para se referir às decisões judiciais não homologatórias de acordo.

A violação à razoabilidade decorreria do fato de o juiz, ao elaborar a sentença, empregar mais conhecimento, tempo, técnica e atribuição do valor de justiça do que quando realiza acordos — por isso não seria plausível que o índice de conciliação fosse sobrevalorizado em relação ao índice de sentenças.[27]

Ademais, na contramão das campanhas do CNJ, admite-se à fl. 21 da petição inicial da Ação Direta de Inconstitucionalidade (ADIn) n. 4.510 que, não raras vezes, as conciliações "decorrem mais de submissões e dependência econômica do que de motivos nobres e justos".[28]

Quanto à violação à independência dos magistrados, a Anamatra afirma que a Resolução n. 106/2010 induz o magistrado a priorizar o acordo em detrimento da sentença, mesmo quando a última se mostra mais propensa a verdadeiramente solucionar o conflito entre as partes.[29]

4.3 As partes e a conciliação

O esforço dos empregadores para conseguirem realizar acordos, não obstante as condições adversas na Justiça do Trabalho, explica-se pela vantagem financeira que podem auferir com a sua celebração. Como já destacado, o réu tende a firmar o acordo só quando percebe que o valor da condenação decorrente do prosseguimento do processo será maior do que o valor proposto para fins de acordo.

A conciliação se tornou mais uma peça da engrenagem que transformou o descumprimento das normas trabalhistas em um negócio lucrativo. Os empregadores perceberam que, financeiramente, desrespeitar as leis do trabalho vale muito a pena. Em primeiro lugar porque nem todos os trabalhadores ingressam com demandas trabalhistas. Em segundo lugar porque os que ajuízam ações recuperam apenas parcialmente o dinheiro perdido, considerando-se a prescrição quinquenal e a dificuldade de produção de provas. Mesmo quando a prescrição quinquenal não opera seus efeitos, os empregadores preferem aguardar o ajuizamento da ação trabalhista, pois provavelmente conseguirão, na Justiça do Trabalho, pagar o débito "com desconto" e de forma parcelada, obtendo a quitação até mesmo de parcelas devidas não pedidas por meio da ação (cláusula do extinto contrato de trabalho).

A possibilidade de parcelar o débito, sem pagamento dos juros e de correção monetária incidentes sobre o crédito trabalhista desde o ingresso com a ação, torna-se atrativo para que os empregadores envidem todas as energias para a celebração do acordo.

As custas, geralmente pagas em sua integralidade pelo réu quando não há conciliação, quando muito, são pagas pela metade na hipótese de acordo, sendo mais frequente o magistrado imputar o pagamento integral ao autor, que, em regra, beneficia-se de isenção devido à gratuidade da justiça, nos termos da Lei n. 1.060/50.

Ademais, como tem a faculdade de selecionar o conteúdo do acordo, o réu consegue se desvencilhar do pagamento das contribuições previdenciárias, escolhendo para integrar a conciliação somente parcelas que tenham natureza indenizatória.

Por sua vez, o principal motivo que leva os trabalhadores a celebrarem acordos é a demora do processo. O crescente número de ações trabalhistas, o aumento do grau de complexidade dessas ações e a carga de trabalho excessiva por magistrado tornam o desempenho do Judiciário Trabalhista insuficiente para atender à demanda da sociedade.[30] E, como resultado, produz-se, anualmente, novo resíduo de processos não julgados.[31] Esse congestionamento de processos sem solução repercute na morosidade do processo em todas as instâncias.

O grande número de processos acarreta a designação das audiências em data muito posterior à do ajuizamento da ação. O TST, a seu turno, persiste sendo o ponto de estrangulamento do processo trabalhista brasileiro na fase de conhecimento, afinal, conforme admitiu o ex-presidente do TST, ministro João Oreste Dalazen, aguarda-se mais de quatro anos em média para o julgamento de um recurso de revista.[32]

---

(27) RIBEIRO, Alberto Pavi. *Petição inicial da Ação Direta de Inconstitucionalidade n. 4.510*. Disponível em: <http://www.stf.jus.br/portal/processo/verProcessoAndamento.asp?incidente=4006455>. Acesso em: 17 jul. 2014.

(28) RIBEIRO, Alberto Pavi. *Petição inicial da Ação Direta de Inconstitucionalidade n. 4.510*. Disponível em: <http://www.stf.jus.br/portal/processo/verProcessoAndamento.asp?incidente=4006455>. Acesso em: 17 jul. 2014.

(29) RIBEIRO, Alberto Pavi. *Petição inicial da Ação Direta de Inconstitucionalidade n. 4.510*. Disponível em: <http://www.stf.jus.br/portal/processo/verProcessoAndamento.asp?incidente=4006455>. Acesso em: 17 jul. 2014.

(30) Em 2012, a carga de trabalho foi de 16.620 processos para cada ministro do TST; nos TRT's, foi de 1.925 para cada desembargador e, nas Varas, foi de 1.166 para cada juiz na fase de conhecimento e de 1.002 na fase de execução. (COORDENADORIA DE ESTATÍSTICA E PESQUISA DO TRIBUNAL SUPERIOR DO TRABALHO. *Consolidação estatística da Justiça do Trabalho*. Disponível em: <http://www.tst.jus.br/consolidacao-estatistica-da-justica-do-trabalho>. Acesso em: 14 jul. 2014).

(31) Até o fim de 2012, o Judiciário Trabalhista acumulou o total de 3.106.539 processos não julgados. (COORDENADORIA DE ESTATÍSTICA E PESQUISA DO TRIBUNAL SUPERIOR DO TRABALHO. *Consolidação estatística da Justiça do Trabalho*. Disponível em: <http://www.tst.jus.br/consolidacao-estatistica-da-justica-do-trabalho>. Acesso em: 14 jul. 2014).

(32) SILVA, Antônio Álvares da. *Um discurso e algumas reflexões sobre a justiça do trabalho. Comentários ao discurso de posse do ministro Dalazen como presidente do TST*. Belo Horizonte: RTM, 2011. p. 24.

A respeito da necessidade de reflexão acerca do instituto da conciliação e da influência da demora do processo para elevação do número de acordos, pondera Estêvão Mallet:

> De fato, aprendemos nos livros, e isso nos é sempre lembrado na faculdade, que a transação é a melhor maneira de compor o conflito, já que repousa em concessões recíprocas, feitas voluntariamente pelas partes, sendo que ninguém melhor do que as próprias partes sabe até onde se pode ir, em que se pode e em que não se pode ceder. Normalmente, a visão que se tem da transação é positiva e é favorável. Lembro-me, a propósito, de ter lido uma entrevista do grande fotógrafo Sebastião Salgado. Perguntaram-lhe o que é necessário para ser um excelente fotógrafo. Ele respondeu simplesmente: "É preciso ver o que está por trás das imagens que encontramos". Eu aplico um pouco disso no campo da renúncia e da transação: será que elas são sempre positivas? Às vezes ou quase sempre é preciso procurar ver um pouco o que está por trás do acordo ou daquele ato de renúncia. Muitas vezes, não há uma composição, mas simplesmente a capitulação daquele que não pôde esperar e precisa de recursos rapidamente. Se eu tenho um crédito de 100 reais, mas eu preciso de 5 para pagar despesas urgentes e que não podem esperar, o pagamento de cinco, para mim, hoje, em tais circunstâncias, é melhor do que o pagamento de 100 daqui a cinco anos. [...] É óbvio, porque a moeda de troca, muitas vezes, é esta: tempo por dinheiro. Quanto mais tempo, menos dinheiro se oferece; quanto menos tempo, mais dinheiro se oferece. Qual é a minha proposta de acordo se a sentença é proferida no dia seguinte? Certamente é diversa da minha proposta se a sentença é proferida daqui a dois anos.[33]

O trabalhador, na maioria das vezes, tem pressa em receber seu crédito quando ajuíza a ação. É muito comum que o obreiro só procure o Judiciário em situação de desemprego (especialmente em razão da inexistência de efetiva proteção contra a dispensa arbitrária ou sem justa causa no Brasil), muitas vezes sem que tenha recebido verbas rescisórias, necessitado de dinheiro para o sustento próprio e o de seus dependentes. Nessas condições, quando do comparecimento à Justiça, o trabalhador está desesperado para receber qualquer quantia, o que o leva a aceitar valor muito inferior ao que faz jus.

5. CONCLUSÃO

Este estudo ambicionou estimular a reflexão sobre o instituto da conciliação. Em momento nenhum, registra-se, foi afirmado que a conciliação deve ser absolutamente rejeitada. A conciliação desempenha papel importante à operacionalização do Judiciário. É a forma mais rápida de solução dos conflitos, atendendo, por conseguinte, aos princípios da celeridade e economia processuais. A conciliação deve ser buscada sempre que decorrer da livre manifestação da vontade das partes e desde que o seu resultado seja a transação (concessão recíproca de direitos duvidosos).

Ocorre que os atores envolvidos com o Judiciário precisam se conscientizar de que o processo deve atender prioritariamente à composição do litígio e apenas de forma acidental a interesses pessoais. Assim, a conciliação deverá ser preterida sempre que emanar de interferências inoportunas que eventualmente venham a se sobrepor aos interesses das partes.

Ao entrevistar um potencial cliente ou mesmo durante a redação da petição inicial, cabe ao advogado refletir se realmente está disposto a se responsabilizar pelo caso. É preferível recusar cliente cuja demanda não pareça economicamente interessante a forçar um acordo prejudicial ao cliente (o que não é ético). Além disso, o advogado precisa se sensibilizar e estar atento às demandas de cunho psicológico, visto que, ainda que o acordo seja economicamente interessante, é possível que o cliente não esteja disposto a conciliar.

Por outro lado, cabe à parte escolher seu advogado com responsabilidade e consciência, para que outorgue poderes apenas àquele que demonstrar ser capacitado, comprometido e dotado de boas referências.

De toda forma, a aplicação do art. 20 do CPC no processo do trabalho, tornando obrigatória a cobrança de honorários sucumbenciais da parte perdedora, é medida que se impõe para que se reduza a atratividade que os acordos podem exercer sobre os advogados trabalhistas.

A respeito da aptidão do juiz para opinar quanto à conciliação, vale dizer que, quase sempre, o juiz tem o primeiro contato com o processo na audiência. Dessarte, muitas vezes a interferência do juiz é precária, podendo, inclusive, ser apartada de sua verdadeira e refletida opinião sobre o caso, pois ba-

---

(33) MALLET, Estêvão. Estudos sobre renúncia e transação. In: FREDIANI, Yone (Coord.). *Tendências do direito material e processual do trabalho.* São Paulo: LTr, 2000. p. 226.

seada exclusivamente na leitura superficial e rápida da petição inicial e da contestação.

Por isso, correto afirmar que não há ninguém na audiência que conheça mais o conflito com suas particularidades e as chances de fracasso e êxito no processo do que as partes e os seus procuradores. Então, por qual razão temer dizer não ao magistrado? Não existe punição àquele que discorda do magistrado. Ora, o que se está a requerer quando se nega a conciliação é a elaboração da sentença, o que, vale frisar, é a mais autêntica das obrigações do juiz.

A reforma da Resolução n. 106/2010 para subvalorizar os acordos em relação às sentenças se mostra desejável, a fim de que os juízes não se sintam eventualmente tentados a priorizar a conciliação. Propõe-se que cada sentença elaborada passe a equivaler a dois acordos homologados, para fins de aferição do merecimento (produtividade) para promoção dos magistrados e acesso aos tribunais de segundo grau.

A hipossuficiência econômica do trabalhador conjugada com a demora do processo atuam como fatores que coagem os trabalhadores a celebrar acordos ruins. Sugere-se uma mudança de postura tanto dos advogados quanto dos magistrados, para que aqueles pleiteiem com maior frequência a antecipação dos efeitos da tutela e para que estes se sensibilizem quanto à natureza alimentar do crédito trabalhista e passem a deferi-la com menos restrições.

REFERÊNCIAS BIBLIOGRÁFICAS

Aula ministrada pelo Professor Márcio Túlio Viana no Programa de Pós-Graduação em Direito da Pontifícia Universidade Católica de Minas Gerais, no dia 4 de setembro de 2012.

AZEVEDO, André Gomma (Org.). *Manual de mediação judicial*. 2 ed. Brasília: Artecor, 2010.

BRASIL. Tribunal Superior do Trabalho. Súmula n. 219, I. *Diário Eletrônico da Justiça do Trabalho*, Brasília, 27 maio 2011.

CARNELUTTI, Francesco. *Instituições do processo civil* — v. II. São Paulo: Classic Book, 2000.

CONSELHO NACIONAL DE JUSTIÇA. *Resolução n. 63, de 28 de maio de 2010*. Institui a padronização da estrutura organizacional e de pessoal dos órgãos da Justiça do Trabalho de primeiro e segundo graus. Disponível em: <http://www.csjt.jus.br/c/document_library/get_file?uuid=1ac68674-9986-40d1-a758-220b4cf4f731&groupId=955023>. Acesso em: 15 jul. 2014.

_____. *Resolução n. 106, de 6 de abril de 2010*. Dispõe sobre os critérios objetivos para aferição do merecimento para promoção de magistrados e acesso aos Tribunais de 2º grau. Disponível em: <http://www.cnj.jus.br/images/stories/docs_cnj/resolucao/rescnj_106. pdf>. Acesso em: 8 jul. 2014.

_____. *Semana nacional da conciliação*. Disponível em: <http://www.cnj.jus.br/programas-de-a-a-z/acesso-a-justica/conciliacao/semana-nacional-de-conciliacao>. Acesso em: 17 jul. 2014.

COORDENADORIA DE ESTATÍSTICA E PESQUISA DO TRIBUNAL SUPERIOR DO TRABALHO. *Consolidação estatística da Justiça do Trabalho*. Disponível em: <http://www.tst.jus.br/consolidacao-estatistica-da-justica-do-trabalho>. Acesso em: 14 jul. 2014).

MALLET, Estêvão. Estudos sobre renúncia e transação. In: FREDIANI, Yone (Coord.). *Tendências do direito material e processual do trabalho*. São Paulo: LTr, 2000.

ORDEM DOS ADVOGADOS DO BRASIL — SUBSEÇÃO DE MINAS GERAIS. *Tabela de Honorários 2012*. Disponível em: <http://www.oabmg.org.br/tesouraria/tabela_honorarios/index.html>. Acesso em: 1º jul. 2014.

RIBEIRO, Alberto Pavi. *Petição inicial da ação direta de inconstitucionalidade n. 4510*. Disponível em: <http://www.stf.jus.br/portal/processo/verProcessoAndamento.asp?incidente=4006455>. Acesso em: 17 jul. 2014.

SECRETARIA DA CORREGEDORIA DO TRIBUNAL REGIONAL DO TRABALHO. *Estatística processual*. Disponível em: <http://www.trt3.jus.br/conheca/corregedoria/estat.htm>. Acesso em: 17 jul. 2014.

SILVA, Antônio Álvares da. *Um discurso e algumas reflexões sobre a justiça do trabalho. Comentários ao discurso de posse do ministro Dalazen como presidente do TST*. Belo Horizonte: RTM, 2011.

SUPREMO TRIBUNAL FEDERAL. *Resolução n. 515, de 2 de janeiro de 2014*. Torna público o subsídio mensal da magistratura da União. Disponível em: <https://www.stf.jus.br/arquivo/djEletronico/DJE_20140103_002. pdf>. Acesso em: 15 jul. 2014.

TEODORO, Maria Cecília Máximo. *O juiz ativo e os direitos trabalhistas*. São Paulo: LTr, 2011.

VIANA, Márcio Túlio. Os paradoxos da conciliação: quando a ilusão da igualdade formal esconde mais uma vez a desigualdade real. *Revista do Tribunal Regional do Trabalho da 3ª Região*, Belo Horizonte, v. 45, n. 75. p. 185-198, jan./jun. 2007.

VIANA, Márcio Túlio; VIANA, Ana Maria Fernandes. Os processos da dança e as danças do processo. *Revista da Faculdade de Direito da Universidade Federal de Minas Gerais*, Belo Horizonte, n. 60. p. 209-230, jan./jun. 2012. p. 216. Disponível em: <http://www.direito.ufmg.br/revista/index. php/revista/article/view/183/166>. Acesso em: 25 jun. 2014.

DO WHAT YOU LOVE, LOVE WHAT YOU DO:
impactos do lema de Steve Jobs na proteção trabalhista globalizada

Lília Carvalho Finelli[(*)]

1. INTRODUÇÃO

Na atualidade, o Direito do Trabalho sofre influências de novas mentalidades, provenientes da aplicação tecnológica aos meios de produção. Dentro desse contexto, as novas gerações (denominadas comumente de Y e Z) almejam de diversas formas a reconstrução do conceito de trabalho, trazendo impactos para a proteção justrabalhista.

A título de esclarecimento, as gerações supramencionadas podem ser classificadas como uma evolução do trabalhador tradicional (atuante no mercado até 1945, tendo enfrentado guerras e inclusive a Grande Depressão, passando pela mudança no processo de trabalho, com o combo taylorismo-fordismo), do baby-boomer (de 1946 a 1964, com rompimento de padrões e ênfase em valores pessoais) e dos trabalhadores da Geração X (de 1965 a 1977, enfáticos sobre a necessidade de aumento de qualidade de vida e liberdade no trabalho, coincidentes com a introdução em larga escala do toyotismo e com crises econômicas).[(1)]

No momento imediatamente posterior, surge a geração Millenium, também chamada de Geração Y, identificada como sendo relativa aos seres nascidos entre o final da década de 1970 a meados de 1990 (embora existam controvérsias que apontam o final do período como sendo os anos 2000), hoje comandando ou sendo introduzidos no mercado de trabalho, sob a forte influência dos avanços tecnológicos e econômicos.

Mais recente, mas não menos importante, está a Geração Z (nascidos totalmente inseridos no meio tecnológico, com grande facilidade e habilidade nas áreas afeitas, mas com problemas de desenvolvimento social), que em breve ingressará no universo e na proteção justrabalhista.

É importante ressalvar que tais conceituações são genéricas e provocam alterações que muitas vezes afetam pequena parcela dos trabalhadores *lato sensu*, embora objetivem ditar normas a toda a coletividade, como é o caso do lema em análise: *do what you love, love what you do* (DWYL), feito especialmente para atingir as gerações Y e Z, assim como a *School of Life*.

Veremos a seguir um histórico sobre o surgimento do lema e da escola e como a ideia que lhes serve de base vem sendo utilizada para produzir mudanças no universo do trabalho, especialmente em *stricto sensu*, ou seja, no contrato empregatício.

2. ORIGEM DO LEMA *DWYL* E SURGIMENTO DA *SCHOOL OF LIFE*

A origem de diversos lemas que vêm aparecendo na atualidade em geral é desconhecida. No entanto, seja por fragmentos de verdade ou pura adivinhação, o *faça o que você ama* é atribuído ao pensador chinês Confúcio, que em tese teria afirmado: "ache um

---
(*) Mestranda em Direito do Trabalho pela UFMG. Pesquisadora pela FAPEMIG. Advogada.
(1) LOIOLA, Rita. *Geração Y*. Disponível em: <http://revistagalileu.globo.com/Revista/Galileu/0,,EDG87165-7943-219,00-GERACAO+Y.html>. Acesso em: 8 jul 2014.

trabalho que você ama e nunca mais trabalhará um dia em sua vida"[2].

Largamente propagada, a ideia de que o trabalho pode ser extremamente revigorante e feliz — a ponto de sequer ser considerado trabalho — evoluiu nos últimos anos, compartilhada por grandes ícones das gerações Y e Z, ocupantes de posições de destaque e direção em multinacionais.

Foi o caso de Steve Jobs. Embora já adepto da ideia anteriormente, ficou a ela associado após a grande repercussão de um discurso motivacional por ele feito aos formandos da Stanford University, nos EUA, em 2005.[3] Nesta apresentação, trouxe fatos de sua vida, passando pela decisão de abandonar a faculdade, comparecer apenas a aulas que o interessavam, até fundar sua companhia, a Apple, ser dela demitido e depois a ela voltar, sempre tocando em um ponto fundamental, o de se amar o que faz:

> Eu tenho certeza de que nada disso teria acontecido se eu não tivesse sido demitido da Apple. Foi um remédio amargo, mas acho que o paciente precisava. Algumas vezes a vida te atinge na cabeça com um tijolo. Não perca a fé. **Estou convencido de que a única coisa que me manteve seguindo em frente foi o fato de eu amar o que fazia.** Você tem que achar o que ama. E isso é tão verdadeiro para o seu trabalho quanto para seus amantes. Seu trabalho preencherá uma grande parte da sua vida e o único jeito de estar verdadeiramente satisfeito é fazer o que você acredita ser um ótimo trabalho. **E o único jeito de fazer um ótimo trabalho é amar o que você faz.** Se você ainda não encontrou isso, continue procurando. Não se acomode. Como em tudo que concerne o coração, você saberá quando achar. E, como em todo bom relacionamento, só fica melhor e melhor enquanto os anos passam. Então continue procurando até encontrar. Não se acomode.[4]

A ideia de que só se pode estar totalmente satisfeito se se fizer um excelente trabalho e que a única forma de fazer isso é amando o que se faz logo se transformou em um lema para as gerações Y e Z, sedentas por novidade e por um sentido superior para a própria vida.

Com o aumento da demanda, considerando ainda a utilização das redes sociais como nova forma de aprendizado para tais gerações, Alain de Botton, escritor, produtor e mestre em Filosofia, se uniu a outros na criação da *School of Life*, plataforma virtual que busca trazer uma aplicação prática para a Filosofia no campo da autoajuda. Reportagem da *Revista Época* assim definiu o funcionamento da escola:

> Ela é sediada em Londres e propõe reunir entusiastas da filosofia (e, por que não?, da autoajuda) para discutir e colocar em prática os conselhos dados por Botton em seus textos. Os eventos mais comuns são aulas para classes de 15 a 20 alunos, que discutem suas aflições sob a orientação de palestrantes especialistas numa grande variedade de temas cotidianos. Há também os sermões, que reúnem cerca de 400 pessoas para ouvir lições de vida baseadas no cânone do pensamento ocidental. Os eventos mais cobiçados são as refeições, em que grupos de tamanhos variados se reúnem para comer e conversar. No cardápio, há grandes temas filosóficos que devem ser discutidos em grupo, com a participação de um palestrante de renome. "A maioria das faculdades organiza suas disciplinas de acordo com temas abstratos, como 'a literatura do século XVIII' ou 'sociedades agrícolas'. Na *School of Life*, o título do evento é sempre baseado em assuntos como carreira, relacionamentos, viagens, política, família", afirma Botton. "Quem participa de um de nossos eventos reflete sobre questões muito concretas, como 'o que posso fazer por minha ex-mulher' ou 'como superar a crise

---

(2) ESCOLHA um trabalho que você ama e nunca terá que trabalhar um dia em sua vida. *Quem Disse*. Disponível em: <http://www.quemdisse.com.br/frase.asp?f=-escolha-um-trabalho-que-voce-ame-e-voce-nunca-tera-que-trabalhar-um-dia-em-sua-vida-&a=-confucio-&frase=8032>. Acesso em: 18 jul 2014.

(3) STANFORD UNIVERSITY. *Steve Jobs' 2005 Stanford Commencement Address*. Disponível em: <https://www.youtube.com/watch?v=Hd_ptbiPoXM>. Acesso em: 8 jul 2014.

(4) No original: *I'm pretty sure none of this would have happened if I hadn't been fired from Apple. It was awful tasting medicine, but I guess the patient needed it. Sometimes life hits you in the head with a brick. Don't lose faith. I'm convinced that the only thing that kept me going was that I loved what I did. You've got to find what you love. And that is as true for your work as it is for your lovers. Your work is going to fill a large part of your life, and the only way to be truly satisfied is to do what you believe is great work. And the only way to do great work is to love what you do. If you haven't found it yet, keep looking. Don't settle. As with all matters of the heart, you'll know when you find it. And, like any great relationship, it just gets better and better as the years roll on. So keep looking until you find it. Don't settle.* JOBS: "Find what you love". The Wall Street Journal. 6 out 2011. Disponível em: <http://online.wsj.com/news/articles/SB10001424052970203388804576613572842080228>. Acesso em: 18 jul 2014, sem grifos no original.

na minha vida profissional', entre outros assuntos."[5]

Com relação ao último tema mencionado — crise na vida profissional —, surge como proposta da *School of Life* repensar o trabalho em si, tanto em termos filosóficos quanto em termos práticos, com a obra associada de Roman Krznaric, *Como encontrar o trabalho da sua vida*.

Segundo este autor, se mostra como principal ponto de reflexão das gerações atuais a realização/satisfação que se tem com o trabalho:

> [...] Durante séculos, a maior parte da população do mundo ocidental estava tão ocupada lutando para atender às suas necessidades de subsistência que não tinha tempo de se preocupar se o seu emprego era ou não estimulante e se aproveitava seus talentos além de promover seu bem-estar. Mas, hoje, a difusão da prosperidade material liberou nossas mentes, fazendo-nos esperar muito mais da aventura da vida.
>
> Entramos em uma nova era de realização, em que o grande sonho é trocar dinheiro por um sentido na vida. [...][6]

No estilo de passos, Krznaric propõe a introspecção para descobrir os efeitos do trabalho atual na vida do leitor, seu poder de escolha da vida profissional, receios quanto a mudanças na vida profissional, desafios a serem enfrentados, dentre outros.

Fazer o que você ama se encontra na base da *School of Life*. No entanto o entendimento de Krznaric é o de que é necessário encontrar um sentido para o trabalho e que esse pode estar compreendido em cinco aspectos diferentes: ganhar dinheiro, alcançar status, fazer a diferença, seguir nossas paixões e usar nossos talentos. Assim, considera caber a cada um, individualmente, escolher qual ou quais aspectos lhe estimulam mais.

Mesmo assim, dá aos dois primeiros — dinheiro e status — condição inferior, extrínseca, objetivando por meio de questionários que o leitor responda a si mesmo as questões: onde meus talentos encontram as necessidades do mundo? Como posso desenvolvê-los e encontrar satisfação?

O lema, adotado pela *School of Life* e popular entre as Gerações Y e Z, é de fato interessante e remonta ideias anteriores à separação de ideia e execução do trabalho inserida na gestão empresarial por Frederick Taylor. Considerando que o trabalho é, em si, grande parte — se não a maior — da vida do ser humano, qual seria o problema em fazê-lo prazeroso e motivo de felicidade?

Em tese, nenhum. Na prática, no entanto, há pontos negativos e positivos ao se considerar esta filosofia de trabalho em sua aplicação empresarial ampla e irrestrita. Considerando esta discussão, foram publicadas diversas[7] reportagens e artigos na tentativa de refutar o lema.

Como pontos a favor da aplicação, seus defensores[8] entendem que o trabalhador, ao internalizar a ideia, tem sua criatividade aumentada e cria um ambiente melhor para o trabalho. Maior felicidade implicaria, portanto, em maior produtividade, melhor resultado empresarial.

Ademais, a possibilidade de colocar em prática a paixão pelo que está sendo produzido seria acessível a todos os trabalhadores, obedecendo a um chamado pessoal, uma vez que a real felicidade é interna e, assim, dependeria apenas de cada um, individualmente, escolher o que sente como mais confortável e significativo a título de trabalho.

O lema teria função de estímulo àqueles que desejam extrair mais do trabalho e serem felizes exercendo tal e qual atividade, contribuindo para o progresso em termos globais, independentemente da espécie de trabalho — se intelectual ou manual — e do retorno financeiro dado à atividade, uma vez que a maioria dos defensores entende que nem sempre à maior remuneração corresponde maior felicidade ou produtividade.

---

(5) VENTICINQUE, Daniel. As lições de vida de Alain de Botton, o filósofo pop. *Revista Época*, 7 de set. de 2012. Disponível em: <http://revistaepoca.globo.com/vida/noticia/2012.9.licoes-de-vida-de-alain-botton-o-filosofo-pop.html>. Acesso em: 18 jul 2014.

(6) KRZNARIC, Roman. *Como encontrar o trabalho da sua vida*. Rio de Janeiro: Objetiva, 2012. p. 14.

(7) Para citar apenas as mais completas, cujas referências completas se encontram ao final, ver: <http://nomadesdigitais.com/dizer-que-a-busca-pela-felicidade-e-uma-farsa-e-uma-grande-farsa/>; <http://www.slate.com/articles/technology/technology/2014.1.do_what_you_love_love_what_you_do_an_omnipresent_mantra_that_s_bad_for_work.html>; <http://thenextweb.com/lifehacks/2014.4.12/love-job/>; <http://www.inc.com/jeff-haden/worst-career-advice-do-what-you-love.html>; <http://blogs.hbr.org/2014.6.dont-do-what-you-love-do-what-you-do/>.

(8) Como defensores, cujas referências completas se encontram ao final, temos: <http://movimentoempreenda.revistapegn.globo.com/news/2013.4.faca-o-que-voce-ama-171.html>; <http://www.empreendedor-digital.com/nao-faca-o-que-voce-ama>; <http://www.escolhasuavida.com.br/videos/faca-o-que-voce-ama-uma-mentira>.

A assertiva é, em termos, verdadeira, restando comprovado[9] que os funcionários de maior remuneração não batem recorde de felicidade. No entanto há quem entenda que essa meta também não é atingida com a utilização do lema, uma vez que este é aplicado de forma a precarizar ainda mais a situação dos trabalhadores a ele submetidos.

Assim, podem-se dividir os grupos que são contrários ao DWYL em duas vertentes: a primeira[10] entende que há erro na própria ideia de que o trabalho deve ser obrigatoriamente algo divertido, que traga felicidade e que dê sentido à vida, considerando que, se é isso o que acontece, não se estaria diante de trabalho. A segunda vertente, à qual nos filiamos, por outro lado, concorda com a ideia, mas não com a maneira como vem sendo utilizada.

Em qualquer dos casos, há problemas reais na aplicação. Para a corrente que defende a inutilidade da ideia em si, nem todos os trabalhos seriam passíveis de amor, considerando injusto com os trabalhadores que realizam serviços tidos como inferiores (limpeza, coleta de lixo, serviços domésticos etc.) incutir-lhes a ideia de que aquilo deve ser matéria de um sentir profundo. Outro elemento subjetivo seria, assim, introduzido na relação de trabalho, e aquele funcionário que não amasse o serviço seria inferior aos demais.

Além disso, a ideia se dirigiria apenas a uma elite econômica, detentora de capital suficiente para ver diante de si inúmeras possibilidades de exercer serviços significativos do ponto de vista pessoal e vantajosos do ponto de vista financeiro. Inclusive, os exemplos recorrentemente apresentados pelos defensores do DWYL apenas mostrariam casos bem-sucedidos de empreendedores que desenvolveram seus próprios negócios e obtiveram retorno financeiro suficiente para se dedicarem também a outras questões de seus interesses.

Os contrários à ideia, assim, utilizam-se desses exemplos para contestar a defesa de que todos têm habilidades que podem ser transformadas em trabalho e que todos têm em si espírito empreendedor e vontade de criar seu próprio negócio.

Ademais, para a corrente opositiva, entender que o lema DWYL atinge apenas aqueles que desejam mudanças em suas vidas seria inocência, pois o que ocorre na realidade é a criação de um padrão que acaba sendo imposto a todos, discriminando as classes mais baixas, que precisam do trabalho para sobreviver e não para se sentirem realizados.

Por fim, retiraria dos trabalhadores o senso de solidariedade, uma vez que se trabalha apenas na perspectiva de um sentir individual e empreendedor, que por si só já exclui a noção macro, com prejuízos inclusive representativos.

Menos agressiva, a segunda vertente vê no lema DWYL uma possibilidade de aplicação da dignidade ao trabalho e do retorno à significação deste para a vida do trabalhador, com semelhança no período anterior à implementação dos processos de trabalho taylorista-fordista.

A ideia, em si, não poderia ser prejudicial, mas sua aplicação sim. Ao convertê-la em método de gestão, a administração teria apenas feito sua inserção no processo produtivo derivado do toyotismo, no qual o trabalhador vem sendo sistematicamente diminuído e suas condições de trabalho precarizadas, em busca de uma superprodutividade.

O amor seria, portanto, apenas mais um dos conceitos deturpados pelo capitalismo manipulatório para fazer com que se trabalhe cada vez mais, por cada vez menos, em condições cada vez piores. Nesse sentido, Giovanni Alves procura refazer e reinterpretar a precarização, o que pode comprovar a tese de que a aplicação do lema é de fato problemática, como veremos a seguir.

3. ANÁLISE SOCIOLÓGICA

Mostra-se necessário analisar por que vem ocorrendo em caráter mundial a precarização do trabalho e em que termos o conceito por ora trabalhado de amar o que se faz pode ser utilizado de forma a combater tal problema — ou ajudar a fortalecê-lo.

Para atingir tal objetivo, optamos por seguir a conceituação de Giovanni Alves sobre a nova precarização do trabalho. Sua preocupação se inicia com a observação das práticas precarizatórias, que hoje também afetam o ser genérico do homem, desconstituindo-o. Entende Alves que as metamorfoses ocorridas nas últimas décadas devidas à crise estrutural do capitalismo redefiniram tal conceito, passando a atingir a "objetividade" e a "subjetividade" da classe trabalhadora. Assim, cria-se um nexo psicofísico que a molda e direciona conforme a racionalização da produção.

---

(9) SEGALLA, Amauri. *A angústia da vida executiva*. Disponível em: <http://epocanegocios.globo.com/Revista/Epocanegocios/0,,EDR77246-8374,00.html>. Acesso em: 18 jul 2014.

(10) TOKUMITSU, Miya. *In the name of love*. Disponível em: <https://www.jacobinmag.com/2014.1.in-the-name-of-love/>. Acesso em: 18 jul 2014.

Assim, dita que embora a literatura sociológica venha tratando do tema como movimento de desconstrução estritamente relacionado à redução salarial no capitalismo pós-guerra, com perda da razão social do trabalho via diminuição de direitos:

> [...] a precarização do trabalho que ocorre hoje, sob o capitalismo global, seria não apenas "precarização do trabalho" no sentido de precarização da mera força de trabalho como mercadoria; mas seria também "precarização do homem que trabalha", no sentido de desefetivação do homem como ser genérico.
>
> [...] a precarização do trabalho e a precarização do homem que trabalha implicam a abertura de uma tríplice crise da subjetividade humana: a crise da vida pessoal, a crise de sociabilidade e a crise de autorreferência pessoal.[11]

Questiona-se o nível da crise da vida pessoal criada pela nova onda de precarização. Seria esta tão grande que a única forma encontrada pelo capital de se reinventar foi inserindo o trabalho como único motivo da vida e, por isso, passível de amor completo?

É claro que:

> É importante salientar que o processo de "precarização do trabalho" decorre da crise estrutural do capital, que pode ser tratada tanto como (1) "processo crítico de formação de valor" quanto (2) "processo crítico de (de)formação humano-social" (crise do humano), com a incapacidade do sistema do capital de realizar as promessas civilizatórias contidas no desenvolvimento das forças produtivas do trabalho social.
>
> [...]
>
> É a flexibilidade do trabalho, compreendida como sendo a plena capacidade de o capital tornar domável, complacente e submissa a força de trabalho, que irá caracterizar o "momento predominante" do complexo de reestruturação produtiva.[12]

Nessa mesma linha, Alves compreende que, em nosso atual contexto, o discurso da organização do trabalho passa a tratar de forma distinta os trabalhadores, agora "colaboradores", o que vem ao encontro exatamente da afirmação de que o problema está na aplicação do lema *DWYL*:

> Exigem-se dos jovens "colaboradores" atitudes proativas e propositivas, capazes de torná-los membros da equipe de trabalho que visa cumprir metas. **A ideia de gestão de pessoas implica disseminar valores, sonhos, expectativas e aspirações que emulem o trabalho flexível.** Não se trata apenas de administrar recursos humanos, mas sim de manipular talentos humanos, no sentido de **cultivar o envolvimento de cada um com os ideais (e as ideias) da empresa.**
>
> [...]
>
> Na verdade, altera-se o modo de ser do trabalhador assalariado e seu nexo psicofísico com a produção do capital, ampliando-se, como inovação sociometabólica do capital, a "captura" da subjetividade do trabalho pelos valores empresariais.
>
> [...]
>
> Como observam ainda Capela, Neto e Marques, "**o trabalhador passou a confundir o interesse da firma com o seu, o que permitiu que sua força de trabalho sofresse maior exploração**". (CAPELAS, NETO E MARQUES, 2010)[13]

Considerando adequada a interpretação de que a aplicação através dos ditados da Gestão Empresarial retira o caráter sensível e de estímulo do lema *DWYL*, se mostra importante ainda verificar quais

---

(11) ALVES, Giovanni. *Trabalho, subjetividade e capitalismo manipulatório*: o novo metabolismo social do trabalho e a precarização do homem que trabalha. Disponível em: <www.giovannialves.org/Artigo_GIOVANNI%20ALVES_2010. pdf>. Acesso em: 18 jul 2014.

(12) ALVES, Giovanni. *Trabalho, subjetividade e capitalismo manipulatório*: o novo metabolismo social do trabalho e a precarização do homem que trabalha. Disponível em: <www.giovannialves.org/Artigo_GIOVANNI%20ALVES_2010. pdf>. Acesso em: 18 jul 2014.

(13) ALVES, Giovanni. *Trabalho, subjetividade e capitalismo manipulatório*: o novo metabolismo social do trabalho e a precarização do homem que trabalha. Disponível em: <www.giovannialves.org/Artigo_GIOVANNI%20ALVES_2010. pdf>. Acesso em: 18 jul 2014. (sem grifos no original).

vêm sendo, então, os impactos dessa má utilização no campo trabalhista.

4. IMPACTOS NA VISÃO DO TRABALHO

Amar o que se faz, fazer o que se ama. Por mais sedutor que possa parecer ao trabalhador, o ditame mostra sua força na prática a favor do empregador, que o utiliza para incutir em seus empregados lemas de sua empresa, muitas vezes com a finalidade exclusiva de incrementar a produção.

Assim, quem ama o que faz flexibiliza seu trabalho. Quem ama o que faz aceita receber menos por seus serviços, trabalhar mais horas, ficar à disposição do empregador em períodos de folga, vender ou adiar suas férias, dentre outros.

O que por um lado soa ao empregador como benéfico, para o empregado se torna um fardo a mais para assumir. Como exemplo da carga pesada e negativa, e da conveniência para o empregador, estão as frases comumente divulgadas na mídia sobre o assunto: *"Se você não está fazendo o que ama, está perdendo seu tempo." "Trabalhar duro por uma coisa que não ligamos se chama stress. Trabalhar duro por uma coisa que amamos se chama paixão." "Ao invés de ficar imaginando quando serão suas próximas férias, talvez você devesse escolher uma vida da qual você não tenha que escapar." "Você sabe que está fazendo o que ama quando para de desejar que o relógio ande mais rápido e passa a desejar que cada dia seja duas vezes mais longo."*

A título de exemplo da pressão exercida sobre o empregado para precarizar e flexibilizar suas próprias condições de trabalho, foi divulgado pela mídia o caso de Jordan Price, um designer que alcançou seu sonho de ser selecionado para trabalhar na Apple. No entanto, pouco tempo depois, este começou a questionar o lema da empresa de amar o que se faz, observando que na realidade as coisas funcionavam de maneira distinta.

Em seu relato, expõe o fato de que as horas de trabalho eram longas e rígidas. O local era distante, o que tornava necessário pegar o ônibus da empresa e impedia Jordan de conviver com sua família durante a semana. Seu salário foi reduzido drasticamente, mas este aceitou o fato, pensando estar fazendo um investimento para seu futuro profissional.

Sofrendo forte assédio moral de seu chefe imediato, que o ameaçava caso não fizesse as coisas com perfeição, ainda pairava sobre si a pressão de seus familiares, que o incentivavam a não desistir, já que referida vaga de trabalho era tida como essencial para seu currículo. Finalmente, os insultos de seu chefe e a rigidez da produção perfeita o fizeram chegar ao limite, forçando a rescisão contratual.

Analisando este caso, a jornalista Miya Tokumitsu[14] faz reflexões interessantes, entendendo que a aplicação pelo empregador do lema *DWYL* faz com que o trabalho não possa ser algo que se faz para receber uma contrapartida, mas, ao contrário, deveria ser um ato de amor — gratuito, de preferência. E se daí não advém lucro, presume-se que o trabalhador não tinha paixão e determinação suficientes, transferindo para este os riscos do próprio negócio, o que há muito já é proibido por nosso ordenamento. Ter-se-ia, portanto, uma falsa ideia, cujo real sucesso é fazer os trabalhadores acreditarem que seu trabalho serve a si mesmos e não ao mercado.

Como impactos na proteção juslaboral, teríamos, portanto, a possibilidade de a aplicação da ideia de amar o trabalho se transformar em poderosa ferramenta de precarização do trabalho — flexibilizando jornadas, salários etc. —, bem como de fraude à própria legislação, transferindo ao empregado todos os riscos da atividade empresarial, uma vez que o sucesso só dependeria de sua capacidade individual de amar a execução de tarefas.

5. CONCLUSÃO

Com o surgimento de novas gerações, a visão normalmente relacionada ao trabalho foi sendo modificada. Em uma tentativa de reconstrução e ressignificação do conceito, foram introduzidas novas concepções que, em tese, iriam ao encontro do que os mais novos trabalhadores almejavam. Uma dessas ideias se traduziu no lema, normalmente atribuído a Steve Jobs, fundador da Apple, *Do What You Love, Love What You Do* (DWYL).

Entusiasta da autoajuda, Alain de Botton criou em 2008 a *School of Life*, objetivando a divulgação de novas formas de aprendizado sobre questões gerais de aplicação da Filosofia no dia a dia. Responsável por dar novo significado ao trabalho, Roman Krznaric propõe uma reflexão individual sobre o sentido das atividades realizadas no campo profissional.

Tema tão atrativo aos pertencentes a gerações mais jovens, o *DWYL* sofre com problemas de aplica-

---
(14) TOKUMITSU, Miya. *In the name of love*. Disponível em: <https://www.jacobinmag.com/2014.1.in-the-name-of-love/>. Acesso em: 18 jul 2014.

ção quando transposto para a prática. Para a corrente defensora, fazer o que se ama aumenta a criatividade, melhora o ambiente de trabalho e a produtividade, contribuindo para a felicidade individual e consequentemente ensejando reflexos na sociedade como um todo. Por outro lado, percebendo na prática os problemas dessa aplicação, há quem entenda que o erro está na própria ideia de que o trabalho seria significativo para a vida e motivo de felicidade em todos os momentos. Mas também há aqueles que reputam a precarização que vem ocorrendo à sua má utilização, restando inserida no processo produtivo derivado do toyotismo que apenas busca uma superprodutividade em detrimento da qualidade de vida do trabalhador.

Nesse sentido se encontra Giovanni Alves, para o qual há na atualidade uma afetação do ser genérico do homem, com sua desconstituição, sendo que a precarização deixa de atingir apenas o trabalho para mirar no homem em si, que acaba em crise na vida pessoal, social e de autorreferência. A gestão baseada em amar o que se faz acaba se tornando a disseminação de valores, sonhos e expectativas da empresa — e não do trabalhador — baseadas num ideal de trabalho flexível, precarizador por essência.

Sendo assim, o que se vê como reflexo no Direito do Trabalho é a introdução do modo de pensar do trabalho flexível no interior do empregado. É este que, agora, aceita receber menos, trabalhar mais, descansar menos, perder seus próprios direitos, afinal, faz o serviço "por amor" e não para subsistir.

Fazer o que se ama pode ser, portanto, uma bênção e uma maldição para o trabalhador, a depender de sua aplicação. A busca por realização no trabalho é antiga e deve ser considerada como ponto relevante na visão sociológica e mesmo jurídica. No entanto a prática vem demonstrando um alerta aos estudiosos do Direito do Trabalho para as possibilidades de interferência exacerbada na vida dos trabalhadores, causando uma precarização ainda maior do que a já existente e criando atalhos para flexibilizar seus direitos.

REFERÊNCIAS BIBLIOGRÁFICAS

ABREU, Paula. *Faça o que você ama: uma mentira?* Disponível em: <http://www.escolhasuavida.com.br/videos/faca-o-que-voce-ama-uma-mentira>. Acesso em: 18 jul 2014.

ALVES, Giovanni. *O novo (e precário) mundo do trabalho: reestruturação produtiva e crise do sindicalismo.* São Paulo: Boitempo, 2000.

_____. *Trabalho e subjetividade.* São Paulo: Boitempo, 2011.

_____. *Trabalho, subjetividade e capitalismo manipulatório*: o novo metabolismo social do trabalho e a precarização do homem que trabalha. Disponível em: <www.giovannialves.org/Artigo_GIOVANNI%20ALVES_2010.pdf>. Acesso em: 18 jul 2014.

DELGADO, Mauricio Godinho. *Capitalismo, trabalho e emprego.* Entre o paradigma da destruição e os caminhos de reconstrução. São Paulo: LTr, 2005.

DIZER que a busca pela felicidade é uma farsa é uma grande farsa. *Nômades Digitais.* Disponível em: <http://nomadesdigitais.com/dizer-que-a-busca-pela-felicidade-e-uma-farsa-e-uma-grande-farsa/>. Acesso em: 18 jul 2014.

DO what you love: why you are not your job. *The Next Web.* Disponível em: <http://thenextweb.com/lifehacks/2014/04/12/love-job/>. Acesso em: 18 jul 2014.

ESCOLHA um trabalho que você ama e nunca terá que trabalhar um dia em sua vida. *Quem Disse.* Disponível em: <http://www.quemdisse.com.br/frase.asp?f=-escolha-um-trabalho-que-voce-ame-e-voce-nunca-tera-que-trabalhar-um-dia-em-sua-vida-&a=-confucio-&frase=8032>. Acesso em: 18 jul 2014.

FAÇA o que você ama. *Revista Pequenas Empresas Grandes Negócios.* Disponível em: <http://movimentoempreenda.revistapegn.globo.com/news/2013/04/faca-o-que-voce-ama-171.html>. Acesso em: 18 jul 2014.

HADEN, Jeff. *Do what you love? Screw that.* Disponível em: <http://www.inc.com/jeff-haden/worst-career-advice-do-what-you-love.html>. Acesso em: 18 jul 2014.

JOBS: "Find what you love". *The Wall Street Journal.* 6 out 2011. Disponível em: <http://online.wsj.com/news/articles/SB10001424052970203388804576613572842080228>. Acesso em: 18 jul 2014.

KRZNARIC, Roman. *Como encontrar o trabalho da sua vida.* Rio de Janeiro: Objetiva, 2012.

LIEBERMAN, Charlotte. *Don't do what you love; do what you do.* Disponível em: <http://blogs.hbr.org/2014/06/dont-do-what-you-love-do-what-you-do/>. Acesso em: 18 jul 2014.

LOIOLA, Rita. *Geração Y.* Disponível em: <http://revistagalileu.globo.com/Revista/Galileu/0,,EDG87165-7943-219,00-GERACAO+Y.html>. Acesso em: 8 jul 2014.

PICININI, Bruno. *Faça o que você ama e seja pobre o resto da vida.* Disponível em: <http://www.empreendedor-digital.com/nao-faca-o-que-voce-ama>. Acesso em: 18 jul 2014.

PRICEWATERHOUSE COOPERS AUDITORES INDEPENDENTES. *Geração do milênio no emprego*: reformulando o ambiente de trabalho. Disponível em: <http://www. pwc.

com.br/pt_BR/br/publicacoes/assets/millennials-work.pdf>. Acesso em: 18 jul 2014.

SCHOOL OF LIFE. Disponível em: <http://www.theschooloflife.com/>. Acesso em: 7 maio 2013.

SEGALLA, Amauri. *A angústia da vida executiva*. Disponível em: <http://epocanegocios.globo.com/Revista/Epocanegocios/0,,EDR77246-8374,00.html>. Acesso em: 18 jul 2014.

STANFORD UNIVERSITY. *Steve Jobs' 2005 Stanford Commencement Address*. Disponível em: <https://www.youtube.com/watch?v=Hd_ptbiPoXM>. Acesso em: 8 jul 2014.

TOKUMITSU, Miya. *In the name of love*. Disponível em: <https://www.jacobinmag.com/2014/01/in-the-name-of-love/>. Acesso em: 18 jul 2014.

VIANA, Márcio Túlio. Desregulamentar... regulamentando. *Revista LTr*, v. 59, n. 7. p. 884-889, jul. 1995.

VENTICINQUE, Daniel. As lições de vida de Alain de Botton, o filósofo pop. *Revista Época*, 7 de set. de 2012. Disponível em: <http://revistaepoca.globo.com/vida/noticia/2012/09/licoes-de-vida-de-alain-botton-o-filosofo-pop.html>. Acesso em: 18 jul 2014.

EXECUÇÃO DAS SENTENÇAS TRABALHISTAS ESTRANGEIRAS NO ORDENAMENTO BRASILEIRO

Lucas Scarpelli de Carvalho Alacoque[*]

1. INTRODUÇÃO

O fenômeno da globalização, característico da modernidade, avança de forma cada vez mais intensa com o passar do tempo, fazendo com que as fronteiras nacionais se tornem mais maleáveis e possibilitando a existência de relações jurídicas que superam limites territoriais.

Como consequência da formação de relações jurídicas entre indivíduos e empresas domiciliados ou estabelecidos em diferentes países, bem como entre os próprios Estados, surgem naturalmente conflitos de interesse envolvendo partes e bens jurídicos que desconhecem fronteiras. Tal situação tornou necessária a criação de métodos que tornem possível o cumprimento no Brasil das decisões judiciais prolatadas em um Estado estrangeiro, com o objetivo de assegurar a efetividade dos direitos das partes.

Dessa forma, uma rede de cooperação internacional em matéria jurisdicional foi progressivamente instituída, visando a evitar o descumprimento das sentenças prolatadas em outro país pela parte que se esconde por trás da soberania estatal, na tentativa de frustrar a execução do julgado. O auxílio interestatal, no qual se insere o Brasil, estimula uma releitura do conceito de soberania, antes compreendido de forma absoluta, e explicita a necessidade de integração entre os países para proteção dos direitos individuais, por meio de tratados internacionais.

Tratando-se de sentenças em matéria trabalhista, é evidente a necessidade de se efetivar da melhor forma possível os direitos por ela reconhecidos, dependendo tal decisão de rito especial e célere para seu efetivo cumprimento, rito esse seguido pelo órgão que se mostre mais preparado para fazê-lo. Ora, trata-se, normalmente, de sentença que reconhece ao trabalhador o direito ao pagamento de parcelas de caráter alimentar, garantidoras de sua dignidade.

O presente trabalho busca analisar a conformidade do procedimento de reconhecimento e execução das sentenças estrangeiras em matéria trabalhista no Brasil com o caráter especial desses direitos, essenciais para a garantia de uma existência digna.

2. CONCEITO E ELEMENTOS DE ESTADO

A definição de Estado vem sendo desenvolvida há tempos pelos teóricos, sem que se tenha chegado a um conceito plenamente satisfatório em razão da grande complexidade do instituto. Pablo Ramella (1946. p. 6), sintetizando o pensamento clássico propagado no século XIX, afirmava que *El estado es la nación juridicamente organizada*. Tal entendimento, entretanto, foi superado pela doutrina moderna, tendo em vista o surgimento de uma diferenciação entre as concepções de Estado e Nação[1].

(*) Mestrando em Direito do Trabalho pela PUC Minas. Servidor do Tribunal de Justiça do Estado de Minas Gerais.

(1) Considerando-se que a nação seria um *"ato de vontade coletiva, inspirado em sentimentos históricos (...) formando aquela plataforma de união e solidariedade onde a consciência do povo toma um traço de permanência e destinação comum"* (BONAVIDES,1999. p. 84), verifica-

Atualmente, verifica-se que o conceito de Estado guarda maior profundidade: Dalmo de Abreu Dallari, a despeito da parcela da doutrina que o considera o ente estatal pessoa jurídica[2], aprofunda a definição o apresentando como a "ordem jurídica soberana que tem por fim o bem comum de um povo situado em determinado território" (DALLARI, 2005. p. 119), já explicitando, dessa forma os principais elementos que o compõem.

São, portanto, reconhecidos pela maior parte dos autores especializados como elementos essenciais da entidade estatal o povo, o território e a soberania, não havendo que se falar na existência de Estado caso falte qualquer um deles.

É denominado povo o "conjunto dos cidadãos, isto é, dos que podem votar e serem votados" (FIUZA, 1991. p. 47), sendo ele a parcela da população que possui o direito de sufrágio. Difere ele dos conceitos de população e nação, de acordo com a lição de José Luiz Quadros de Magalhães (2013):

> O elemento povo não se confunde com população, que é mera expressão numérica, demográfica ou econômica que não revela o vínculo existente entre a pessoa e o Estado. Tampouco confunde-se com a palavra nação, que expressa somente a relação de pertinência a uma comunidade histórico-cultural, ou seja, o compartilhar de valores comuns em uma sintonia bem específica.

O território, por sua vez, é exposto como o âmbito de domínio especificamente soberano e palco do domínio estatal (ZIPPELIUS, 1997. p. 111), sendo descrito por Kildare Gonçalves Carvalho, inspirado em Kelsen, como o "referencial indispensável à fixação dos contornos geográficos do Estado e como limite espacial de validade de sua ordem jurídica". (CARVALHO, 2010. p. 114).

Por fim, caracteriza-se também a soberania como elemento essencial do Estado, sendo ela ponto-chave para a compreensão do atual procedimento de reconhecimento e execução de sentença estrangeira.

2.1 Soberania

O último dos elementos essenciais do Estado, segundo a doutrina moderna, é resumido pelo binômio supremacia-independência: Darcy Azambuja (2005. p. 49) ressalta que "A esse poder do Estado, que é supremo, que é o mais alto em relação aos indivíduos e independente em relação aos demais Estados, os escritores clássicos denominam soberania".

Michel Foucault aborda com profundidade o atributo:

> O Estado só se subordina a si mesmo. Não há nenhuma lei positiva, claro, nem tampouco nenhuma lei moral, nem tampouco nenhuma lei natural, no limite talvez nem mesmo nenhuma lei divina — mas essa é outra questão — em todo caso, não há nenhuma lei que possa se impor de fora ao Estado. O Estado só se subordina a si mesmo, busca seu próprio bem e não tem nenhuma finalidade exterior, isto é, ele não deve desembocar em nada mais que em si mesmo. (FOUCAULT, 2008. p. 389).

Apesar do radicalismo do autor francês, verifica-se que de fato a soberania pressupõe, inicialmente, uma relação de superioridade do Estado em face do indivíduo. Ramella (1946. p. 57) lembra que *Ya no es el pueblo en sí mismo el que tiene el poder de decisión, sino que el pueblo lo ha transferido a la entidad Estado, que es superior y está por encima del mismo pueblo*, fixando-se assim as bases para a legitimação do Estado Democrático de Direito.

Se por um lado a relação de supremacia revela o aspecto interno da soberania, seu aspecto externo é traduzido na independência do Estado em relação aos demais ordenamentos jurídicos. A bipartição conceitual é explicitada por Azambuja (2005. p. 50):

> A soberania interna quer dizer que o poder do Estado, nas leis e ordens que edita para todos os indivíduos que habitam seu território e as sociedades formadas por esses indivíduos, predomina sem contraste, não pode ser limitado por nenhum outro poder (...) A soberania externa significa que, nas relações recíprocas entre os Estados, não há subordinação nem dependência, e sim igualdade.

-se que "*a nação, por lhe faltar poder, organização formal e específica (é acéfala), não pode revestir-se de forma política e organizada, sendo equivocado dizer que o Estado é a nação organizada, pois a nação não pode ser suporte de estrutura jurídica ou política*" (CARVALHO, 2010. p. 113). A nação não está, assim, plenamente incluída na estrutura estatal.

(2) A natureza de pessoa jurídica da entidade estatal não é unanimidade na doutrina, tendo sido refutada por Duguit e defendida por Savigny, Biscaretti di Ruffia e Reinhold Zippelius: "*Titular de direitos e deveres seria, neste caso, a unidade de vida supra — individual, realmente existente, da corporação: o município como sujeito de direito, o Estado como pessoa jurídica. Em síntese, o sujeito de direito é a própria associação real organizada e agindo através dos seus órgãos.*" (ZIPPELIUS, 1997. p. 121).

A Constituição brasileira de 1988 incluiu ambos os aspectos da soberania em seu texto de forma destacada, ao considerá-la fundamento da República e princípio das relações internacionais do país[3]. No entanto, da interpretação sistemática do texto constitucional conclui-se que não é a soberania elemento irrenunciável, podendo ser relativizada de acordo com a vontade estatal.

2.2 Cooperação internacional como mitigação do conceito clássico de soberania

Se nos primórdios a soberania era considerada um atributo absoluto, a hodierna intensificação das relações entre os diferentes países faz com que não seja mais possível pensá-la dessa forma. Essa é a lição de Karl Doehring (2008. p. 202-203):

> Uma autonomia ilimitada dos Estados não mais constitui uma característica determinante dos Estados. Essa soberania é voluntária, delineável, dispensável e renunciável, de acordo com estipulações contratuais.

Diante desse cenário, podem os Estados abdicar de parte de sua soberania, tomada em sua concepção clássica, com o fim de se inserirem em uma rede de cooperação internacional caracterizada pelo auxílio mútuo, que traz benefícios para todas as partes envolvidas. Sendo assim, a doutrina afirma que "Já não se pode vincular os conceitos tradicionais de soberania à cooperação jurídica internacional. A cooperação jurídica entre Estados pode ser vista, de certa forma, como um meio de preservar a própria soberania." (JUNIOR, 2011).

Parte da doutrina entende que, quando envolvidas matérias atinentes aos direitos fundamentais, nasce verdadeiro dever de ajuda mútua para sua efetivação. É o entendimento de Nadia de Araujo (2004. p. 247-248):

> Para garantir a rapidez e a eficácia do trânsito de atos processuais e jurisdicionais são necessárias normas especiais, que permitem o cumprimento dessas medidas. Essa obrigação dos Estados resulta de um dever de cooperação mútua para assegurar o pleno funcionamento da Justiça. Ao mesmo tempo, deve-se também assegurar os direitos fundamentais protegidos no âmbito da Constituição e dos Tratados internacionais de direitos humanos. Esses direitos fazem parte de um catálogo dos direitos do cidadão e não mais apenas uma obrigação entre nações soberanas, por força da cortesia internacional.[4]

A cooperação internacional ocorre comumente em matéria jurisdicional, por meio de complexo sistema procedimental. Tratando-se de sentença trabalhista estrangeira, observa-se que os direitos em jogo têm caráter fundamental, à medida que os créditos trabalhistas são garantidores do direito à dignidade e requerem, assim, especial efetividade dos meios procedimentais que visam à sua percepção. É necessário, portanto, procedimento de execução adequado às especificidades desse provimento jurisdicional.

3. EXECUÇÃO DAS SENTENÇAS ESTRANGEIRAS NO BRASIL

3.1 Homologação da sentença estrangeira

A execução de uma sentença estrangeira depende de procedimento que preserve a soberania dos Estados. Muitos deles, incluindo o Brasil, adotam o modelo que prevê como requisito de exequibilidade da decisão alienígena a sua homologação, também denominada *exequatur*, ratificação, juízo de delibação, entre outras terminologias. Sobre tal instituto leciona Paulo Henrique Gonçalves Portela (2010. p. 561):

> A eficácia de uma decisão judicial em território estrangeiro está condicionada, fundamentalmente, ao consentimento do Estado em cujo território a sentença deve ser executada, que normalmente é materializado por meio da homologação. A homologação da sentença estrangeira é o ato que permite que uma decisão judicial proferida em um Estado possa ser executada no território de outro ente estatal. É, portanto, o instituto que viabiliza a eficácia jurídica de um provimento jurisdicional estrangeiro em outro Estado.

---

(3) "Art. 1º A República Federativa do Brasil, formada pela união indissolúvel dos Estados e Municípios e do Distrito Federal, constitui-se em Estado Democrático de Direito e tem como fundamentos: I — a soberania (...) Art. 4º A República Federativa do Brasil rege-se nas suas relações internacionais pelos seguintes princípios: I — independência nacional; (...) III — autodeterminação dos povos; IV — não intervenção;".

(4) Em sentido contrário, expressando, a teoria clássica, Paul Guggenheim: "Le domaine de validité personnel, territorial et matériel que le droit international coutumier reconnait a l'Etat souverains ne saurait être restreint ni supprimé sans son consentement". (GUGGENHEIM, 1953 p. 176).

No ordenamento jurídico brasileiro, o principal requisito de exequibilidade da decisão alienígena é sua homologação pelo Superior Tribunal de Justiça. Beat Walter Rechsteiner (2010. p. 313) explica:

> Uma vez reconhecida uma sentença condenatória estrangeira, existe a possibilidade de executá-la conforme o procedimento previsto na lei do país em que se requer instaurar o processo executório. No Brasil, constitui título executivo judicial após sua homologação pelo Superior Tribunal de Justiça.

A competência para homologação, que antes era atribuída ao Supremo Tribunal Federal, foi repassada ao Superior Tribunal de Justiça por força da Emenda Constitucional n. 45, de 2004. Seu procedimento é regulamentado pela Resolução n. 9 do STJ, de 2005. A mencionada Resolução fixa como requisitos indispensáveis à homologação sua prolação por autoridade competente; a regular citação das partes ou declaração da revelia; o trânsito em julgado e sua autenticação por cônsul brasileiro, com tradução por tradutor oficial ou juramentado no Brasil.

No direito comparado podem ser encontrados modelos diversos de reconhecimento, estando o procedimento de homologação utilizado no Brasil próximo daqueles previstos na Itália e em Portugal. Rogério Tadeu Romano (2012) exemplifica:

> Tem-se, por exemplo, no direito comparado, a experiência da Suécia onde se admitia, além, dos casos previstos em tratados, exceções à regra do não reconhecimento, notadamente com relação às sentenças de estado e as decisões proferidas pela Justiça estrangeira designada em cláusula contratual de eleição de foro, quando excluída a própria jurisdição sueca (...) Na Inglaterra, relata-se que o sistema tradicional do *common law* abria a possibilidade ao interessado de demandar de novo e ajuizar uma *action of debt* com fundamento em sentença estrangeira, ocasião em que se invertia o ônus da prova (...) Seguimos a trilha dos sistemas na Itália, em Portugal. Distanciamo-nos da experiência belga (*Code Judiciare*, art. 570), onde se abre ao órgão nacional a ampla revisão da causa, reconhecendo-se o julgamento estrangeiro apenas quando se chegue a conclusão de que foi justo, como se via na França, até 1964, com o *Arrêt Munzer*.

O procedimento de homologação garante ao Estado a conformidade das decisões cumpridas em seu território com a lei vigente, por ele construída e aplicada, evitando violações de sua soberania por parte dos outros ordenamentos jurídicos.

3.2 Procedimento da execução

Reconhecida a sentença estrangeira pelo Superior Tribunal de Justiça, assume ela natureza de título executivo judicial, conforme determinação do art. 475-N do Código de Processo Civil. Como já ressaltado *supra*, o procedimento expropriatório seguirá lei brasileira, preceituando o Código de Processo Civil (1973) no art. 484 que "A execução far-se-á por carta de sentença extraída dos autos da homologação e obedecerá às regras estabelecidas para a execução da sentença nacional da mesma natureza", com pontuais modificações em seu rito. A competência para os atos executórios é da Justiça Federal, de acordo com o art. 109, X da Constituição da República.

Dentre as mencionadas modificações, estão a extração de carta de sentença, a requerimento do interessado, servindo ela como o título executivo; a inclusão da ordem de citação do devedor no mandado inicial (art. 475-N, parágrafo único); a impossibilidade de o executado invocar vícios da sentença primeva e alegar fatos anteriores à sua prolação em sede de impugnação, por esta já ter passado pelo juízo de homologabilidade quando de sua análise pelo Superior Tribunal de Justiça (MOREIRA, 2008).

3.3 O Mercosul e o Protocolo de Las Leñas

O Mercado Comum do Sul, também denominado Mercosul, é a união aduaneira[5] formada por Argentina, Brasil, Uruguai, Venezuela e Paraguai, criada com o fim de integrar economicamente os países sul-americanos, prevista inclusive no art. 4º, parágrafo único, da Constituição de 1988.

Após sua instituição, foram firmados diversos tratados internacionais visando à obtenção de uma maior proximidade entre os países envolvidos. Tais acordos se fazem necessários pelo fato de não haver, por enquanto, integração em nível comunitário. "Há de se falar em Direito Comunitário quando, já dotado de personalidade jurídica, o empreendimento produza dentro de si mesmo normas válidas para os parceiros. Isso é o que efetivamente não existe, ainda." (REZEK, 1997).

---

(5) A União Aduaneira atualmente existente, embora também signifique relativização da soberania, não retira a independência dos Estados. Nesse sentido, Malcom Shaw (2008. p. 211-212): *"that restrictions upon a state's liberty, whether arising out of customary law or treaty obligations, do not as such affect its independence. As long as such restrictions do not place the state under the legal authority of another state, the former maintains its status as an independent country"*.

A propósito, é conceituado como tratado "qualquer acordo concluído entre dois ou mais sujeitos de direito internacional, destinado a produzir efeitos de direito e regulado pelo direito internacional". (PELLET, 2003. p. 120)

Dentre os tratados firmados, destaca-se o Protocolo de las Leñas, firmado no ano de 2002 e vigente em território brasileiro desde 2009, que trata especificamente da cooperação jurisdicional entre os Estados signatários. Eduardo Tellechea Bergman (1996. p. 116) o descreve:

> *El protocolo persigue asegurar una adecuada entreayuda jurisdiccional entre los Estados Partes del Tratado de Asunción, capaz de evitar la frustración de la realización de la justicia en los casos, cada vez más frecuentes, en que resulte necesario el auxilio jurídico interetático.*

O Protocolo de Las Leñas, que aborda especificamente a matéria trabalhista em sua ementa, apresenta meio mais simplificado para o reconhecimento de sentenças estrangeiras que podem ser homologadas por meio do procedimento da carta rogatória[6]. Veja-se:

> Com efeito, como já explanado, de acordo com o RISTF (art. 28), a homologação de sentença deve ser requerida pela parte interessada perante o STF. Agora, a parte pode apresentar o pedido de homologação ao próprio juízo que proferiu a sentença, que, por sua vez, o encaminhará, por carta rogatória, e por intermédio do Órgão diplomático competente — no Brasil, o Ministério das Relações Exteriores — ao País onde será homologada. (...) De certa forma, o Protocolo de Las Leñas foi um grande avanço nas relações internacionais, no sentido de possibilitar aos jurisdicionados requererem a homologação de sentença de seu interesse no próprio Juízo prolator, o que evita gastos com diligências em outros países, antes da execução. (MATOS, 2013).

Significa, portanto, a ratificação do tratado em epígrafe pelo Brasil grande ganho na efetividade processual, à medida que simplifica seus procedimentos e impõe menor ônus ao exequente, que já se vê prejudicado pelo não cumprimento espontâneo da sentença.

No entanto, apesar dos recentes avanços, ainda não se vê, especificamente no âmbito trabalhista, grande evolução concernente à execução dos julgados estrangeiros.

4. EXECUÇÃO DAS SENTENÇAS TRABALHISTA ESTRANGEIRAS: POR UMA NOVA NORMATIZAÇÃO

4.1 Competência

Como já ressaltado *supra*, é atualmente atribuída ao Superior Tribunal de Justiça a competência para homologação das sentenças estrangeiras. A prática dos atos executórios, por sua vez, fica a cargo da Justiça Federal.

Tratando-se, entretanto, de sentença em matéria trabalhista, entendemos possível uma releitura de tal normatização, a fim de se adequar o procedimento em tela às necessidades do Processo do Trabalho. Partindo-se do pressuposto de que os direitos fundamentais trabalhistas são valores constitucionalmente protegidos e dotados de natureza extrapatrimonial, verifica-se a necessidade de protegê-los de forma efetiva, para que o ordenamento justrabalhista cumpra sua finalidade precípua de garantir dignidade ao indivíduo (SOUTO MAIOR, 2009. p. 46).

Tal proteção se daria de forma mais eficaz ao se impor o procedimento mais adequado para o cumprimento dessas sentenças, o que se torna lícito pela utilização analógica do art. 83 do Código de Defesa do Consumidor (1990): "Para a defesa dos direitos e interesses protegidos por este código são admissíveis todas as espécies de ações capazes de propiciar sua adequada e efetiva tutela."

Uma das formas de avanço rumo a uma efetiva proteção do direito do obreiro seria a transferência para o Tribunal Superior do Trabalho da competência para o exercício do juízo de delibação. Ora, se por um lado é evidente a especialização desse Órgão no julgamento das lides envolvendo relações trabalhistas, por outro verifica-se tratar de instância especial, localizada no mesmo grau de hierarquia do Superior Tribunal de Justiça. Nesse sentido, Vitor Salino de Moura Eça (2014): "Convém desde logo se estabelecer aqui uma crítica, porquanto em se tratando de matéria trabalhista a competência para o referido exame deveria ser do Tribunal Superior do Trabalho, corte de igual hierarquia e aptidão altamente especializada."

Repassar ao TST a mencionada competência representaria, assim, significativo ganho em celeri-

---

(6) *"Art. 19. O reconhecimento e execução de sentenças e de laudos arbitrais solicitado pelas autoridades jurisdicionais poderá tramitar-se por via de cartas rogatórias e transmitir-se por intermédio da Autoridade Central, ou por via diplomática ou consular, em conformidade com o direito interno. Não obstante o assinalado no parágrafo anterior, a parte interessada poderá tramitar diretamente o pedido de reconhecimento ou execução de sentença".*

dade e eficiência, atributos indispensáveis ao Direito Processual do Trabalho na modernidade.

Da mesma forma, a atribuição para a prática dos atos executórios poderia, em nosso entendimento, ser concedida à Justiça do Trabalho. Primeiramente, por também se tratar de órgão especializado; lado outro, por também possuir natureza federal[7]. Eça (2014) também pontua: "Entretanto, em se tratando de matéria trabalhista, em interpretação ampliada de modo muitíssimo razoável, há de se pontuar que é competente a Justiça do Trabalho, por ser também *Justiça Federal*, e ainda especializada em matéria trabalhista."

É, portanto, necessário repensar o atual sistema de repartição de competências na matéria em epígrafe, sendo também o procedimento a ser utilizado importante ponto de discussão.

4.2 Procedimento

A mera transferência de competência para reconhecimento e execução das sentenças trabalhistas estrangeiras representaria grande conquista, mas não significaria, logicamente, a solução definitiva em prol da efetividade do processo. Entendemos que a mudança da esfera de atribuição dos órgãos jurisdicionais deverá ser acompanhada das mudanças procedimentais cabíveis para se alcançar tal objetivo.

Nesse contexto, representaria avanço imensurável a adoção do procedimento executório próprio do Processo do Trabalho ao caso das sentenças estrangeiras. Institutos como a possibilidade de execução de ofício e a sistemática recursal mais simplificada, por exemplo, seriam extremamente úteis para a garantia dos direitos do trabalhador que busca a satisfação de sua pretensão.

Como já foi ressaltado, o atual ordenamento jurídico processual se caracteriza pelo instrumentalismo substancial, cabendo a ele a concretização das normas abstratas da forma mais eficiente e célere possível (MARINONI, 2004. p. 180), sob o crivo de um contraditório que garanta igualdade entre as partes. Deve-se, portanto, buscar aplicar, na casuística, os instrumentos colocados à disposição pela lei para garantir a máxima concretização possível do direito material.

Entendemos, assim, que a utilização dos institutos do Processo do Trabalho, modalidade evidentemente mais célere, se mostra compatível e mais adequada à execução dos julgados estrangeiros nessa matéria, que poderiam assim obter enorme ganho em efetividade e concretizariam maior gama de direitos às partes.

5. CONCLUSÃO

A tendência de relativização das fronteiras nacionais e ao surgimento de uma aldeia global deve vir acompanhada de instrumentos que possibilitem também a solução efetiva dos conflitos de interesse entre seus habitantes.

Tem sido esse o objetivo de diversos acordos de cooperação, em sua maioria consubstanciados em tratados internacionais, que aproximam os Estados soberanos e criam verdadeira rede de auxílio mútuo. Os acordos em matéria jurisdicional, que oportunizam o cumprimento de decisões estrangeiras em diferentes territórios, têm dado suporte à execução de sentenças de matérias diversas.

No que se diz respeito às sentenças trabalhistas, no entanto, verifica-se uma desconformidade entre o caráter de direito fundamental das parcelas concedidas e a atual normatização, que atribui competência a órgãos não especializados na matéria e deixa de aplicar um rito mais efetivo, prejudicando assim aquele que busca a satisfação de sua pretensão.

É necessário, portanto, repensar o presente sistema, que se mostra desatualizado, estando ainda doutrina e jurisprudência praticamente silentes quanto a tal discussão.

Vê-se que a transferência das competências de homologação e execução das sentenças trabalhistas estrangeiras, respectivamente, para o Tribunal Superior do Trabalho e para a Justiça do Trabalho, bem como a adoção de um procedimento especializado, significariam uma maior adequação procedimental à natureza da sentença trabalhista. Tal mudança se mostra, portanto, bem-vinda, e atendido restaria o direito fundamental à efetividade processual.

REFERÊNCIAS BIBLIOGRÁFICAS

ALMEIDA, Cléber Lúcio de. *Direito processual do trabalho*. 3. ed., Belo Horizonte: Del Rey, 2009.

ARAUJO, Nadia de. *Direito internacional privado*: teoria e prática brasileira. 2. ed. Rio de Janeiro: Renovar, 2004.

---

[7] Nesse sentido: *"COMPETÊNCIA CONCORRENTE DOS ESTADOS PARA LEGISLAR SOBRE PROCEDIMENTO — APLICAÇÃO DA LEI FEDERAL N. 10.259/2001 PARA REGULAR O PROCEDIMENTO DE PAGAMENTO DE PEQUENOS VALORES SEM PRECATÓRIO — ALEGADA OFENSA AO PRINCÍPIO FEDERATIVO — INEXISTÊNCIA. Considerando que o decisum exequendo é originário da Justiça do Trabalho, certo é que o procedimento de satisfação do crédito está vinculado a esta Justiça. Quadra lembrar que a Justiça do Trabalho, como integrante da justiça especializada federal, está na esfera de interferência legislativa da União."* (Tribunal Superior do Trabalho. RXOF e ROMS ns. 96007920035230000, 9600-79.2003.5.23.0000. Relatora: Ministra Maria Cristina Irigoyen Peduzzi. Data da Publicação: 24 jun. 2004).

AZAMBUJA, Darcy. *Teoria geral do Estado*. 44. ed. São Paulo: Globo, 2005.

BERGMAN, Eduardo Tellechea. La cooperacion juridica internacional en el Mercosur. In: *Mercosur balance y perspectivas*. Montevidéu: Fundación de Cultura Universitaria, 1996.

BONAVIDES, Paulo. *Ciência política*. 10. ed. São Paulo: Malheiros, 1999.

BRASIL. *Constituição da República Federativa do Brasil de 1988*. Disponível em: <http://www.planalto.gov.br/ccivil_03/constituicao/constitui%C3%A7ao.htm>. Acesso em: 12.5.2013.

_____. *Lei n. 5.869/73*. Disponível em: <http://www.planalto.gov.br/ccivil_03/leis/l5869.htm>. Acesso em: 4.6.2013.

_____. Superior Tribunal de Justiça. *Resolução n. 9/2005*. Disponível em: <http://bdjur.stj.gov.br/xmlui/bitstream/handle/2011/368/Res_9_2005_republica%E7%E3o.pdf?sequence=9>. Acesso em: 5.6.2013.

CARVALHO, Kildare Gonçalves. *Direito constitucional*. 16. ed., Belo Horizonte: Del Rey, 2010.

DALLARI, Dalmo de Abreu. *Elementos de teoria geral do Estado*. 25. ed., São Paulo: Saraiva, 2005.

DOEHRING, Karl. *Teoria do Estado*. Del Rey: Belo Horizonte, 2008. p. 202-203.

EÇA, Vitor Salino de Moura. Cumprimento de sentença trabalhista estrangeira no Brasil e o problema da execução contra os Estados estrangeiros e organismos internacionais. *Revista LTr*, São Paulo, v. 78, n. 3, mar. 2014.

FIUZA, Ricardo Arnaldo Malheiros. *Lições de direito constitucional e teoria geral do Estado*. Belo Horizonte: Jurídicos Lê, 1991.

FOUCAULT, Michel. *Segurança, território, população*. São Paulo: Martins Fontes, 2008.

GUGGENHEIM, Paul. *Traité de droit international public*. Tome I. Genebra: Librairie de L'Université, Georg & Cie S.A., 1953.

JÚNIOR, Márcio Mateus Barbosa. *A cooperação jurídica internacional na jurisprudência do Supremo Tribunal Federal e do Superior Tribunal de Justiça*. Disponível em: <http://jus.com.br/revista/texto/20109/a-cooperacao-juridica-internacional-na-jurisprudencia-do-supremo-tribunal-federal-e-do-superior-tribunal-de-justica>. Acesso em: 1º.6.2013.

MAGALHÃES, José Luiz Quadros de. *Os elementos do Estado moderno*. Disponível em: <http://www.direitoufmg.com/1o-periodo/teoria-do-estado-i>. Acesso em: 1º.6.2013.

MATOS, Aníbal Magalhães da Cruz. *A homologação de sentenças no MERCOSUL*: o Protocolo de Las Leñas. Disponível em: <http://www.mt.trf1.gov.br/judice/jud13/homo.htm>. Acesso em: 7.6.2013.

MOREIRA, José Carlos Barbosa. *Breves observações sobre a execução de sentença estrangeira à luz das recentes reformas do CPC*. Disponível em: <http://www.tex.pro.br/tex/listagem-de-artigos/189-artigos-out-2008/5686-breves-observacoes-sobre-a-execucao-de-sentenca-estrangeira-a-luz-das-recentes-reformas-do-cpc>. Acesso em: 6.6.2013.

PELLET, Alain; DAILLIER, Patrick; DINH, Nguyen Quoc. *Direito internacional público*. 2. ed. Lisboa: Fundação Calouste Gulbenkian, 2003.

PORTELA, Paulo Henrique Gonçalves. *Direito internacional público e privado*. 2 ed. Salvador: JusPODIVM, 2010.

RAMELLA, Pablo A. *La estructura del Estado*. Buenos Aires: Depalma, 1946.

RECHSTEINER, Beat Walter. *Direito internacional privado*: teoria e prática. 13. ed., São Paulo: Saraiva, 2010.

REZEK, Francisco. *Tratados e suas relações com o ordenamento jurídico interno*: antinomia e norma de conflito. Disponível em: <http://www.buscalegis.ufsc.br/revistas/index.php/buscalegis/article/viewFile/21606/21170>. Acesso em: 6.6.2013.

ROMANO, Rogério Tadeu. *Homologação de sentença estrangeira*: alguns aspectos no direito processual penal brasileiro. Disponível em: <http://www.jfrn.gov.br/institucional/biblioteca/doutrina/Doutrina263-homologacao-de-sentenca.pdf>. Acesso em: 5.6.2013.

SHAW, Malcom N. *International law*. 6. ed., Cambridge: Cambridge University Press, 2008.

SOUTO MAIOR, Jorge Luiz. A efetividade do processo. In: *Curso de direito do trabalho*. v. 4: direito processual do trabalho, São Paulo: LTr, 2009. p. 46.

ZIPPELIUS, Reinhold. *Teoria geral do Estado*. Lisboa: Fundação Calouste Gulbenkian, 1997.

# LICENÇA-MATERNIDADE, LICENÇA-PATERNIDADE E LICENÇA PARENTAL. DIREITO VOLTADO À PROTEÇÃO DA FAMÍLIA, À DIGNIDADE DA PESSOA HUMANA E INSTRUMENTO DE IGUALDADE NO TRABALHO

Dayse Coelho Almeida(*)

1. PROTEÇÃO CONSTITUCIONAL À FAMÍLIA/ENTIDADE FAMILIAR: LICENÇA-MATERNIDADE E PATERNIDADE COMO DIREITOS DIRIGIDOS À FAMÍLIA

Os direitos fundamentais, núcleo da Constituição Federal de 1988 (CF/88), ocupam uma posição jurídica diferenciada no sistema jurídico, condição para o exercício de outros direitos, representando a constitucionalização dos direitos humanos[1]. Estas características dotam tais direitos de proteção especial constitucional[2] — a condição de cláusulas pétreas, não sendo permitida alteração *in pejus* (*ex vi* art. 60, § 4º, IV, CF/88).

É característica dos direitos fundamentais a eficácia ou aplicabilidade imediata por força constitucional[3]. Esta eficácia é compreendida em dois planos[4]: o vertical, ou seja, aplicabilidade dos direitos fundamentais nas relações entre o Estado e particulares; e no horizontal, que implica na incidência ou aplicabilidade dos direitos fundamentais nas relações jurídicas entre particulares[5]. Esta última incidência ou aplicabilidade dos direitos fundamentais, a horizontal, tem profundos reflexos na seara trabalhista, pois esta contém direitos fundamentais e trava relações jurídicas entre particulares, especialmente no art. 7º da Constituição, embora o Direito do Trabalho tenha sido contemplado ao longo do texto constitucional.

"Há direitos fundamentais previstos na Constituição Federal que são diretamente dirigidos aos particulares[6], como ocorre com a maioria dos direitos

---

(*) Doutoranda, mestre e especialista em Direito pela Pontifícia Universidade Católica de Minas Gerais. Professora de Direito. Advogada e consultora jurídica.

(1) PESSOA, Flávia Moreira Guimarães. Direito fundamental de proteção à maternidade e ampliação da licença-gestante. *Revista Âmbito Jurídico*, Rio Grande, XI, n. 59, nov. 2008. Disponível em: <http://www.ambito-juridico.com.br/site/index.php?n_link=revista_artigos_leitura&artigo_id=5240>. Acesso em: 25.3.2014.

(2) ALMEIDA, Dayse Coelho de. *Acesso à justiça e o jus postulandi das próprias partes no Direito do Trabalho. Alcance da justiça ou quimera jurídica?* São Paulo: Letras Jurídicas, 2012. p. 72 a 86.

(3) Art. 5º, § 1º da Constituição Federal: "As normas definidoras dos direitos e garantias fundamentais têm aplicação imediata".

(4) GEMIGNANI, Daniel; GEMIGNANI, Maria Aparecida Asta. A eficácia dos direitos fundamentais nas relações de trabalho. *Revista do Tribunal Regional do Trabalho da 3ª Região*. Belo Horizonte, v. 50, n. 80. p. 21-39, jul./dez.2009. p. 26.

(5) RAMALHO, Maria do Rosário Palma. *Direito do Trabalho*. Parte I. Dogmática Geral. Lisboa: Almedina, 2005. p. 145-162.

(6) O Supremo Tribunal Federal pronunciou-se sobre o assunto no Recurso Extraordinário n. 201.819-8/RJ, 2ª Turma, Min. Rel. Gilmar Ferreira Mendes.

trabalhistas previstos em seu art. 7º."[7] Inclusive, a Corte Interamericana de Direitos Humanos no item 5 da Opinião Consultiva n. 18 de 17.9.2003[8] contempla o mesmo raciocínio sobre a aplicabilidade imediata dos direitos fundamentais nas relações privadas. Este posicionamento, muito além de meramente teórico, consubstancia-se na mais contemporânea compreensão dos direitos fundamentais[9]. "[...] é possível concluir que, mesmo sem entrar na discussão das teses jurídicas sobre a forma de vinculação dos particulares aos direitos fundamentais, a jurisprudência brasileira[10] vem aplicando diretamente os direitos individuais consagrados na Constituição na resolução de litígios privados[11]."

O conteúdo do art. 7º da Constituição da República, portanto, é de matiz fundamental, de forma que aplicá-lo às relações privadas é consequência da sua natureza jurídica. Neste prisma, as licenças-maternidade e paternidade, albergadas no art. 7º, incisos XVIII e XIX da CF/88, ostentam o *status* de direito fundamental, protegidas pela condição de cláusula pétrea[12]. A interpretação do art. 7º da CF/88 deve ser feita de modo harmônico e sistematizado com as demais normas constitucionais, e, em especial, com atenção ao comando do *caput* do artigo, que expressamente aduz "São direitos dos trabalhadores urbanos e rurais, além de outros que visem à melhoria de sua condição social" (grifo nosso).

É vontade expressa do legislador originário que outros dispositivos sobrevenham ao texto constitucional para que ampliem/melhorem a condição social do trabalhador, como também a incorporação ao texto constitucional toda e qualquer melhoria advinda do plano infraconstitucional. Trata-se, a previsão do *caput* — melhoria da condição social, acepção trabalhista do conceito de dignidade da pessoa humana[13]. "O sistema jurídico se estrutura no plano constitucional como suporte sistemático e aberto, orientado teleologicamente pela dignidade do ser humano"[14], que é início e fim de toda produção jurídica.

Atualmente, as licenças-maternidade e paternidade encontram-se previstas no art. 7º, XVIII e XIX e no art. 10, § 1º do Ato das Disposições Constitucionais Transitórias da Constituição Federal. E, em sede infraconstitucional, há previsões na Consolidação das Leis Trabalhistas, nos art. 392 e ss. e art. 473, III e em legislação previdenciária. A última alteração legislativa adveio da Lei n. 12.873/2013 que modificou a redação dos dispositivos celetistas, incorporando aos mesmos os avanços jurisprudenciais sobre o tema, em especial a licença nos casos de guarda e adoção.

Sobre a matéria, ainda, há duas importantes Propostas de Emenda Constitucional (PEC) tramitando nas casas legislativas, PEC ns. 30/07 e 515/10. A PEC n. 30/07 versa sobre a ampliação da licença maternidade para 180 (cento e oitenta) dias e a PEC n. 515/10 trata da proibição de dispensa sem justa causa, por 7 (sete) meses, no período após o parto ou adoção[15]. Causa-nos espécie que o legislador seja instado a alterar a Constituição, pois em sede de direitos fundamentais o texto constitucional é o patamar mínimo civilizatório[16].

A inovação legal destinada a ampliar e/ou ratificar a incidência ou efeito do direito fundamental pode ser feita via infraconstitucional[17], sem qualquer prejuízo à integridade do texto constitucional. Assim, entendemos que as duas alterações objeto

---

(7) SABINO, João Filipe Moreira Lacerda. Os direitos fundamentais nas relações de trabalho. In: PIOVESAN, Flávia; CARVALHO, Luciana Paula Vaz de (coord.). *Direitos Humanos e Direito do Trabalho*. São Paulo: Atlas, 2010. p. 68.

(8) *Op. cit.*, p. 74.

(9) Citamos, a título de exemplo: RE n. 158.215-RS, Rel. Min. Marco Aurélio, DJ de 7.6.1996; RE n. 160.222-RJ, Rel. Min. Sepúlveda Pertence, DJ de 1º.9.1995; RE n. 161.243-DF, Rel. Min. Carlos Velloso, DJ de 19.12.1997; ADI n. 2.054-DF, Rel. Min. Ilmar Galvão, DJ de 17.10.2003.

(10) Informativo n. 405 do Supremo Tribunal Federal. *Supremo Tribunal Federal*. Disponível em: <http://www.stf.jus.br/arquivo/informativo/documento/informativo405.htm>. Acesso em: 14.4.2014.

(11) SARMENTO, Daniel. *Direitos Fundamentais e Relações Privadas*. Rio de Janeiro: Lumen Iuris, 2004. p. 297.

(12) MANSUETI, Hugo Roberto. La constitucionalización de los derechos laborales y su significado actual. In: ZAINAGUI, Domingos Sávio (coord). *Revista de Direito do Trabalho — RDT*. Ano 38, n. 148, out-dez 2012, São Paulo: Revista dos Tribunais, 2012. p. 51-82.

(13) DELGADO, Mauricio Godinho. *Curso de Direito do Trabalho*. 13. ed., São Paulo: LTr, 2014. p. 195 e ss.

(14) DELGADO, Gabriela Neves; DELGADO, Mauricio Godinho. *Constituição da República e Direitos Fundamentais. Dignidade da pessoa humana, Justiça Social e Direito do Trabalho*. São Paulo: LTr, 2012. p. 28.

(15) LEITÃO, Thaís. Ministra defende PEC que amplia licença-maternidade para todas as trabalhadoras. *Agência Brasil*. Disponível em: <http://memoria.ebc.com.br/agenciabrasil/noticia/2013-03-05/ministra-defende-pec-que-amplia-licenca-maternidade-para-todas-trabalhadoras>. Acesso em: 25.3.2014.

(16) DELGADO, Gabriela Neves; DELGADO, Maurício Godinho. *Constituição da República e Direitos Fundamentais. Dignidade da pessoa humana, Justiça Social e Direito do Trabalho*. São Paulo: LTr, 2012. p. 53.

(17) *Op. cit.* p. 47.

das citadas PECs poderiam ser feitas por lei federal (competência privativa da União para legislar em matéria trabalhista e, também, em seguridade social, *ex vi* art. 22, I e XXIII, da Constituição da República[18]).

A dignidade da pessoa humana do trabalhador é o objetivo nuclear do Direito do Trabalho. "Somente com a valorização do ser humano, enquanto ser que sobrevive, trabalha e interage com outros e com respeito de suas diferenças pelo Direito, pela Sociedade e pelo próprio Estado, será possível apreender a dignidade do trabalhador."[19] Sobre a dignidade da pessoa humana, Flávia Piovesan assim a conceitua:

> Sustenta-se que é no princípio da dignidade humana que a ordem jurídica encontra seu próprio sentido, sendo seu ponto de partida e ponto de chegada para a hermenêutica constitucional contemporânea. Consagra-se, assim a dignidade humana como verdadeiro superprincípio a orientar tanto o direito internacional como direito interno[20].

As licenças-maternidade e paternidade são direitos fundamentais/humanos exercidos pela mãe e pelo pai[21], respectivamente, mas que também constituem-se em garantias ou direitos fundamentais do cidadão-filho[22]. Portanto, tratam-se, as licenças, de normas protetivas à família, base da sociedade, que goza de proteção especial do Estado, na forma do art. 226 da CF/88. Como consequência lógica, este direito pode ser invocado por qualquer membro da família, pois o art. 226, § 4º, alberga o conceito de entidade familiar, no qual os laços sanguíneos e afetivos manifestam-se, juridicamente, em sede de direitos.

A licença-maternidade, paternidade ou até mesmo a parental, por conseguinte, são instrumentos jurídicos voltados à proteção da família, destinados a garantir sua continuidade, unidade, solidariedade e coparticipação.

2. A LICENÇA-MATERNIDADE E PATERNIDADE DEVEM SER IGUAIS? DEVEMOS ABOLIR AS LICENÇAS DESTINADAS AO PAI OU À MÃE E SUBSTITUÍ-LAS POR UMA LICENÇA ÚNICA, PARENTAL, A SER REPARTIDA ENTRE OS PAIS OU ENTIDADE FAMILIAR DE FORMA IGUALITÁRIA?

Homens e mulheres são iguais em direitos e obrigações, uma vez que todos estão submetidos à mesma lei, gozam dos mesmos direitos e sujeições a ela inerentes. Este é o paradigma liberal da igualdade formal. Entretanto a igualdade meramente formal distorce a própria ideia de isonomia e também de igualdade[23]. Há caracteres distintivos entre as pessoas considerados relevantes para o Direito, denominados fatores de discrímen, porque representam justificativas de um tratamento jurídico diferenciado.

Em relação ao assunto tratado, a mulher diferencia-se em decorrência do critério biológico, pois cabe-lhe a gestação, o parto e a amamentação. Apesar de o homem participar da família e ser-lhe fundamental, ofertando suporte emocional (e, muitas vezes, financeiro), sua condição masculina o exclui das alterações físico-hormonais próprias da gestação e do parto, além da impossibilidade da amamentação, por ser o homem desprovido de glândulas mamárias aptas à produção de leite.

As condições gestacional e parturiente e, em momento seguido, de amamentação são fatores de discrímen[24] suficientes para que seja a mulher a destinatária de uma licença, em específico, destinada a perpassar por estes momentos. O entendimento contrário é prejudicial ao nascituro e ofensivo ao seu direito fundamental à vida e ao desenvolvimento físico, intelectual e emocional.

Há, entretanto, uma questão de suma relevância que precisa ficar clara. O fato de a mulher ter direito a uma licença pela condição gestacional, de parto e amamentação é motivo para que ela seja destinatária desse direito em detrimento das pessoas que não perpassam pela mesma situação (os cidadãos de qualquer gênero — homens ou mulheres — que não estejam grávidas, parturientes ou amamentando).

---

(18) Art. 22 da Constituição Federal. Compete privativamente à União legislar sobre: I — direito civil, comercial, penal, processual, eleitoral, agrário, marítimo, aeronáutico, espacial e do trabalho; [...] XXIII — seguridade social.

(19) GAMBA, Juliane Caravieri Martins. Dignidade do trabalhador e políticas públicas: perspectivas no âmbito do estado ético. In: PIOVESAN, Flávia; CARVALHO, Luciana Paula Vaz de (coord.). *Direitos Humanos e Direito do Trabalho*. São Paulo: Atlas, 2010. p. 32.

(20) PIOVESAN, Flávia. *Direitos humanos e o direito internacional*. 7. ed., São Paulo: Saraiva, 2006. p. 29.

(21) Aqui alargamos o conceito para entidade familiar, pois entendemos que além de constituir expressão de igualdade material e de dignidade da pessoa humana, o texto constitucional faz expressa referência a este termo.

(22) Este posicionamento funda-se na interpretação sistemática dos dispositivos constitucionais: art. 7º, XXV; art. 203, I e II.

(23) MELLO, Celso Antônio Bandeira de. *O conteúdo jurídico do princípio da igualdade*. 18. ed., São Paulo: Malheiros, 2011. p. 29.

(24) MELLO, Celso Antônio Bandeira de. *O conteúdo jurídico do princípio da igualdade*. 18. ed., São Paulo: Malheiros, 2011. p. 37.

A condição de gestante, parturiente ou de aleitamento não é fator de discrímen relativo à participação familiar, uma vez que a condição física ou de saúde é indiferente para a composição da família. Nas relações familiares todos estão em condições de horizontalidade, ausente hierarquia de qualquer natureza[25], possuindo os mesmos direitos e obrigações.

A família/entidade familiar trata-se de uma relação jurídica com direitos e obrigações recíprocos, pautados pela corresponsabilidade e pela solidariedade. Diante disto, não há fator de discrímen entre homens e mulheres na condição de partícipes da família/entidade familiar. Assim sendo, não há o que justifique a redução ou inexistência de direito para o homem. Este é sujeito do direito e também da obrigação de corresponsabilidade e solidariedade familiar[26]. Como elucida Paulo Lôbo:

> A Constituição e o direito de família brasileiros são integrados pela onipresença desses dois princípios fundamentais e estruturantes: a dignidade da pessoa humana e a solidariedade. A solidariedade e a dignidade da pessoa humana são os hemisférios indissociáveis do núcleo essencial irredutível da organização social, política e cultural e do ordenamento jurídico brasileiros. De um lado, <u>o valor da pessoa humana enquanto tal, e os deveres de todos para com sua realização existencial, nomeadamente do grupo familiar; de outro lado, os deveres de cada pessoa humana com as demais, na construção harmônica de suas dignidades</u>[27]. Grifos nossos

Neste jaez não há diferenciação apta a configurar como fator de discrímen nas relações familiares, sendo a desigualdade de tratamento dentro da família injustificada do ponto de vista dos princípios da igualdade, da dignidade da pessoa humana e da solidariedade familiar.

Certamente, há um contexto histórico brasileiro desfavorável quando o assunto é discriminação da mulher. A questão de gênero, do ponto de vista histórico, sempre representou prejuízo da mulher trabalhadora no mercado de trabalho[28]. A título de curiosidade [...] houve legislação que autorizava às mulheres o percebimento de 10% a menos de salários que os homens (Decreto n. 2.548/1940)[29].

O contexto histórico-discriminatório da mulher no mercado de trabalho é muito antigo[30]. Internacionalmente, a discriminação começou a ser combatida pela Organização Internacional do Trabalho (OIT) através da Convenção n. 100, ratificada pelo Brasil em 1957, que versava pela igualdade de remuneração. Em relação à maternidade, a Convenção n. 103/1966, promulgada no Brasil pelo Decreto n. 58.820 de 1966, estabelece que "toda mulher à qual se aplica a presente convenção tem o direito, mediante exibição de um atestado médico que indica a data provável de seu parto, a uma licença-maternidade" e, ainda, "A duração desta licença será de doze semanas, no mínimo".

Trata-se, por conseguinte, do direito à licença-maternidade de um direito humano. O direito de reproduzir, direito fundamental e da personalidade[31], é elemento e componente da dignidade da pessoa humana, de modo que no panorama hodierno o:

> [...] direito reprodutivo não se limita à simples proteção da reprodução. Ele vai além, defendendo um conjunto de direitos individuais e sociais que devem interagir em busca do pleno exercício da sexualidade e reprodução humana. Essa nova concepção tem como ponto de partida uma perspectiva de igualdade e equidade nas relações pessoais e sociais e uma ampliação das obrigações do Estado na promoção, efetivação e implementação desses direitos[32].

Os fatores biológico e reprodutivo alçam a mulher à condição de desigual no mercado de trabalho.

---

(25) A exemplo dos filhos adotivos e da recente admissão/reconhecimento jurídico das uniões homoafetivas.

(26) SCHELEDER, Adriana Fasolo Pilati; TAGLIARI, Renata Holzbach Tagliari. O princípio da solidariedade, a teoria humanista e os direitos humanos fundamentais como meios de valorização do afeto quando do estabelecimento de vínculos de filiação. Anais do XVII Congresso Nacional do CONPEDI, Brasília-DF, nov. 2008. Disponível em: <http://www.conpedi.org.br/manaus/arquivos/anais/brasilia/01_521. pdf>. Acesso em: 3.4.2014.

(27) LÔBO, Paulo. Princípio da solidariedade familiar. Jus Navigandi, Teresina, ano 18, n. 3.759, 16 out. 2013. Disponível em: <http://jus.com.br/artigos/25364>. Acesso em: 5 abr. 2014.

(28) Sobre o assunto recomendamos a obra de BARROS, Alice Monteiro de. A mulher e o direito do trabalho. São Paulo: LTr, 1995.

(29) GÓIS, Luiz Marcelo F. de. Discriminação nas relações de trabalho. In: PIOVESAN, Flávia; CARVALHO, Luciana Paula Vaz de (coord.). Direitos Humanos e Direito do Trabalho. São Paulo: Atlas, 2010. p. 148.

(30) Sobre o assunto recomendamos a obra de CANTELLI, Paula. O trabalho feminino no divã. São Paulo: LTr, 2007.

(31) SOUZA, Allan Rocha de; CASTRO, Raul Murad Ribeiro de; ALMEIDA JÚNIOR, Vitor de Azevedo. Reprodução Assistida, autonomia privada e personalidade: a questão dos embriões. Anais do Congresso Nacional do CONPEDI. Disponível em: <http://www.conpedi.org.br/manaus/arquivos/anais/salvador/allan_rocha_de_souza. pdf>. Acesso em: 16.4.2014.

(32) VENTURA, Miriam. Direitos reprodutivos no Brasil. Fundo de População das Nações Unidas (UNFPA). Fevereiro 2004. p. 19. Disponível em: <http://www.unfpa.org.br/Arquivos/direitos_reprodutivos. pdf>. Acesso em: 29.3.2014.

Sabidamente, a mulher em situação gestacional, parturiente e de amamentação carece de medidas jurídicas específicas, sob pena de romper-se o paradigma de igualdade material.

A importância da amamentação exclusiva até os 6 (seis) meses de idade tem sido pesquisada e defendida em todo o mundo. As pesquisas indicam a imprescindibilidade da amamentação e os prejuízos à saúde e ao desenvolvimento das crianças que não podem ter acesso ao leite materno. Cristian Aedo, em estudo publicado na *Revista Chilena de Pediatria*, trata da importância e do caráter multifacetado da amamentação[33]:

> La lactancia materna es la forma de alimentación que contribuye con mayor efectividad al desarrollo físico e intelectual y psico-social del niño, proporcionándole nutrientes en calidad y cantidad adecuadas para el crecimiento y desarrollo de sus órganos, especialmente el sistema nervioso. [...] Se ha observado que los niños amamantados son más activos, presentan un mejor desarrollo psicomotor y mejor capacidad de aprendizaje. Diversos estudios han observado un mayor coeficiente intelectual (CI) en niños que fueron amamantados comparados con los alimentados con fórmulas lácteas[34].

A amamentação fornece elementos nutricionais e imunológicos que são determinantes para o correto desenvolvimento físico e intelectivo do nascituro, inclusive o leite materno modifica-se conforme o amadurecimento da criança, fornecendo-lhe, em cada uma das etapas, o necessário à sua plena evolução[35]. Inicialmente há o colostro para que o recém-nascido possa adaptar-se à vida fora do útero e fornecer-lhe condições imunológicas para que sua continuidade com saúde e até mesmo o prosseguimento da vida sejam mais prováveis.

No entanto reafirmar a importância da licença-maternidade e a necessidade de recuperação da mulher pelo parto e a indispensabilidade da amamentação não significam, e nem podem implicar no entendimento, que a paternidade não tenha importância ou tenha relevância secundária nas relações familiares. A família/entidade familiar é composta de pessoas que exercem o dever de solidariedade recíproco e em relação ao nascituro.

As políticas públicas são fundamentais para que a família, cuja proteção especial é garantida na Constituição, possa desenvolver-se de modo digno e que seus membros sejam dotados do direito à dignidade, pois

> À medida que aumenta nosso conhecimento sobre a importância das experiências na primeira infância, aumenta nosso ímpeto em favor do desenvolvimento de políticas, programas e serviços mais responsivos, para dar apoio a todos os pais e promover uma integração mais saudável entre o trabalho e a vida familiar. Políticas de licença-maternidade, de licença parental e de benefícios são apenas um dos componentes de um conjunto de políticas e apoios públicos e dos locais de trabalho que podem ajudar os pais a reconciliar as demandas concorrentes do trabalho e da vida familiar depois do nascimento ou da adoção de uma criança[36].

Os membros da entidade familiar são indispensáveis ao nascituro, em aspectos diferentes e complementares. O contato com o nascituro nos primeiros momentos de vida reforça os laços afetivos e propicia a segurança necessária ao seu pleno desenvolvimento. Ademais, a presença paterna é indispensável para o auxílio e a cooperação nos cuidados com o nascituro e para a pronta recuperação da mãe. A participação do pai na composição da família e no exercício do dever de cooperação familiar também é direito fundamental protegido pelas mesmas normas alhures declinadas.

Participar do desenvolvimento inicial do nascituro é direito/dever fundamental dos membros

---

(33) AEDO, Cristian. Evaluación económica de la prolongación del postnatal. *Revista Chilena de pedriaria*. v. 78, suplemento 1 (10-50), Santiago, outubro 2007. Disponível em: <http://www.scielo.cl/scielo.php?script=sci_arttext&pid=S0370-41062007000600003>. Acesso em: 1º.4.2014.

(34) O aleitamento materno é a forma de alimentação que contribui mais efetivamente para o desenvolvimento físico, intelectual e psicossocial da criança, propiciando-lhe nutrientes em qualidade e quantidade adequados para o crescimento e desenvolvimento dos órgãos, em especial o sistema nervoso. [...] Foi constatado que as crianças amamentadas são mais ativas, apresentam um melhor desenvolvimento psicomotor e melhor capacidade de aprendizagem. Diversos estudos constataram um (QI) maior nas crianças que foram amamentadas se comparadas às crianças que foram alimentadas com fórmulas lácteas.

(35) AEDO, Cristian. Evaluación económica de la prolongación del postnatal. *Revista Chilena de pediatria*. v. 78, suplemento 1 (10-50), Santiago, outubro 2007. Disponível em: <http://www.scielo.cl/scielo.php?script=sci_arttext&pid=S0370-41062007000600003>. Acesso em: 1º.4.2014.

(36) LERO, Donna S. Pesquisas sobre políticas de licença parental e implicações no desenvolvimento da criança para formuladores de políticas e provedores de serviços. In: Tremblay RE, Boivin M, Peters RDeV, eds. *Enciclopédia sobre o Desenvolvimento na Primeira Infância* [on-line]. Montreal, Quebec: Centre of Excellence for Early Childhood Development e Strategic Knowledge Cluster on Early Child Development; 2012:1-10. Disponível em: <http://www.enciclopedia-crianca.com/documents/LeroPRTxp1.pdf>. Acesso em: 28.3.2014.

da entidade familiar e consubstancia-se em direito fundamental do nascituro desfrutar desta participação efetiva. Historicamente, a licença-paternidade na Constituição de 1988 foi

> [...] produto de uma Assembleia Nacional, requerida por tanto tempo pela sociedade e que teve como motivadora a necessidade e a urgência, entre outras coisas, de conquistas sociais, teria de atentar à integração crescente do pai, numa família igualitária. Não mais o machismo, o autoritarismo masculino, na célula social básica, mas a corresponsabilidade, que iria do sustento à repartição de encargos e à distribuição de competências, fazendo homem e mulher coparticipes solidários, numa hierarquia igualitária, que, se queria, viesse a ser a nova realidade social, econômica, política e cultural da família contemporânea[37].

Certamente, os atuais 5 (cinco) dias de licença-paternidade não conferem efetividade ao direito fundamental do pai e do nascituro à convivência no primeiro ciclo de vida e constituem ofensa ao princípio da igualdade nas relações familiares e ao dever de solidariedade. Ademais, o fato de a licença destinada ao pai ser, em número de dias, inferior à destinada a mulher/mãe também fragiliza a mulher no mercado de trabalho, pois torna-a menos atraente às contratações trabalhistas. Decerto, se a licença fosse igualada[38], o tempo de afastamento da mulher não seria considerado um fator de discriminação nas relações de trabalho, uma vez que o homem trabalhador que tivesse filho(s) afastar-se-ia do mesmo modo.

O argumento de que a igualdade de licenças é inviável economicamente não encontra sustentação fática em decorrência de o sistema previdenciário ser contributivo[39]. Homem e mulher contribuem da mesma forma, no mesmo percentual. Se a contribuição previdenciária sustenta as licenças, a licença-paternidade não só pode ser igualada à maternidade como há receita suficiente para que o Estado possa adimplir esta obrigação social.

A licença parental é um direito inerente à condição de cidadão[40] do trabalhador brasileiro, na medida em que concretiza direitos humanos[41]. As normas internacionais sobre o tema são indiscutivelmente relevantes para a compreensão do mesmo, principalmente as previsões contidas nas convenções e recomendações da Organização Internacional do Trabalho (OIT). Dentre as diretrizes da OIT, destacamos a Recomendação n. 165/1981, à qual reputa a homens e mulheres trabalhadores e por outros membros da família a responsabilidade pelos filhos.

Além do citado, também há o art. XXIII da Declaração Universal dos Direitos do Homem de 1948, o qual preconiza que haverá "outros meios de proteção social". Este conteúdo aberto dos direitos humanos[42], decerto, contempla a licença parental na medida em que garante cidadania e dignidade aos trabalhadores. Esta ideia é complementada pelo art. XXIV, que preconiza: "toda pessoa tem direito a um padrão de vida capaz de assegurar a si <u>e a sua família</u> saúde e bem-estar" (grifos nossos).

A licença parental, além de uma medida de igualdade de gênero[43], consubstancia-se no reconhecimento de que a procriação é um evento jurídico de corresponsabilidade, incidindo sobre toda a família/entidade familiar os direitos e as obrigações pertinentes aos cuidados e às diligências necessários à manutenção da vida, da integridade e do bem-estar

---

(37) CHIARELLI, Carlos Alberto Gomes; GRAZZIOTIN, Marcelo Rugeri. *Trabalho na Constituição*. Direito individual com jurisprudência e Direito Comparado. 2. ed., São Paulo, 2012. p. 220.

(38) Defendemos que a licença deva ser de 180 (cento e oitenta) dias, justamente pelo critério da amamentação até os seis meses ser mais favorável ao desenvolvimento da criança.

(39) "O sistema de previdência social público brasileiro se caracteriza como contributivo, quanto ao custeio, e de repartição, quanto à forma de utilização de seus recursos, definindo, assim, seu aspecto de solidariedade. Diferente do sistema de Previdência Privada que se caracteriza como um sistema de capitalização". VAZ, Levi Rodrigues. O princípio do equilíbrio financeiro e atuarial no sistema previdenciário brasileiro. *Revista Direitos Fundamentais & Democracia*. v. 6, 2009. Disponível em: <revistaeletronicardfd.unibrasil.com.br/>. Acesso em: 3.4.2014.

(40) "Cidadania, por sua vez, é a titularidade de diversificado e importante rol de direitos políticos, sociais, econômicos e culturais atribuída à pessoa humana no contexto do Estado e da sociedade civil". DELGADO, Gabriela Neves; DELGADO, Mauricio Godinho. *Constituição da República e Direitos Fundamentais*. Dignidade da pessoa humana, Justiça Social e Direito do Trabalho. São Paulo: LTr, 2012. p. 91.

(41) FLORES, Joaquín Herrera. *Teoria Crítica dos Direitos Fundamentais*. Os direitos humanos como produtos culturais. Rio de Janeiro: Lumen Juris, 2009. p. 49 e ss.

(42) PIOVESAN, Flávia. *Direitos Humanos e Justiça Internacional*. 2. ed., São Paulo: Saraiva, 2011. p. 37-38.

(43) "[...] A motivação para uma política de licença parental foi tanto a preocupação com o bem-estar da criança quanto o interesse em apoiar a igualdade de gênero". KAMERMAN Sheila B. Políticas de licença maternidade, licença paternidade e licença parental: impactos potenciais sobre a criança e sua família. Rev ed. In: Tremblay RE, Boivin M, Peters RDeV, eds. *Enciclopédia sobre o Desenvolvimento na Primeira Infância* [on-line]. Montreal, Quebec: Centre of Excellence for Early Childhood Development e Strategic Knowledge Cluster on Early Child Development; 2012:1-4. Disponível em: <http://www.enciclopedia — crianca.com/documents/KamermanPRTxp1-Licenca. pdf>. Acesso em: 28.3.2014.

do nascituro. Ademais, a procriação representa a continuidade da nossa espécie, da constituição de um povo nacional e da garantia de desenvolvimento do país.

3. AS LICENÇAS MATERNIDADE, PATERNIDADE E PARENTAL NO DIREITO COMPARADO

A multiplicidade de ciências que dialogam com a ciência jurídica e os aspectos multifacetados que marcam a contemporaneidade, aliados à própria complexidade humana, são desafios ao Direito.

O sistema normativo positivado nem sempre oferta aos juristas alternativas viáveis à satisfação dos crescentes problemas de efetividade, de concretude do direito e à ideia de satisfatividade social do Direito contemporâneo.

O emaranhado de normas postas bem como as lacunas naturalmente existentes no mesmo muitas vezes não respondem aos anseios sociais e não satisfazem à função de solucionar conflitos à qual se propõem. O Direito Comparado[44], neste contexto, surge como uma alternativa viável de busca de ideias novas, de aproveitamento de experiências jurídicas diversas e provenientes de culturas diferentes, com valores diversos. Desta forma, é claro que as contribuições e possibilidades são inesgotáveis, posto infinita a criatividade humana.

A riqueza de ideias, conceitos, experiências desta pluraridade de sistemas e famílias jurídicas gerará reflexos no raciocínio jurídico e na própria visão hermenêutica, amadurecendo os juristas para que o nosso Direito evolua a passos largos, sempre com vistas à satisfação de nossos princípios constitucionais e dos axiomas próprios.

Não pretendemos esmiuçar todos os sistemas jurídicos e nos aprofundar nas motivações e nos fundamentos pelos quais cada um dos países perpassou até a produção das normas relativas a licenças. A ideia é apenas demonstrar, *an passant*, algumas soluções que os sistemas alienígenas positivaram como licença-maternidade, licença-paternidade e licença parental.

Nas Américas[45], constata-se que não há licença parental em países como Argentina, Chile, Costa Rica, México, Peru. Em destaque a Costa Rica, o México e o Peru, que não possuem sequer licença paternidade. A maior licença-maternidade encontrada nas Américas é a do Chile, com 126 (cento e vinte e seis) dias. Na Ásia e no Pacífico, estudados Austrália, Japão e Nova Zelândia, há licença parental de pelo menos 365 (trezentos e sessenta e cinco) dias, mas o único país em que o sistema de seguridade custeia isto é o Japão, além de que não há licença-paternidade no Japão e na Nova Zelândia.

A licença parental[46], em Portugal, é regulada pela Lei n. 7 de 12 de fevereiro de 2009. Neste instrumento jurídico, o direito lusitano reconhece que a maternidade e paternidade são valores sociais e que os trabalhadores têm direito à proteção social e estatal quando da formação familiar[47]. A aludida legislação prevê[48] a licença parental inicial, a licença parental exclusiva da mãe, a possibilidade de gozo de qualquer dos pais na impossibilidade do exercício de direito de um deles e a licença exclusiva do pai. O direito à licença, no direito lusitano, encontra-se protegido por uma proteção à despedida, que a condiciona a um parecer prévio, emitido em 30 dias, exarado pela Comissão para a Igualdade no Trabalho e no Emprego (CITE).

A licença parental inicial é destinada a qualquer dos pais e varia entre 120 (cento e vinte) e 180 (cento e oitenta) dias consecutivos. Se o nascimento for de gêmeos, aumenta 30 (trinta) dias para cada um. A mãe tem direito a gozar de 30 (trinta) dias de licença antes do parto (facultativa) e 6 (seis) semanas após o parto (obrigatória). O sistema de licença português ainda possui a previsão de licença complementar. Esta modalidade de licença destina-se a contemplar a necessidade de assistência a filho ou a criança adotada até 6 (seis) anos e pode durar até 3 (três) meses, inclusive com direito à redução de jornada por três meses ou ausências intercaladas no trabalho, conforme disposto em convenção coletiva de trabalho.

---

(44) PESSOA, Flávia Moreira Guimarães. *Manual de metodologia do trabalho científico*: como fazer pesquisa em Direito Comparado. Aracaju: Evocati, 2009. p. 28.

(45) AEDO, Cristian. Evaluación econômica de la prolongación del postnatal. *Revista Chilena de pedriaria*. v. 78, suplemento 1 (10-50), Santiago, outubro 2007. Disponível em: <http://www.scielo.cl/scielo. php?script=sci_arttext&pid=S0370-41062007000600003>. Acesso em: 1º.4.2014.

(46) CASTRO, Eduarda Maria. *Licença parental*. 17.11.2011. Disponível em: <http://revolucionarparaflexibilizar.blogspot.com.br/2011.6.licenca-parental.html>. Acesso em: 1º.4.2014.

(47) Art. 33 da Lei n. 7/2009: Parentalidade. 1 — A maternidade e a paternidade constituem valores sociais eminentes. 2 — Os trabalhadores têm direito à protecção da sociedade e do Estado na realização da sua insubstituível acção em relação ao exercício da parentalidade.

(48) Art. 39 da Lei n. 7/2009: Modalidades de licença parental. A licença parental compreende as seguintes modalidades: a) Licença parental inicial; b) Licença parental inicial exclusiva da mãe; c) Licença parental inicial a gozar pelo pai por impossibilidade da mãe; d) Licença parental exclusiva do pai.

Passemos, então, a abordar a licença-maternidade, paternidade e parental em países europeus[49].

A licença na Alemanha dura seis semanas antes do parto e oito semanas depois do nascimento. Se a criança for prematura ou se forem gêmeos, a licença se estenderá por quatro semanas. A pessoa responsável pelos cuidados da criança pode se licenciar até o quarto aniversário do filho, podendo haver trabalho em tempo parcial ou compatilhar alternadamente a licença entre mãe e pai. O sistema de seguridade social que em geral custeia o benefício. Não pode a mulher grávida ou amamentando prestar horas extras, gozando de no mínimo dois intervalos de 30 minutos durante a jornada de trabalho.

O sistema belga prevê a licença-maternidade de 15 semanas, sete semanas anteriores ao parto e oito semanas após o parto. A licença-paternidade é de três dias, dentro dos 12 dias que sucedem ao nascimento. Há ainda a possibilidade de os pais interromperem os contratos de trabalho por no máximo 60 meses durantes o contrato de trabalho; cada interrupção pode durar no máximo 12 meses. O sistema securitário é o responsável financeiramente pelas licenças, devendo o destinatário das mesmas ter contribuído os seis meses anteriores ao parto. Não podem as grávidas e em estágio de alimentação fazer horas extras e prestar trabalho noturno.

A Dinamarca adota o sistema de licença parental, a licença-maternidade a licença-paternidade. A licença-maternidade estende-se quatro semanas antes do parto e 14 semanas posteriores ao mesmo, sendo que obrigatoriamente ficará licenciada duas semanas antes do parto. A licença-paternidade ocorre por acordo prévio com o empregador, dentro das 14 semanas posteriores ao parto. A licença parental é de 28 semanas, respeitadas e descontadas a licença maternidade, ou seja, as dez semanas restantes podem ser usufruídas por qualquer dos pais. O sistema de seguridade financia as licenças.

A Finlândia[50] é o único país em que a licença é única, parental, destinada a qualquer dos pais ou ambos. São 9 (nove) meses de licença parental.

Observa-se, na análise geral, que em poucos países a licença ultrapassa 120 (cento e vinte) dias e que predominam no mundo os afastamentos remunerados pelo Estado, por sistemas de seguridade social similares ao Instituto Nacional de Seguridade Social (INSS) brasileiro. De igual forma, constata-se que as licenças destinadas exclusivamente aos homens são raras e de duração curta.

Ressalte-se, entretanto, que o fato de possuir a licença ou ter direito a ela nem sempre significa que a mulher, o homem ou os pais irão usufruí-lo. Em Portugal[51], a título ilustrativo, o homem tem direito a 10 (dez) dias de licença em decorrência do nascimento de filho. Porém há indicadores de que um quarto dos pais não usufrui de tal licença, contrariando a lei e retornando de imediato ao trabalho. E, neste país há uma multa para o empregador que varia entre 2 (dois) e 61 (sessenta e um) mil euros, caso obstacularize o exercício deste direito.

Trata-se de questão de que deve, antes de qualquer medida precipitada, discutida de modo democrático e estudados os meios de não só criar legislação, mas instrumentos que efetivamente viabilizem o cumprimento.

4. CONSIDERAÇÕES FINAIS

A construção da cidadania e dos direitos humanos constitui-se em árdua tarefa em tempos de capitalismo exacerbado. Afirmar a predominância na dignidade em relações assimétricas e pautadas em razões econômicas é um desafio de envergadura. "Os direitos humanos refletem um construído axiológico, a partir de um espaço simbólico de luta e ação social."[52]

As ideias neste trabalho contidas e defendidas talvez representem um próximo passo em direção a uma concepção mais ampla de dignidade da pessoa humana aplicada à família. Neste sentido, tal como defendido por Hannah Arendt, "os direitos humanos não são um dado, mas um construído, uma invenção humana, em constante processo de construção e reconstrução"[53]. Este conteúdo de historicidade dos direitos humanos e, de certa forma, um prota-

---

(49) A fonte das informações sobre os países europeus que se seguem foram extraídas de AEDO, Cristian. Evaluación económica de la prolongación del postnatal. *Revista Chilena de pedriaria*. v. 78, suplemento 1 (10-50), Santiago, outubro 2007. Disponível em: <http://www.scielo.cl/scielo. php?script=sci_arttext&pid=S0370-41062007000600003>. Acesso em: 1º.4.2014.

(50) ZANFELICI, Tatiane Oliveira. Atenção à primeira infância Finlandesa e Brasileira: alternativas de atendimento, atendimentos alternativos. *Psicologia escolar e educacional*. v. 3, n. 2, Campinas, jul.-dez. 2009. Disponível em: <http://www.scielo.br/scielo. php?pid=S1413-85572009000200009&script=sci_arttext>. Acesso em: 29.3.2014.

(51) Natalidade: um quarto dos homens prescinde de licença parental obrigatória. Site *Barrigas de Amor* (Portugal). Disponível em: <http://barrigasdeamor.iol. pt/natalidade-um-quarto-dos-homens-prescinde-de-licenca-parental-obrigatoria/>. Acesso em: 26.3.2014.

(52) PIOVESAN, Flávia. Direito do Trabalho e a proteção dos Direitos Sociais nos planos Internacional e Constitucional. In: PIOVESAN, Flávia; CARVALHO, Luciana Paula Vaz de (coord.). *Direitos Humanos e Direito do Trabalho*. São Paulo: Atlas, 2010. p. 4.

(53) ARENTE, Hanna apud PIOVESAN, Flávia. Direito do Trabalho e a proteção dos Direitos Sociais nos planos Internacional e Constitucional. In: PIOVESAN, Flávia; CARVALHO, Luciana Paula Vaz de (coord.). *Direitos Humanos e Direito do Trabalho*. São Paulo: Atlas, 2010. p. 4.

gonismo na criação e no reconhecimento de direitos fundamentais.

A licença parental, hoje tratada como vanguarda, representa um direito humano e fundamental para que o trabalhador (independentemente do gênero) alcance a dignidade humana e a valorização social do trabalho preconizados pela Constituição Federal.

REFERÊNCIAS BIBLIOGRÁFICAS

AEDO, Cristian. Evaluación econômica de la prolongación del postnatal. *Revista Chilena de pediatria*. v. 78, suplemento 1, Santiago, outubro 2007. p. 10-50. Disponível em: <http://www.scielo.cl/scielo.php?script=sci_arttext&pid=S0370-41062007000600003>. Acesso em: 1º.4.2014.

ALMEIDA, Dayse Coelho de. *Acesso à justiça e o jus postulandi das próprias partes no Direito do Trabalho*. Alcance da justiça ou quimera jurídica? São Paulo: Letras Jurídicas, 2012.

BARROS, Alice Monteiro de. *A mulher e o direito do trabalho*. São Paulo: LTr, 1995.

CANTELLI, Paula. *O trabalho feminino no divã*. São Paulo: LTr, 2007.

CASTRO, Eduarda Maria. *Licença parental*. 17.11.2011. Disponível em: <http://revolucionarparaflexibilizar.blogspot.com.br/2011/06/licenca-parental.html>. Acesso em: 1º.4.2014.

CHIARELLI, Carlos Alberto Gomes; GRAZZIOTIN, Marcelo Rugeri. *Trabalho na Constituição*. Direito individual com jurisprudência e Direito Comparado. 2. ed. São Paulo, 2012.

DELGADO, Mauricio Godinho. *Curso de Direito do Trabalho*. 13. ed. São Paulo: LTr, 2014.

DELGADO, Gabriela Neves; DELGADO, Mauricio Godinho. *Constituição da República e Direitos Fundamentais*. Dignidade da pessoa humana, Justiça Social e Direito do Trabalho. São Paulo: LTr, 2012.

FLORES, Joaquín Herrera. *Teoria Crítica dos Direitos Fundamentais*. Os direitos humanos como produtos culturais. Rio de Janeiro: Lumen Juris, 2009.

GAMBA, Juliane Caravieri Martins. Dignidade do trabalhador e políticas públicas: perspectivas no âmbito do estado ético. In: PIOVESAN, Flávia; CARVALHO, Luciana Paula Vaz de (coord.). *Direitos Humanos e Direito do Trabalho*. São Paulo: Atlas, 2010.

GEMIGNANI, Daniel; GEMIGNANI, Maria Aparecida Asta. A eficácia dos direitos fundamentais nas relações de trabalho. *Revista do Tribunal Regional do Trabalho da 3ª Região*. Belo Horizonte, v. 50, n. 80. p. 21-39, jul./dez.2009. p. 21-39.

GÓIS, Luiz Marcelo F. de. Discriminação nas relações de trabalho. In: PIOVESAN, Flávia; CARVALHO, Luciana Paula Vaz de (coord.). *Direitos Humanos e Direito do Trabalho*. São Paulo: Atlas, 2010.

INFORMATIVO N. 405 do Supremo Tribunal Federal. *Supremo Tribunal Federal*. Disponível em: <http://www.stf.jus.br/arquivo/informativo/documento/informativo405.htm>. Acesso em: 14.4.2014.

JOHNSON, Timothy R. B.; VAHRATIAN, Anjel. Maternity leave benefits in the United States: Today's economic climate underlines deficiencies. *Birth Issues in perinatal care*. volume 36, issue 3, september 2009. p. 177-179. Disponível em: <http://bvsalud.org/portal/resource/pt/mdl-11584797. Acesos em 1º.4.2014.

KAMERMAN, Sheila B. Políticas de licença maternidade, licença paternidade e licença parental: impactos potenciais sobre a criança e sua família. Rev ed. In: Tremblay RE, Boivin M, Peters RDeV, eds. *Enciclopédia sobre o Desenvolvimento na Primeira Infância* [on-line]. Montreal, Quebec: Centre of Excellence for Early Childhood Development e Strategic Knowledge Cluster on Early Child Development; 2012:1-4. Disponível em: <http://www.enciclopedia—crianca.com/documents/KamermanPRTxp1-Licenca.pdf>. Acesso em: 28.3.2014.

LEITÃO, Thaís. Ministra defende PEC que amplia licença-maternidade para todas as trabalhadoras. *Agência Brasil*. Disponível em: <http://memoria.ebc.com.br/agenciabrasil/noticia/2013-03-05/ministra-defende-pec-que-amplia-licenca-maternidade-para-todas-trabalhadoras>. Acesso em: 25.3.2014.

LERO, Donna S. Pesquisas sobre políticas de licença parental e implicações no desenvolvimento da criança para formuladores de políticas e provedores de serviços. In: Tremblay RE, Boivin M, Peters RDeV, eds. *Enciclopédia sobre o Desenvolvimento na Primeira Infância* [on-line]. Montreal, Quebec: Centre of Excellence for Early Childhood Development e Strategic Knowledge Cluster on Early Child Development; 2012:1-10. Disponível em: <http://www.enciclopedia-crianca.com/documents/LeroPRTxp1.pdf>. Acesso em: 28.3.2014.

LICENÇA PARENTAL — SÍNTESE. In: Tremblay RE, Boivin M, Peters RDeV, eds. *Enciclopédia sobre o Desenvolvimento na Primeira Infância* [on-line]. Montreal, Quebec: Centre of Excellence for Early Childhood Development e Strategic Knowledge Cluster on Early Child Development; 2012:i-iii. Disponível em: <http://www.enciclopedia-crianca.com/documents/sintese-licenca_parental.pdf>. Acesso em: 1º.4.2014.

LÔBO, Paulo. *Princípio da solidariedade familiar. Jus Navigandi*, Teresina, ano 18, n. 3.759, 16 out. 2013. Disponível em: <http://jus.com.br/artigos/25364>. Acesso em: 5 abr. 2014.

MANSUETI, Hugo Roberto. La constitucionalización de los derechos laborales y su significado actual. In: ZAINAGUI, Domingos Sávio (coord). *Revista de Direito do Trabalho —*

RDT. Ano 38, n. 148, out.-dez. 2012, São Paulo: Revista dos Tribunais, 2012. p. 51-82.

MELLO, Celso Antônio Bandeira de. *O conteúdo jurídico do princípio da igualdade*. 18. ed. São Paulo: Malheiros, 2011.

NATALIDADE: um quarto dos homens prescinde de licença parental obrigatória. *Barrigas de Amor* (Portugal). Disponível em: <http://barrigasdeamor.iol.pt/natalidade-um-quarto-dos-homens-prescinde-de-licenca-parental-obrigatoria/>. Acesso em: 1º.4.2014.

NOVELLI, Ana Lúcia Romero; BURITY, Antônio Carlos. Pesquisa de opinião pública nacional — DataSenado. Prorrogação da licença maternidade. *Secretaria Especial de Comunicação Social*. Disponível em: <http://www.senado.gov.br/noticias/datasenado/pdf/datasenado/DataSenado-Pesquisa-Licenca-Maternidade.pdf>. Acesso em: 26.3.2014.

PESSOA, Flávia Moreira Guimarães. Direito fundamental de proteção à maternidade e ampliação da licença-gestante. *Revista Âmbito Jurídico*, Rio Grande, XI, n. 59, nov. 2008. Disponível em: <http://www.ambito-juridico.com.br/site/index.php?n_link=revista_artigos_leitura&artigo_id=5240>. Acesso em: 25.3.2014.

PINHEIRO, Luana; GALIZA, Marcelo; FONTOURA, Natália. Novos arranjos familiares, velhas convenções sociais de gênero: licença parental como política pública para lidar com estas tensões. *Revista de Estudos Feministas*. Florianópolis, 17(3): 312, setembro-dezembro/2009, p. 851-959.

PESSOA, Flávia Moreira Guimarães. *Manual de metodologia do trabalho científico*: como fazer pesquisa em Direito Comparado. Aracaju: Evocati, 2009.

PIOVESAN, Flávia. Direito do Trabalho e a proteção dos Direitos Sociais nos planos Internacional e Constitucional. In: PIOVESAN, Flávia; CARVALHO, Luciana Paula Vaz de (coord.). *Direitos Humanos e Direito do Trabalho*. São Paulo: Atlas, 2010.

_____. *Direitos Humanos e Justiça Internacional*. 2. ed. São Paulo: Saraiva, 2011.

SARMENTO, Daniel. *Direitos Fundamentais e Relações Privadas*. Rio de Janeiro: Lumen Juris, 2004.

RAMALHO, Maria do Rosário Palma. *Direito do Trabalho*. Parte I. Dogmática Geral. Lisboa: Almedina, 2005.

_____. *Direitos humanos e o direito internacional*. 7. ed. São Paulo: Saraiva, 2006.

ROSSIN-SLATER, Maya; RUHM, Christopher; WALDFOGEL, Jane. The effects of California´s paid family leave program on mothers leave-taking and subsequent labor market outcomes. *National Institutes of health — US National Library of Medicine*. Disponível em: <http://www.ncbi.nlm.nih.gov/pmc/articles/PMC3701456/?tool=pubmed>. Acesso em: 1º.4.2014.

SABINO, João Filipe Moreira Lacerda. Os direitos fundamentais nas relações de trabalho. In: PIOVESAN, Flávia; CARVALHO, Luciana Paula Vaz de (coords.). *Direitos Humanos e Direito do Trabalho*. São Paulo: Atlas, 2010. SENADO FEDERAL. Disponível em: <http://senado.justica.inf.br/noticia/2006/06/valadares-propoe-transformacao-licenca-maternidade-parental>. Acesso em: 27.3.2014.

SCHELEDER, Adriana Fasolo Pilati; TAGLIARI, Renata Holzbach Tagliari. O princípio da solidariedade, a teoria humanista e os direitos humanos fundamentais como meios de valorização do afeto quando do estabelecimento de vínculos de filiação. *Anais do XVII Congresso Nacional do CONPEDI*, Brasília — DF, nov. 2008. Disponível em: <http://www.conpedi.org.br/manaus/arquivos/anais/brasilia/01_521.pdf>. Acesso em: 3.4.2014.

SOUZA, Allan Rocha de; CASTRO, Raul Murad Ribeiro de; ALMEIDA JÚNIOR, Vitor de Azevedo. Reprodução Assistida, autonomia privada e personalidade: a questão dos embriões. *Anais do Congresso Nacional do CONPEDI*. Disponível em: <http://www.conpedi.org.br/manaus/arquivos/anais/salvador/allan_rocha_de_souza.pdf>. Acesso em: 16.4.2014.

VAZ, Levi Rodrigues. O princípio do equilíbrio financeiro e atuarial no sistema previdenciário brasileiro. *Revista Direitos Fundamentais & Democracia*. v. 6, 2009. Disponível em: revistaeletronicardfd.unibrasil.com.br/>. Acesso em: 3.4.2014.

VENTURA, Miriam. Direitos reprodutivos no Brasil. *Fundo de População das Nações Unidas (UNFPA)*. Fevereiro 2004. Disponível em: <http://www.unfpa.org.br/Arquivos/direitos_reprodutivos.pdf>. Acesso em: 29.3.2014.

ZANFELICI, Tatiane Oliveira. Atenção à primeira infância Finlandesa e Brasileira: alternativas de atendimento, atendimentos alternativos. *Psicologia escolar e educacional*. v. 3, n. 2, Campinas, Jul-Dez 2009. Disponível em: <http://www.scielo.br/scielo.php?pid=S1413--85572009000200009&script=sci_arttext>. Acesso em: 29.3.2014.

O ADICIONAL DE PENOSIDADE SOB A ÓPTICA DA TEORIA CONSTITUCIONAL CONTEMPORÂNEA:
a efetivação dos direitos fundamentais

Bárbara Natália Lages Lobo[*]

1. INTRODUÇÃO

O presente artigo decorre da necessidade de se investigar a efetividade do direito ao recebimento de adicional pelo exercício de atividades penosas. Incluído no rol dos direitos fundamentais dos trabalhadores previstos no art. 7º da Constituição da República de 1988, o adicional de penosidade encontra-se disposto no inciso XXIII do mencionado artigo, figurando ao lado do direito ao pagamento de adicional de insalubridade e periculosidade. Entretanto, diferentemente das atividades perigosas e insalubres que se encontram reguladas pela CLT e por outros atos normativos expedidos pelo Executivo, através do Ministério do Trabalho e Emprego, as atividades penosas não encontram amparo infraconstitucional, o que acarreta a inefetividade do direito e prejuízos irreparáveis aos trabalhadores que se expõem a esse agente danoso a sua saúde.

A responsabilidade civil do Estado por omissão legislativa já foi objeto de estudo desta autora[1]; passa-se, portanto, à análise prática desta omissão relativamente ao exercício de atividades penosas, sob a óptica do Direito Constitucional Contemporâneo e de suas implicações na novel teoria de aplicabilidade das normas constitucionais.

Inicialmente, verificar-se-á a evolução das teorias de aplicabilidade das normas constitucionais, destacando-se na doutrina nacional aquelas elaboradas por José Afonso da Silva (2000) e Luís Roberto Barroso (2013), aquele como expoente do constitucionalismo brasileiro clássico e este como expoente do constitucionalismo brasileiro contemporâneo (ou neoconstitucionalismo, conforme será visto adiante).

Posteriormente, refletir-se-á sobre as implicações das teorias de aplicabilidade das normas constitucionais sobre a disciplina do adicional de penosidade, mediante análise da conceituação e previsão normativa, bem como as consequências jurisprudenciais da ausência de regulação da matéria pelo Legislativo.

Finalmente, concentra-se o presente artigo na investigação do adicional de penosidade sob a óptica da nova teoria de aplicabilidade das normas constitucionais, do instituto do ativismo judicial neste particular e de soluções possíveis para a imprevisão infraconstitucional do referido direito.

Investigou-se amplamente a teoria constitucional acerca da aplicabilidade das normas constitucionais, tema por muitos já refletido, mas que não perde a atualidade, diante da existência de direitos fundamentais que não são efetivos por ausência de regulação específica.

---
[*] Doutoranda e Mestre em Direito Público pela PUC-MG. Servidora do Tribunal Regional do Trabalho da 3ª Região. Professora de Direito e Processo do Trabalho.
[1] No artigo "Reflexões acerca da responsabilidade civil do Estado por omissão legislativa", as autoras Bárbara Natália Lages Lobo, Christiane Vieira Soares Pedersoli e Isabela Monteiro Gomes (2008) concluíram pela possibilidade de responsabilização extracontratual do Estado diante da omissão legislativa, quando comprovado dano em razão de sua inércia.

No que tange ao estudo do instituto da penosidade, verificou-se a escassez de referências sobre o tema, não se sabe se por desinteresse ou pela completa ineficácia do dispositivo constitucional. O presente artigo se apresenta como uma tentativa de superação desta lacuna doutrinária apresentando uma interessante reflexão sobre o tema.

2. TEORIAS DE APLICABILIDADE DAS NORMAS CONSTITUCIONAIS

A aplicabilidade das normas constitucionais é o núcleo do estudo da Teoria da Constituição, pois a efetividade da Constituição é o que alicerça a sua importância enquanto documento jurídico. A coesão entre os anseios filosóficos, políticos, econômicos, sociais e culturais da sociedade e a atuação estatal em garantir o caráter normativo imprescinde da efetivação das normas constitucionais. Entretanto a teoria constitucional clássica reconheceu a gradação destas quanto à aplicabilidade, o que acarretou a negativa do reconhecimento de eficácia a vários dispositivos constitucionais. Vejamos.

2.1 Teoria Constitucional Clássica

A teoria clássica norte-americana bipartia os dispositivos constitucionais em *self executing* e *non self executing* ("autoaplicáveis ou autoexecutáveis" e "não autoaplicáveis ou não autoexecutáveis" (BONAVIDES, 2003. p. 241), conforme sua autoaplicação, sendo que as primeiras dispensavam atuação regulatória infraconstitucional, enquanto esta era indispensável para a efetividade dos últimos.

Paulo Bonavides (2003. p. 242) reconhece o teórico norte-americano do século XIX Thomas Cooley como o principal expositor desta teoria, que reconhecia limitação à aplicabilidade das normas constitucionais.

Segundo o autor:

> Pode-se dizer que uma disposição constitucional é autoexecutável (*self executing*) quando nos fornece uma regra mediante a qual se possa fruir e resguardar o direito outorgado, ou executar o dever imposto, e que não é autoaplicável quando meramente indica princípio, sem estabelecer normas, por cujo meio se logre dar a esses princípios vigor de lei. (COOLEY apud BONAVIDES, 2003. p. 242).

Posteriormente, a teoria constitucional alemã do final da década de 1920, seguida pela doutrina constitucional italiana e brasileira, identificou três tipos de normas. Neste artigo, destacar-se-á a doutrina de José Afonso da Silva (2000), elaborada na década de 1960, que se apresenta como a expressão clássica da teoria constitucional nacional, difundida nos cursos e nas doutrinas jurídicas e que norteou e, ainda, direciona grande parte da hermenêutica constitucional pátria.

José Afonso da Silva (2000) consagrou suas conclusões acerca das características das normas constitucionais na obra "Aplicabilidade das Normas Constitucionais", na qual reconheceu o caráter tríplice destas, classificando-as em: normas constitucionais de eficácia plena, normas constitucionais de eficácia contida e normas constitucionais de eficácia limitada, podendo ser estas últimas de princípio institutivo ou de princípio programático.

O autor (SILVA, 2000. p. 81) reconhece a eficácia de todas as normas constitucionais, contudo a plenitude desta eficácia se apresenta variável relativamente à necessidade de sua complementação infraconstitucional para produção de efeitos.

Por considerar insuficiente a doutrina bipartite clássica, José Afonso da Silva (2000) acrescentou à tipologia normativa constitucional as normas de eficácia contida, cujos efeitos serão analisados a seguir.

Tal qual as normas *self executing*, as normas constitucionais de eficácia plena produzem direta, imediata e integralmente seus efeitos, prescindindo de normatização futura para tanto. É exemplo deste tipo normativo o art. 2º da Constituição da República: "Art. 2º — São Poderes da União, independentes e harmônicos entre si, o Legislativo, o Executivo e o Judiciário." (BRASIL, 1988).

As normas de eficácia contida, apesar de possuírem aplicabilidade imediata e direta, carecem da integralidade das normas de eficácia plena, pois são restringíveis por normatização futura. O art. 5º, inciso XIII, da Constituição da República de 1988 (BRASIL, 1988) é exemplo deste tipo de norma: "é livre o exercício de qualquer trabalho, ofício ou profissão, atendidas as qualificações profissionais que a lei estabelecer".[2]

---

[2] A interpretação das normas de eficácia contida ensejam diversas discussões, sobretudo no que tange à medida de sua restrição pelas normas infraconstitucionais. Exemplo recente que envolve a restrição ao disposto no art. 5º, XIII, da CR/1988, é o debate acerca da constitucionalidade da exigência de aprovação no Exame da Ordem dos Advogados do Brasil para o exercício da advocacia, prevista na Lei n. 8.906/1994 (BRASIL, 1994). A discussão ocorreu em sede de Recurso Extraordinário (RE n. 603.583) (BRASIL, 2011), com reconhecida repercussão geral, em que fora arguida a inconstitucionalidade da exigência de aprovação no exame, pois contrariaria a dignidade da pessoa humana e o direito ao livre exercício profissional. O Supremo

As normas constitucionais de eficácia limitada são denominadas por José Afonso da Silva (2000. p. 118) como normas constitucionais de princípio, subdividindo-as em normas de princípio institutivo ou organizativo, cuja característica principal "está no fato de indicarem uma legislação futura que lhes complete a eficácia e lhes dê efetiva aplicação" (SILVA, 2000. p. 123). O autor reconhece aqui a discricionariedade do legislador para atuação para regulação daquelas normas de caráter facultativo, muito embora reconheça José Afonso da Silva (2000. p. 128) que algumas dessas normas não possuem tal caráter, sendo impositivas, não permitindo ao legislador a análise da conveniência e oportunidade em sua elaboração.

O próprio constitucionalista (SILVA, 2000. p. 129) reconhece a inefetividade quanto ao caráter coativo do dever de legislação, mesmo após a previsão da ação direta de inconstitucionalidade por omissão pelo art. 103, § 2º, da Constituição da República de 1988[3], ante a irresponsabilidade do Legislativo, diante de sua inércia e a ausência de imposição de sanção, sob o respaldo do princípio da tripartição de poderes.

Conceber a irresponsabilidade do Legislativo ante a omissão inconstitucional do dever de legislar se apresenta extremamente danoso ao princípio de eficiência da Administração Pública, sendo contrário ao paradigma do Estado Democrático de Direito, pois impeditivo do exercício dos direitos fundamentais.

A segunda categoria das normas constitucionais de princípio é a de princípio programático, decorrente das constituições dirigentes, utilizando-se aqui José Afonso da Silva da concepção de José Joaquim Gomes Canotilho (SILVA, 2000), tal como a Constituição da República Federativa do Brasil de 1988, que guarda estreita relação com o paradigma do Estado Social, prevendo atuação estatal futura para a realização de seus fins sociais. Segundo esta teoria, inserem-se aqui os direitos sociais.

Neste ponto, permite-se a inclusão do adicional de penosidade, em conformidade com a teoria clássica de aplicabilidade das normas constitucionais, como norma programática "vinculada ao princípio da legalidade" (SILVA, 2000. p. 147), pois, dependente de lei que a regulamente.

Fundamentados nesta classificação, muitos magistrados e tribunais denegam aos trabalhadores o direito ao adicional de penosidade, conforme será visto em tópico próprio. Entretanto se apresenta urgente a mudança desta interpretação constitucional.

José Afonso da Silva afirma acerca dessas normas que:

> Cumpre apenas observar, por fim, que, nesses casos, quando a lei é criada, a norma deixa de ser programática, porque a lei lhe deu concreção prática — desde que, realmente, a lei o tenha feito, pois pode acontecer que a lei é igualmente tão abstrata que, no fundo, não muda nada. Mas não é a lei que cria as situações jurídicas subjetivas, pois estas encontram seu fundamento na própria norma constitucional que as estabelece. (SILVA, 2000. p. 148)

O próprio autor atribui a tarefa de efetivação das normas contidas no art. 7º ao juiz, tendo em vista a previsão de melhoria da condição social do trabalhador:

> Por exemplo, a Constituição Federal, no art. 7º, assegura aos trabalhadores os direitos ali enumerados, "além de outros que visem à melhoria de sua condição social". Esta última parte do dispositivo, como já salientamos, é de natureza programática, e, agora, podemos acrescentar que é daquelas que se limitam a indicar certo fim a atingir: a melhoria da condição social do trabalhador. A respeito desses outros direitos que podem ser outorgados aos trabalhadores o legislador ordinário tem ampla discricionariedade, mas, assim mesmo,

---

Tribunal Federal entendeu ser a exigência de aprovação no exame da OAB constitucional, em consonância com o disposto no art. 5º, XIII, da CR/1988, pois expressa o requisito de qualificação profissional previsto no aludido dispositivo.

(3) Importante discussão acerca da omissão do dever de legislar diz respeito à *inertia deliberandi*, que envolve a discussão e votação dos projetos de lei. Não há determinação legal de prazo para deliberação dos projetos de lei, sendo questionável o cabimento de ação direta de inconstitucionalidade por omissão nas hipóteses em que se constata a demora do Legislativo em apreciar os projetos de lei. É questão bastante controvertida, pois deve-se considerar que determinados projetos possuem matéria complexa, sendo necessário estudo e análise acurados para que se delibere acerca de sua aprovação. Entretanto, devem-se analisar os casos concretos. Hely Lopes Meirelles, Arnoldo Wald e Gilmar Ferreira Mendes obtemperam brilhantemente: "Essas peculiaridades da atividade parlamentar — que afetam, inexoravelmente, o processo legislativo — não justificam, todavia, uma conduta manifestamente negligente ou desidiosa das Casas Legislativas; conduta, esta, que pode pôr em risco a própria ordem constitucional. Não temos dúvida, portanto, em admitir que também a *inertia deliberandi* das Casas Legislativas pode ser objeto da ação direta de inconstitucionalidade por omissão. Assim, pode o STF reconhecer a mora do legislador em deliberar sobre a questão, declarando, assim, a inconstitucionalidade da omissão." (MEIRELLES; WALD; MENDES. 2009. p. 448). Esta posição, porém, não é adotada pelo STF, que não reconhece a omissão legislativa, se iniciado o processo legislativo.

está condicionado ao fim ali proposto — melhoria da condição social do trabalhador. Qualquer providência do Poder Público, específica ou geral, que contravenha a esse fim é inválida e pode ser declarada sua inconstitucionalidade pelo juiz, sendo de notar que este também goza de discricionariedade no determinar o conteúdo finalístico daquela regra programática, já que a Constituição não deu o sentido do que se deva entender por melhoria da condição social do trabalhador. O juiz a isso poderá chegar mediante interpretação da pauta de valor que lhe oferecem a ordem jurídica e, especialmente, os demais princípios programáticos e fundamentais inscritos na vigente Carta Magna. (SILVA, 2000. p. 159-160)

José Afonso da Silva (2000) enumera como instrumentos de eficácia constitucional dos direitos sociais as seguintes garantias: a) a aplicabilidade imediata dos direitos fundamentais prevista no art. 5º, § 1º, da CR/1988 ("As normas definidoras dos direitos e garantias fundamentais têm aplicação imediata." (BRASIL, 1988); b) o mandado de injunção, conforme art. 5º, LXXI, CR/1988 ("conceder-se-á mandado de injunção sempre que a falta de norma regulamentadora torne inviável o exercício dos direitos e liberdades constitucionais e das prerrogativas inerentes à nacionalidade, à soberania e à cidadania" (BRASIL, 1988); c) a ação direta de inconstitucionalidade por omissão prevista no art. 103, § 2º, CR/1988 ("Declarada a inconstitucionalidade por omissão de medida para tornar efetiva norma constitucional, será dada ciência ao Poder competente para a adoção das providências necessárias e, em se tratando de órgão administrativo, para fazê-lo em trinta dias." (BRASIL, 1988); e d) a iniciativa popular, em conformidade com o disposto no art. 61, § 2º, da CR/1988 ("A iniciativa popular pode ser exercida pela apresentação à Câmara dos Deputados de projeto de lei subscrito por, no mínimo, um por cento do eleitorado nacional, distribuído pelo menos por cinco Estados, com não menos de três décimos por cento dos eleitores de cada um deles." (BRASIL, 1988)

A nova teoria constitucional apresenta outra forma de tornar efetivos os direitos sociais. Passa-se ao seu estudo.

2.2 Constitucionalismo contemporâneo

A conformação com a "impotência" diante da inércia legislativa na regulamentação dos direitos fundamentais inseridos no rol dos direitos sociais é o que diferencia a concepção clássica de aplicação das normas constitucionais da concepção contemporânea. A essa nova forma de se interpretar a efetividade do Direito Constitucional os doutrinadores estão chamando "neoconstitucionalismo".

"Neoconstitucionalismo" é o Direito Constitucional inserido no paradigma do Estado Democrático de Direito, alicerçado no reconhecimento e na defesa da dignidade da pessoa humana, visando à concretização dos direitos fundamentais. Não se vislumbra a necessidade do neologismo, pois a doutrina Pós-Positivista proporcionou esta mudança filosófica e hermenêutica do Direito Constitucional, mediante a concepção deontológica dos princípios com o reconhecimento da normatividade e constitucionalização destes.

A alteração proposta pelo neoconstitucionalismo não é a na teoria constitucional em si, mas sim na Hermenêutica Constitucional, o que é proporcionado pela mutação constitucional fundamentada na força normativa da Constituição (HESSE, 1991), a partir da atividade dos seus intérpretes[4], ganhando relevância, neste particular, a atuação do Judiciário. Nesse prisma, importa analisar de que forma ocorre esta atuação, denominada ativismo judicial.

O "ativismo judicial" tem duas facetas decorrentes da necessidade de observância dos seus limites, uma negativa e outra positiva: a faceta negativa se mostra como um retorno ao Positivismo, mediante a solução de casos concretos de forma arbitrária, ante a ausência de leis que regulamentem a situação concreta, ignorando-se os direitos fundamentais.[5]

Entretanto o ativismo judicial tem sua faceta positiva, mediante a concretização de direitos fundamentais, através da solução dos chamados "*hard cases*" (DWORKIN, 2002), quais sejam, aqueles casos em que há colisão de princípios, e a situação concreta é desprovida de texto legal específico. Nessas situações, compete ao Judiciário,

---

(4) Importante destacar a importância da teoria de Peter Häberle (1997) que reconhece a sociedade aberta de intérpretes da Constituição, não considerando os magistrados como únicos legitimados às tarefas correlatas à Hermenêutica Constitucional.

(5) Sobre os limites da mutação constitucional disserta Marcelo Casseb Continentino: "O objetivo geral é evitar aquela situação, retradada por Hsu Dau-Lin, em que os juízes norte-americanos, durante a guerra civil, foram tão longe na interpretação da cláusula sobre o direito de guerra e consequente restrição de direitos fundamentais, que praticamente suspenderam a eficácia da Constituição, conduzindo-se numa prática de difícil justificação sobre os próprios limites da ação. Não por outro motivo, vem de longa data a preocupação sobre como a interpretação conforme a Constituição pode representar um sutil instrumento às mãos do Poder Judiciário para implementar mudanças legislativas e, pior, desvirtuar a própria vontade do povo e dos seus representantes". (CONTINENTINO, 2009. p. LIII).

mediante a aplicação dos princípios, a solução da situação concreta.

A relevância do Direito Constitucional contemporâneo (como visto, denominado Neoconstitucionalismo) para a solução desses casos é inegável. Neste ponto reside a necessidade de um novo pensar acerca da teoria de aplicabilidade das normas constitucionais.

Salienta-se o caráter precursor da teoria elaborada por Luís Roberto Barroso por adotar, na década de 1980, uma postura radical quanto à efetividade das normas constitucionais, assim a conceituando:

> A ideia de efetividade expressa o cumprimento da norma, o fato real de ela ser aplicada e observada, de uma conduta humana se verificar na conformidade de seu conteúdo. Efetividade, em suma, significa a realização do Direito, o desempenho concreto de sua função social. Ela representa a materialização, no mundo dos fatos, dos preceitos legais e simboliza a aproximação, tão íntima quanto possível, entre o *dever-ser* normativo e o *ser* da realidade social. (BARROSO, 2011. p. 243)

Luís Roberto Barroso enumera como pressupostos para a efetividade da Constituição os seguintes: senso de realidade, boa técnica legislativa, vontade política e o exercício da cidadania (BARROSO, 2011. p. 244). Estes dois últimos pressupostos possuem extrema importância para a doutrina publicista que analisa a eficiência da atuação do Poder Público, bem como o direito à participação.

Conjuntamente, tais pressupostos implicam a seguinte conclusão: à sociedade compete exigir e fiscalizar a atuação estatal; ao Estado é imperativa a resposta aos anseios sociais. A prática reiterada da consciência política atenuará a linha divisória existente entre o Estado e a sociedade, mediante o reconhecimento pelos cidadãos da sua importância diretiva do Poder Público. Somente com essa mudança de mentalidade, ou seja, através de uma profunda alteração cultural política brasileira é que se conseguirá o desempenho ótimo da Administração Pública e a possibilidade de se extinguir institutos administrativos negativos, tais como, improbidade administrativa, corrupção, patrimonialismo e nepotismo.

A consciência de que inexiste separação entre Estado e sociedade e que o Estado "somos nós" é a única solução possível para a modificação da política brasileira, o que somente ocorrerá quando se abandonar a letargia democrática e a falsa ideia de que a única arma de cidadania possível é o voto.

Atualmente, participação e eficiência figuram de forma tímida no imaginário popular, mas se apresentam muito difundidas no Judiciário sob a forma de ações judiciais que visam à concretude dos preceitos constitucionais. Destaca-se aqui a judicialização da saúde, as ações que visaram à discussão das ações afirmativas no âmbito da Educação[6]; o debate acerca do direito à moradia; constitucionalização do Direito Civil mediante o reconhecimento de novas formas de composição familiar[7], dentre outras.

Por esta óptica, pretende-se estudar o direito constitucional ao recebimento de adicional pelo exercício de atividades penosas.

3. ADICIONAL DE PENOSIDADE

A produção doutrinária acerca do adicional de penosidade é escassa. Os doutrinadores justrabalhistas o citam, limitando-se a reconhecer a ausência de sua regulação[8]. A doutrina constitucional raramente o menciona, limitando-se a tratar de forma genérica sobre a efetivação dos direitos sociais.

Diante dessa carência doutrinária e considerando a importância da discussão, este artigo abordará, de forma pormenorizada, os seguintes aspectos do adicional de penosidade: conceito, previsão normativa e análise jurisprudencial.

3.1 Conceito e previsão normativa

A Constituição da República de 1988 dispõe no art. 7º, XXIII:

> Art. 7º São direitos dos trabalhadores urbanos e rurais, além de outros que visem à melhoria de sua condição social:
>
> (...)
>
> XXIII — adicional de remuneração para as atividades penosas, insalubres ou perigosas, na forma da lei. (BRASIL, 1988)

A conceituação das atividades penosas é tarefa difícil, pois deve considerar o contexto em que

---

(6) Estas ações (Ação Direta de Inconstitucionalidade n. 3.330, Arguição de Descumprimento de Preceito Fundamental n. 186 e o Recurso Extraordinário n. 597.285) foram objeto de acurado estudo por esta autora na obra *O Direito à Igualdade na Constituição Brasileira*: comentários ao Estatuto da Igualdade Racial e a constitucionalidade das ações afirmativas na Educação (LOBO, 2013).

(7) Destaca-se o Recurso Extraordinário n. 477.554, em que o STF reconheceu às uniões homoafetivas o caráter de instituição familiar.

(8) A título de exemplo: Sérgio Pinto Martins (2012).

o trabalho está envolvido. Alguns doutrinadores elaboram definições.

Alexandre Belmonte afirma que:

> Em relação às atividades penosas, a norma revela-se de eficácia limitada, porquanto dependente de regulamentação legal específica, ainda inexistente. Há, por conseguinte, dissenso doutrinário acerca das atividades que se incluiriam na tipificação penosa, mas há consenso de que as atividades que demandam esforço físico, postura incômoda, alternância de horários, confinamento e isolamento, captura e sacrifício de animais são de natureza penosa, nada impedindo assim a respectiva inserção em acordos ou convenções coletivas para fins de tratamento diferenciado. (BELMONTE, 2009. p. 422)

Sérgio Pinto Martins (2012. p. 682) conceitua as atividades penosas como aquelas que acarretam "um desgaste maior do que o normal" à integridade física dos trabalhadores.

As atividades insalubres e perigosas estão previstas na Consolidação das Leis do Trabalho (BRASIL, 1943), que, no art. 192, atribui ao Ministério do Trabalho e Emprego a competência para adoção das normas reguladoras do exercício destas atividades.

As atividades insalubres são remuneradas com adicionais de 10%, 20% ou 40% do salário mínimo da região[9], de acordo com o grau de exposição do agente, mínimo, médio ou máximo, respectivamente. Os agentes de insalubridade estão previstos na Portaria n. 3.214/78 (BRASIL, 1978), na Norma Regulamentadora (NR) — 15, expedida pelo Ministério do Trabalho e Emprego.

São atividades insalubres as atividades que exponham os trabalhadores ao desgaste da sua saúde, notadamente, pela exposição aos seguintes agentes, conforme padrões de tempo e outros fatores de medida, por exemplo, nível de ruído, temperatura, pressão, profundidade: ruído contínuo ou intermitente, calor, radiações ionizantes, trabalhos em condições hiperbáricas (ou seja, nos quais há alteração da pressão atmosférica), radiações não ionizantes, vibrações, frio, umidade, agentes químicos, poeiras, agentes biológicos.

As atividades perigosas são aquelas que expõem os trabalhadores, ainda que de forma intermitente, ao risco de morrer. Tais atividades são remuneradas com adicional de 30% sobre o salário, conforme art. 193 da CLT (BRASIL, 1943). Inicialmente, a CLT somente previa como atividades e operações perigosas aquelas que envolviam explosivos e inflamáveis. A Lei n. 7.369/85 (BRASIL, 1985) também reconheceu o direito ao adicional de periculosidade pelo exercício de atividade no setor de energia elétrica.

Recentemente, a Lei n. 12.740/2012 (BRASIL, 2012) acrescentou ao art. 193 da CLT como atividades perigosas aquelas que envolvam roubos ou outras espécies de violência física nas atividades profissionais de segurança pessoal ou patrimonial.

Dessa forma, tem-se que as atividades insalubres e perigosas são aquelas que envolvem gradual ou abruptamente riscos à saúde física dos trabalhadores.

Entretanto, diante da evolução da Psicologia e da Psiquiatria, tem-se que o trabalho é uma das principais fontes de desenvolvimento de enfermidades mentais, sendo premente a preocupação com a saúde psicológica dos trabalhadores.

Há atividades que expõem os trabalhadores a consideráveis agentes de estresse, por exemplo, o trânsito, a altura, o contato com cadáveres, mau cheiro, pressão para o desempenho de tarefas, isolamento, digitação constante, dentre outros[10].

---

(9) Questão extremamente controvertida da atualidade diz respeito à base de cálculo do adicional de insalubridade, em face da vedação constitucional de vinculação do salário mínimo para qualquer fim, prevista no art. 7º, IV, da CR/1988. Diante da existência de várias decisões judiciais dissidentes quanto à base de cálculo do adicional de insalubridade, ora aplicando o salário mínimo, ora aplicando o salário básico, o Supremo Tribunal Federal editou a Súmula Vinculante n. 4 no seguinte sentido: "Salvo nos casos previstos na Constituição, o salário mínimo não pode ser usado como indexador de base de cálculo de vantagem de servidor público ou de empregado, nem ser substituído por decisão judicial." (BRASIL, 2008). Em virtude da edição desta súmula vinculante, o Tribunal Superior do Trabalho retificou a Súmula 228, estabelecendo: "ADICIONAL DE INSALUBRIDADE. BASE DE CÁLCULO (redação alterada na sessão do Tribunal Pleno em 26.6.2008) — Resolução n. 148/2008, DJ 4 e 7.7.2008 — Republicada DJ 8, 9 e 10.7.2008. SÚMULA CUJA EFICÁCIA ESTÁ SUSPENSA POR DECISÃO LIMINAR DO SUPREMO TRIBUNAL FEDERAL — Resolução n. 185/2012, DEJT divulgado em 25, 26 e 27.9.2012. A partir de 9 de maio de 2008, data da publicação da Súmula Vinculante n. 4 do Supremo Tribunal Federal, o adicional de insalubridade será calculado sobre o salário básico, salvo critério mais vantajoso fixado em instrumento coletivo.". (BRASIL, 2012). Sendo assim, até que seja devidamente regulado por ato normativo, a base de cálculo do adicional de insalubridade é o salário básico do trabalhador, exceto se existente norma coletiva mais benéfica.

(10) O TRT da 15ª Região emitiu inúmeras decisões em que considera o caráter penoso do serviço de corte de cana proferidas pelo Juiz Relator Fabio Allegretti Cooper. As decisões demonstram a sensibilidade dos magistrados com a situação vivenciada pelos trabalhadores rurícolas. *In verbis*, a decisão proferida no RO n. 828-36.2010.5.15.0120: RURÍCOLA — CORTE DE CANA — SERVIÇO ESTAFANTE E PENOSO — AMPLIAÇÃO DE JORNADA — PAGAMENTO DO VALOR HORA E ADICIONAL — PERTINÊNCIA. É fato incontroverso que o reclamante trabalhava no corte de cana de açúcar, *serviço penoso* que exige grande esforço físico, destreza no manejo do facão, movimentação corporal intensa, para abraçar o feixe de cana, inclinação para golpes certeiros com emprego de força suficiente para cortá-la rente ao chão. Em seguida abraça o feixo de cana para lançá-la no meio do eito, exigindo grande mobilidade durante toda a jornada, porque o eito normalmente é de cinco

O desempenho contínuo dessas atividades acarreta o adoecimento profissional.

O Ministério da Saúde do Brasil e a Organização Pan-Americana de Saúde no Brasil elaboraram o Manual de Procedimentos para os Serviços de Saúde, em que se listou as doenças mentais relacionadas ao trabalho que acarretam a concessão de auxílio-doença e aposentadoria por invalidez por transtornos mentais crônicos.

As alterações fisiológicas se apresentam na forma de tensão, estafa, distúrbios do sono, podendo evoluir para psicopatologias mais graves, tais como depressão, síndrome do pânico, *burnout* (síndrome do esgotamento profissional) e síndromes pós-traumáticas[11] (BRASIL, 2001).

Assim, tem-se que a penosidade envolve o desenvolvimento de atividades que colocam em risco a saúde mental dos trabalhadores, o que acarreta também o adoecimento físico, em virtude da psicossomatização. Por exemplo, o alcoolismo, segundo o estudo do Ministério da Saúde (BRASIL, 2001. p. 175), tem sido observado prevalentemente em algumas profissões que envolvem o desprestígio ou a rejeição social (tais como lixeiros e coveiros), grandes níveis de tensão frente à violência, à monotonia e/ou ao afastamento do lar.

Episódios depressivos, por seu turno, são recorrentes nos trabalhadores que desempenham as seguintes atividades: "digitadores, operadores de computadores, datilógrafas" (BRASIL, 2001. p. 178), dentre outras.

Estados de estresse são presentes em atividades desenvolvidas por trabalhadores que têm sob sua responsabilidade vidas humanas, por exemplo, responsáveis por transporte aéreo, bombeiros, médicos, enfermeiros etc. O ritmo de trabalho acelerado, alterações constantes da jornada de trabalho, bem como sua extrapolação e desrespeito aos intervalos para refeição e descanso acarretam a neurastenia[12] (BRASIL, 2001. p. 184).

Assim como as atividades insalubres, será necessária avaliação técnica específica para que se verifiquem diversos graus de penosidade, de acordo com a ocupação do trabalhador e a exposição ao agente penoso.

Considerando-se a existência de estudos classificatórios de doenças ocupacionais que afetam a saúde psicológica dos trabalhadores e o inegável desgaste mental que elas acarretam, é possível que o Legislativo regule as atividades penosas, se apresentando como desarrazoada a sua inércia. Diante desse quadro, visa-se a verificar a aplicação prática do adicional de penosidade, apesar da omissão legislativa.

3.2 Omissão infraconstitucional e regulação do adicional de penosidade

Há um número considerável de trabalhadores brasileiros que se veem tolhidos do recebimento do adicional de penosidade, diante da ausência de sua regulação. Entretanto algumas categorias de trabalhadores encontram respaldo para a concessão do adicional de penosidade nos Acordos Coletivos de Trabalho e nas Convenções Coletivas de Trabalho.

Por exemplo, no Dissídio Coletivo de Greve n. 5.761-36.2013.5.00.0000 (BRASIL, 2013) ajuizado pelas Centrais Elétricas Brasileiras S/A (ELETROBRAS) e por outras em desfavor da Federação Nacional

---

ruas, além de trabalhar sob sol intenso, como em dias de chuva que, na cana queimada, deixa-o impregnando de carvão. O preço do serviço é por metro ou tonelada, cuja remuneração é baixa, exigindo grande produção diária, inclusive com ampliação de jornada, para que no final da semana, quinzena ou mês se obtenha uma remuneração um pouco melhor. *Todo este esforço é responsável por fadiga e estafa física, tendo levado considerável número de trabalhadores à morte por exaustão.* É natural que ao final da jornada normal, o trabalhador já extenuado fisicamente, produz menos. No período de tempo de ampliação da jornada a produção será menor ainda, se comparada ao período em que estava fisicamente mais disposto. Neste contexto, remunerar o excesso à jornada normal apenas com o adicional não é justo nem razoável. Daí porque, tem-se que é devido que se pague a hora e o adicional. Recurso Ordinário do reclamante a que se dá provimento. (BRASIL, 2013, grifo nosso).

(11) Acerca dessas doenças há vasto estudo visando à sua caracterização para viabilizar a realização de diagnósticos: "Contextos de trabalho particulares têm sido associados a quadros psicopatológicos específicos, aos quais são atribuídas terminologias específicas. Seligmann-Silva propõe uma caracterização para alguns casos clínicos já observados. Um exemplo é o burn-out, síndrome caracterizada por exaustão emocional, despersonalização e autodepreciação. Inicialmente relacionada a profissões ligadas à prestação de cuidados e assistência a pessoas, especialmente em situações economicamente críticas e de carência, a denominação vem sendo estendida a outras profissões que envolvem alto investimento afetivo e pessoal, em que o trabalho tem como objeto problemas humanos de alta complexidade e determinação fora do alcance do trabalhador, como dor, sofrimento, injustiça, miséria (Seligmann-Silva, 1995). Outro exemplo são as síndromes pós-traumáticas que se referem a vivências de situações traumáticas no ambiente de trabalho, nos últimos tempos cada vez mais frequentes, como, por exemplo, o grande número de assaltos a agências bancárias com reféns." (BRASIL, 2001. p. 162).

(12) O Ministério da Saúde (2001. p. 184) assim define a neurastenia: "A característica mais marcante da síndrome de fadiga relacionada ao trabalho é a presença de fadiga constante, acumulada ao longo de meses ou anos em situações de trabalho em que não há oportunidade de se obter descanso necessário e suficiente. A fadiga é referida pelo paciente como sendo constante, como acordar cansado, simultaneamente física e mentalmente, caracterizando uma fadiga geral. Outras manifestações importantes são: má qualidade do sono, dificuldade de aprofundar o sono, despertares frequentes durante a noite, especificamente insônia inicial, dificuldade para adormecer ou "a cabeça não consegue desligar", irritabilidade ou falta de paciência e desânimo. Outros sintomas que podem fazer parte da síndrome são: dores de cabeça, dores musculares (geralmente nos músculos mais utilizados no trabalho), perda do apetite e mal-estar geral. Trata-se, em geral, de um quadro crônico."

dos Urbanitários da CUT — FNU-CUT — e outras federações e sindicatos foi celebrado acordo, válido de maio de 2013 a abril de 2015, para estipular as condições de trabalho das diversas categorias dos profissionais que atuam no setor de produção e distribuição de energia elétrica. Na cláusula 28ª do mencionado acordo consta a previsão da concessão do adicional de penosidade para todos os empregados que trabalhem em regime de turnos de revezamento, *in verbis*:

> CLÁUSULA VIGÉSIMA OITAVA — ADICIONAL DE PENOSIDADE
>
> As empresas signatárias deste Acordo concordam com a concessão do Adicional de Penosidade (turnos de revezamento) para todos os empregados que efetivamente estejam em regime ininterrupto de turnos de revezamento, pelo percentual de 7,5% (sete e meio por cento) calculado sobre o salário-base, acrescido do Adicional por Tempo de Serviço (ATS). (BRASIL, 2013)

Alguns projetos de lei foram apresentados, sendo relevante o de número 7.083/2002, apresentado pelo deputado Paulo Paim, que visa a disciplinar a jornada de trabalho e conceder adicional de penosidade aos motoristas e cobradores de transportes coletivos urbanos. Neste projeto há a conceituação das atividades penosas, bem como a fixação de adicional correspondente a, no mínimo, 30% do salário efetivamente percebido. Aduz o art. 3º do projeto:

> Art. 3º O exercício das atividades objeto desta lei assegura a percepção de adicional de penosidade correspondente a, no mínimo, 30% (trinta por cento) do salário efetivamente percebido.
>
> Parágrafo único. Atividades penosas são aquelas que, por sua natureza, condições ou métodos de trabalho, expõem os empregados a condições de estresse e sofrimento físico e mental. (BRASIL, 2002a)

Foi apresentado também o Projeto de Lei n. 7.097/2002, que visa à instituição do Código Brasileiro de Segurança e Saúde no Trabalho, que contém em seu art. 29 a seguinte previsão: "Art. 29. Serão consideradas atividades penosas as operações que, por sua natureza, condições ou métodos de trabalho produzam situações antiergonômicas acentuadas aos trabalhadores, a serem definidas pelo CONSEST." (BRASIL, 2002b).

Dentre os projetos de lei que visam a disciplinar o adicional de penosidade, merece destaque também o de n. 4.243/2008, apresentado pelo deputado Maurício Rands, que propõe a alteração da CLT, com a inserção do art. 196-A, conceituando as atividades penosas e conferindo ao Ministério do Trabalho e Emprego a competência para aprovar o quadro destas atividades.

O adicional previsto no mencionado projeto de lei é de 25% sobre a remuneração do empregado. *In verbis*:

> Art. 196-A. Considera-se penoso o trabalho exercido em condições que exijam do trabalhador esforço físico, mental ou emocional superior ao despendido normalmente, nas mesmas circunstâncias, ou que, pela postura ou atitude exigida para seu desempenho, sejam prejudiciais à saúde física, mental e emocional do trabalhador.
>
> § 1º O trabalho em atividades penosas ensejará a percepção do adicional de 25% (vinte e cinco por cento) sobre a **remuneração do empregado**, observado o disposto nos arts. 457 e 458 do Estatuto Consolidado, independentemente de receber ou fazer jus a outros adicionais. (BRASIL, 2008, grifo nosso).

No que tange à novel previsão normativa do mencionado projeto de lei de utilização como base de cálculo do adicional de penosidade a remuneração do empregado, verifica-se a consonância com a norma constitucional contida no art. 7º, XXIII. Muito embora existam alguns autores que entendem como correta a incidência do adicional sobre o salário-base, e não sobre a remuneração, ao argumento de que se afiguraria como excessiva e desproporcional, em desconformidade com a legislação e *práxis* trabalhista, configurando *bis in idem*[13].

Contudo, a tentativa de se estabelecer outras bases de cálculo para os adicionais de periculosidade, insalubridade e penosidade distanciam-se da norma contida na Constituição da República de 1988. Neste sentido, destacam-se os ensinamentos de Maria Cecília Máximo Teodoro e Gustavo Magalhães de Paula Gonçalves Domingues:

> A partir da dicção do preceito constitucional resta clarividente que as parcelas trabalhistas em estudo consistem em adicional de *remuneração*. A simples leitura do texto constitucional não deixa dúvidas de que as mencionadas alíquotas devem incidir sobre a totalidade das parcelas econômicas recebidas mensalmente pelo empregado, ou seja, a remuneração. Esta entendida como o pagamento realizado diretamente por parte do

---

(13) "A integração de qualquer adicional ou gratificação no salário básico ou normal acarretaria, absurdamente, um *bis in idem*, já que a prestação suplementar passaria a incidir sobre a soma daquele salário com o adicional ou gratificação a ele incorporado. Por isso mesmo a jurisprudência trabalhista se tornou tranquila a respeito." (SÜSSEKIND, 2003. p. 352).

empregador — salário em sentido estrito —, assim como parcelas recebidas por terceiros em virtude da execução de seus serviços. (...). Ou seja, a redação constitucional é incompatível com quaisquer restrições infraconstitucionais à base de cálculo de tais adicionais de remuneração, cujas alíquotas deverão incidir sobre todas as parcelas remuneratórias auferidas mensalmente pelo empregado (TEODORO; DOMINGUES, 2011).

Quanto aos servidores públicos civis da União, há na Lei n. 8.112/1990 (BRASIL, 1990) a previsão do adicional de penosidade, também pendente de regulação futura, conforme disposto no art. 71: O adicional de atividade penosa será devido aos servidores em exercício em zonas de fronteira ou em localidades cujas condições de vida o justifiquem, nos termos, condições e limites fixados em regulamento.

Entretanto a regulamentação também não ocorreu de maneira geral[14], não há previsão, por exemplo, da aplicação aos servidores do Poder Judiciário, pois somente o Ministério Público da União, por meio da expedição pela Procuradoria Geral da República das Portarias ns. 633 e 654, regulamentou a concessão do adicional de penosidade, no âmbito do serviço público federal[15][16].

Outros projetos de lei versam sobre a matéria[17], porém todos estão pendentes de votação, configurando-se a *inertia deliberandi*, acima estudada.

---

(14) A ausência de regulação do art. 71 da Lei n. 8.112/1990 ensejou a propositura do Mandado de Injunção n. 5.974-DF, decidido em dezembro de 2013 (BRASIL, 2013). A impetrante é servidora pública federal, ocupante do cargo de professora na UNIPAMPA, lotada na cidade de Jaguarão, fronteiriça com o Uruguai. Por não receber o adicional de penosidade, a autora impetrou mandado de injunção alegando omissão legislativa. Contudo, o STF não conheceu da ação, ao fundamento de que não há previsão constitucional do pagamento do adicional de penosidade aos servidores públicos, pois, no art. 39, § 3º, da CF/1988, não há a inclusão do inciso XXIII do art. 7º.

(15) O Ministério Público da União, por meio do art. 1º, § 2º, da Portaria PGR/MPU n. 633, de 10 de dezembro de 2010, com a redação dada pela Portaria PGR/MPU n. 654, de 30 de outubro de 2012, regulamenta as zonas de fronteira e áreas cujo desempenho do trabalho ensejam o pagamento do adicional de penosidade: § 2º Consideram-se localidades cujas condições de vida justifiquem a percepção do Adicional de Atividade Penosa aquelas situadas na faixa de até cento e cinquenta quilômetros de largura, ao longo das fronteiras terrestres, bem como aquelas localizadas na Amazônia Legal e no Semiárido Nordestino que tenham população inferior a trezentos mil habitantes, conforme dados do IBGE, e, ainda, as unidades situadas nos Estados do Acre, do Amapá, de Roraima e de Rondônia. (BRASIL, 2012).

(16) Na Ação Coletiva n. 53.764-61.2013.4.01.3400, ajuizada na Seção Judiciária do Distrito Federal, os servidores da Subseção Judiciária de Jequié, por meio do Sindjufe-BA, conseguiram, em sede de tutela antecipada, a determinação de aplicação analógica ao Poder Judiciário das Portarias ns. 633 e 654 do MPU, com percentual do adicional de penosidade fixado em 20% sobre o vencimento básico.

(17) São eles: Projeto de Lei n. 1.015/1988 e Projeto de Lei n. 774/2011.

Entende-se ser esta omissão inconstitucional, dada a natureza fundamental do direito à saúde dos trabalhadores, entretanto este não é o entendimento do Supremo Tribunal Federal.

3.3 Consequências da omissão legislativa quanto ao adicional de penosidade na jurisprudência

A omissão legislativa quanto ao adicional de penosidade acarreta, no plano fático, a ocorrência de casos difíceis em que se constata a colisão entre o princípio da legalidade e o princípio da proteção ao trabalhador, competindo ao Judiciário analisar qual o princípio aplicável à situação concreta.

Entretanto a maioria das decisões judiciais que envolvem a análise do direito ao recebimento do adicional de penosidade se mostra ainda presa à teoria clássica de aplicabilidade das normas constitucionais. Vejamos.

A 3ª Turma do Tribunal Superior do Trabalho, no agravo de instrumento de recurso de revista (AIRR) de n. 799-04.2010.5.01.0531, negou provimento ao pedido de condenação da ré ao pagamento do adicional de penosidade, ante a ausência de amparo legal e convencional: "ADICIONAL DE PENOSIDADE. O art. 7º, XIII, da Constituição Federal, no que tange ao adicional de penosidade, ostenta eficácia limitada, não oferecendo garantia ao seu recebimento enquanto não editada a legislação infraconstitucional." (BRASIL, 2013).

Muito embora a maioria das decisões judiciais ainda se incline à teoria constitucional ultrapassada de aplicabilidade das normas constitucionais e denegue a concessão do adicional de penosidade, de forma precursora, magistrados vêm aplicando a teoria constitucional contemporânea em seus julgados e julgando a procedência do pedido de pagamento do adicional. Passa-se à análise.

4. O ADICIONAL DE PENOSIDADE SOB A ÓPTICA DA NOVA TEORIA DE APLICABILIDADE DAS NORMAS CONSTITUCIONAIS

A ausência de produção legislativa para regulação do adicional de penosidade, como visto, é inconstitucional e extremamente danosa aos trabalhadores. Diante deste fato, é necessário que o Judiciário aplique a teoria constitucional contemporânea de efetivação dos direitos fundamentais para que os trabalhadores não se vejam prejudicados e/ou desamparados pelo desrespeito ao seu direito à saúde.

O ativismo judicial, neste particular, se apresenta de forma positiva, diante da exigibilidade de eficácia dos direitos fundamentais. Nos dizeres de Luís Roberto Barroso:

> A doutrina da efetividade serviu-se, como se deduz explicitamente da exposição até aqui desenvolvida, de uma metodologia *positivista*: direito constitucional é norma; e de um critério *formal* para estabelecer a exigibilidade de determinados direitos: se está na Constituição é para ser cumprido. O sucesso aqui celebrado não é infirmado pelo desenvolvimento de novas formulações doutrinárias, de base *pós-positivista* e voltadas para a fundamentalidade *material* da norma. Entre nós — talvez diferentemente do que se passou em outras partes —, foi a partir do novo patamar criado pelo constitucionalismo brasileiro da efetividade que ganharam impulso os estudos acerca do neoconstitucionalismo e da teoria dos direitos fundamentais. (BARROSO, 2011. p. 248)

Assim, é possível ao magistrado tornar efetivos os direitos sociais, a partir da aplicação das normas constitucionais que os estabelecem, ainda que não exista norma infraconstitucional que regule a situação concreta que se lhe apresenta.

Nesse diapasão, no que tange à aplicação judicial do adicional de penosidade, o juiz do trabalho José Marlon de Freitas, relator do Recurso Ordinário (RO) n. 186-98.2012.5.03.0129, aplicou a teoria constitucional contemporânea de aplicabilidade das normas constitucionais e reconheceu o direito de um empregado da Companhia de Saneamento de Minas Gerais — COPASA/MG — ao recebimento do adicional de penosidade, apesar da alegação pela ré de que o adicional não seria devido, diante da ausência de previsão legal do pagamento da referida verba. Reproduz-se abaixo a ementa do acórdão:

> EMENTA: *ADICIONAL DE PENOSIDADE. DIREITO SUBJETIVO ASSEGURADO NA CONSTITUIÇÃO DA REPÚBLICA DE 1988. EFETIVIDADE PELO PODER JUDICIÁRIO. A novel doutrina constitucionalista, em evolução pós-positivista da acepção dos direitos subjetivos protegidos constitucionalmente, reconhece a possibilidade de efetivação pelo Judiciário dos direitos subjetivos reconhecidos na Constituição da República. Ante a ausência de regulamentação legal do adicional de penosidade, e, estando o referido adicional previsto em norma coletiva, faz jus o trabalhador ao seu recebimento, pois comprovado o trabalho em condições penosas, tal como considerado na previsão normativa.* (BRASIL, 2013)

Esta decisão se apresenta em total consonância com a ideia de efetividade dos direitos fundamentais e normatividade mediante aplicação imediata das normas constitucionais que os preveem apresentada pelo constitucionalismo contemporâneo. Importante ideia exposta por Clèmerson Merlin Clève acerca do direito contemporâneo:

> Ora, a transformação da história opera-se pela própria história, ou seja, no plano concreto, no nível das relações de forças que dinamizam o tecido social, constituindo a própria materialidade do direito. Daí a necessidade de um saber que conheça o direito como ele é, como se apresenta em sua histórica concreção, para modificá-lo historicamente. As reconstruções ontológicas, neste caso, acompanharão as mutações históricas, e não o inverso. (CLÈVE, 2011. p. 144)

Dessa forma, o magistrado exerce a atividade jurisdicional em conformidade com o paradigma do Estado Democrático de Direito, não reduzindo a sua atuação como intérprete à prática de ser tão somente *la bouche de la loi*, conforme ocorria no paradigma do Estado Liberal, em que imperava a atividade do legislador em detrimento à atuação das demais funções estatais.

Os intérpretes constitucionais, destacando-se aqui as centrais sindicais, os advogados, juristas e os magistrados, devem se incumbir da tarefa de concretizar o direito ao adicional de penosidade. Na óptica da Teoria Constitucional contemporânea, independentemente da regulação do adicional de penosidade pelo Legislativo, sua efetividade deve ocorrer, enquanto direito fundamental, sem que isso represente ofensa ao princípio da tripartição de poderes. A omissão legislativa é inconstitucional; a efetivação do direito fundamental por seus intérpretes não.

5. CONCLUSÃO

O presente estudo analisou a alteração no Direito Constitucional contemporâneo relativamente à teoria de aplicabilidade das normas constitucionais, verificando a doutrina clássica de José Afonso da Silva e a obra de Luís Roberto Barroso, reconhecido como autor nacional que inaugurou o "Neoconstitucionalismo" nacional.

A diferença que se observa entre as duas teorias diz respeito à efetivação das normas constitucionais, mediante o reconhecimento de total normatividade e aplicabilidade das normas que expressam direitos fundamentais pela doutrina constitucional contemporânea.

Dessa forma é negado o caráter programático das normas que estabelecem os direito sociais, pois integrantes dos direitos fundamentais, se apresentando como lesivo aos indivíduos a negativa à fruição desses direitos, bem como a ausência e a letargia legislativa em viabilizar sua proteção.

Diante da constatada omissão por parte do Legislativo em tornar efetivos os direitos sociais por meio da elaboração das normas infraconstitucionais que o regulem, atribui-se esta tarefa aos demais intérpretes da Constituição, por meio dos instrumentos que são colocados à sua disposição para tanto, quais sejam: mandado de injunção, iniciativa popular e ação direta de inconstitucionalidade por omissão.

O Judiciário se destaca para a efetivação dos pilares do paradigma do Estado Democrático de Direito, ganhando relevância a sua atuação, em uma tarefa de ativismo judicial, observados os limites de sua competência para que não se configure a sua atuação como abuso de poder. O magistrado rompe, portanto, com a simples tarefa de dizer o direito e se torna peça fundamental para a efetividade dos direitos fundamentais mediante a concreção das disposições constitucionais.

Nesse prisma, verifica-se a importância da atuação judicial para efetivação do direito ao adicional pelo exercício de atividades penosas. Atividades penosas são aquelas que sujeitam os trabalhadores a um desgaste físico e mental excessivo, podendo acarretar doenças ocupacionais comprometedoras da saúde mental, tais como fadiga, estafa, estresse, depressão, etc. Embora exista a previsão deste direito no art. 7º, XXIII, da CR/1988, o mesmo não foi regulado por legislação infraconstitucional, diferentemente dos adicionais de insalubridade e periculosidade, previstos na CLT e em outras normas oriundas do Legislativo e do Executivo.

Assim, milhões de trabalhadores brasileiros que exercem suas atividades expostos a agentes penosos se veem tolhidos do recebimento de adicional em virtude deste exercício por essa inércia legislativa.

Não obstante a possibilidade de responsabilização do Legislativo por esta omissão, busca-se uma forma de garantir a esses trabalhadores o percebimento do seu direito, o que se faz possível sob a óptica da nova teoria constitucional, que é radical no sentido de concretização dos direitos fundamentais.

Espera-se que o Legislativo atue no sentido de viabilizar aos trabalhadores o recebimento de seu direito, mas, até que isso seja feito, não se pode retirar dos intérpretes da Constituição, sobretudo do Judiciário, a possibilidade de torná-lo efetivo, pois decorrente o adicional de penosidade do princípio da proteção, sendo direito fundamental do trabalhador o cuidado com a sua saúde e o direito à justa indenização, quando da ocorrência de dano.

REFERÊNCIAS BIBLIOGRÁFICAS

BARROSO, Luís Roberto. *Curso de direito constitucional contemporâneo*: os conceitos fundamentais e a construção do novo modelo. 3. ed. São Paulo: Saraiva, 2011.

BELMONTE, Alexandre. Arts. 7º ao 11. In: BONAVIDES, Paulo; MIRANDA, Jorge; AGRA, Walber de Moura (Coord.). *Comentários à Constituição Federal de 1988*. Rio de Janeiro: Forense, 2009. p. 389-466.

BONAVIDES, Paulo. *Curso de Direito Constitucional*. 13. ed. São Paulo: Malheiros, 2003.

BRASIL. Congresso Nacional. *Projeto de Lei n. 774/2011*. Institui o adicional de penosidade para os trabalhadores que prestam suas atividades em condições penosas. Dep. Dr. Aluizio. 2011. Disponível em: <http://www.camara.gov.br/proposicoesWeb/fichadetramitacao?idProposicao=495466>. Acesso em: 10 jan. 2014.

_____. *Projeto de Lei n. 1.015/1988*. Dispõe sobre o adicional de remuneração para as atividades penosas. Dep. Paulo Paim. 1988. Disponível em: <http://www.camara.gov.br/proposicoesWeb/fichadetramitacao?idProposicao=16143>. Acesso em: 10 jan. 2014.

_____. *Projeto de Lei n. 4.243/2008*. Acrescenta dispositivos à CLT — Consolidação das Leis do Trabalho, para dispor sobre atividades penosas, adicional de penosidade e dá outras providências. Dep. Maurício Rands. 2008. Disponível em: <http://www.camara.gov.br/proposicoesWeb/prop_mostrarintegra?codteor=610922&filename=PL+4243/2008>. Acesso em: 10 jan. 2014.

_____. *Projeto de Lei n. 7.083/2002*. Disciplina a jornada de trabalho e concede adicional de penosidade, aposentadoria especial e seguro obrigatório aos motoristas e cobradores de transportes coletivos urbanos. Dep. Paulo Paim. 2002a. Disponível em: <http://www.camara.gov.br/proposicoesWeb/prop_mostrarintegra;jsessionid=145C7855185CDF34BFBE3A58259E7DA8.node2?codteor=76126&filename=PL+7083/2002>. Acesso em: 10 jan. 2014.

_____. *Projeto de Lei n. 7.097/2002*. Institui o Código Brasileiro de Segurança e Saúde no Trabalho. Dep. Arnaldo Faria de Sá. 2002b. Disponível em: <http://www.camara.gov.br/proposicoesWeb/prop_mostrarintegra?codteor=76493&filename=PL+7097/2002>. Acesso em: 10 jan. 2014.

BRASIL. Ministério da Saúde do Brasil. Organização Pan-Americana da Saúde no Brasil. *Doenças relacionadas ao trabalho: manual de procedimentos para os serviços de saúde/* Ministério da Saúde do Brasil, Organização Pan-Americana da Saúde no Brasil; organizado por Elizabeth Costa Dias; colaboradores Idelberto Muniz Almeida *et al*. — Brasília: Ministério da Saúde do Brasil, 2001. Disponível em:

<http://dtr2001.saude.gov.br/editora/produtos/livros/pdf/02_0388_M1. pdf#page=162&zoom=auto,0,613>. Acesso em: 12 jan. 2014.

BRASIL. Ministério do Trabalho e Emprego. *Portaria do Ministério do Trabalho n. 3.214 de 8 de junho de 1978.* Aprova as Normas Regulamentadoras — NR — do Capítulo V, Título II, da Consolidação das Leis do Trabalho, relativas a Segurança e Medicina do Trabalho. Diário Oficial da União, Brasília, 6 jul. 1978. Disponível em: <http://portal.mte.gov.br/data/files/FF8080812BE914E6012BE96DD3225597/p_19780608_3214. pdf>. Acesso em: 20 dez. 2013.

BRASIL. Ministério Público da União. Procuradoria Geral da República. *Portaria n. 654, de 30 de outubro de 2012.* Brasília: PGR, 2012. Disponível em: <http://www.anajustra.org.br/arquivos/AtividadePenosa. pdf>. Acesso em: 12 jan. 2014.

BRASIL. Presidência da República. *Constituição (1988).* Constituição da República Federativa do Brasil, 1998. Disponível em: <http://<http://www. planalto.gov.br/ccivil_03/constituicao/constituicao.htm>. Acesso em: 15 jan. 2014.

_____. *Decreto-Lei n. 5.452, de 1º de maio de 1943.* Aprova a Consolidação das Leis do Trabalho. Disponível em: <http://<http://www. planalto.gov.br/ccivil_03/decreto-lei/del5452.htm>. Acesso em: 15 jan. 2014.

Lei n. 7.369, de 20 de setembro de 1985. Institui salário adicional para os empregados no setor de energia elétrica, em condições de periculosidade. Disponível em: <http:// www. planalto.gov.br/ccivil_03/leis/l7369.htm>. Acesso em: 15 jan. 2014.

Lei n. 8.112, de 11 de dezembro de 1990. Dispõe sobre o regime jurídico dos servidores públicos civis da União, das autarquias e das fundações públicas federais. Disponível em: <http://www. planalto.gov.br/ccivil_03/leis/l8112cons.htm>. Acesso em: 15 jan. 2014.

_____. *Lei n. 8.906, de 4 de julho de 1994.* Dispõe sobre o Estatuto da Advocacia e a Ordem dos Advogados do Brasil (OAB). Disponível em: <http:// www. planalto.gov.br/ccivil_03/leis/l8906.htm>. Acesso em: 15 jan. 2014.

_____. *Lei n. 12.740, de 8 de dezembro de 2012.* Altera o art. 193 da Consolidação das Leis do Trabalho — CLT, aprovada pelo Decreto-Lei n. 5.452, de 1º de maio de 1943, a fim de redefinir os critérios para caracterização das atividades ou operações perigosas, e revoga a Lei n. 7.369, de 20 de setembro de 1985. Disponível em: <http://www. planalto.gov.br/ccivil_03/_Ato2011-2014/2012/Lei/L12740.htm#art3>. Acesso em: 15 jan. 2014.

BRASIL. Supremo Tribunal Federal. *Acompanhamento Processual Recurso Extraordinário n. 603.583.* Brasília, 2012. Disponível em: <http:// www.stf.jus.br/portal/processo/verProcessoAndamento.asp?numero=603583&classe=RE&origem=AP&recurso=0&tipoJulgamento=M>. Acesso em: 15 jan. 2014.

_____. *Arguição de Descumprimento de Preceito Fundamental n. 186.* Disponível em: <http://www.stf.jus.br/portal/processo/verProcessoAndamento.asp?incidente=2691269>. Acesso em: 29 jul. 2010.

BRASIL. Supremo Tribunal Federal. Pleno. *Ação Direta de Inconstitucionalidade n. 3.330/DF.* Rel. Min. Ayres Britto. Publicada em 3 maio 2012. 2012a. Disponível em: <http://www.stf.jus.br/portal/processo/verProcessoAndamento.asp?incidente=2251887>. Acesso em: 27 maio 2012.

_____. *Mandado de Injunção n. 5.974/DF.* Rel. Min. Cármen Lúcia Antunes Rocha. Publicada em 3 dez. 2013. 2013. Disponível em: <http://www.stf.jus.br/portal/processo/verProcessoAndamento.asp?incidente=4478601>. Acesso em: 14 jan. 2014.

_____. *Recurso Extraordinário n. 477.554/MG.* Rel. Min. Celso de Mello. Publicada em 26.8.2011. Disponível em: <http://www.stf.jus.br/portal/processo/verProcessoAndamento.asp?incidente=2376061>. Acesso em: 27 maio 2012.

BRASIL. Supremo Tribunal Federal. *Recurso Extraordinário n. 597.285.* Disponível em: <http://www.stf.jus.br/portal/processo/verProcessoAndamento.asp?incidente=2662983>. Acesso em: 27 maio 2012.

_____. *Súmula Vinculante n. 4.* Brasília, 2008. Disponível em: <http:// www.stf.jus.br/portal/cms/verTexto.asp?servico=jurisprudenciaSumulaVinculante&pagina=sumula_001_032>. Acesso em: 15 jan. 2014.

BRASIL. Tribunal Regional do Trabalho da 3ª Região. *RO n. 186-98.2012.5.03.0129.* Rel. Juiz Convocado José Marlon de Freitas. DEJT, 7 jun. 2013. p. 244. Disponível em: < https://as1.trt3.jus.br/juris/consultaBaseCompleta.htm;jsessionid=8BA64AE8AF79A549B4C260DE36601CC0>. Acesso em: 10 jan. 2014.

BRASIL. Tribunal Regional do Trabalho da 15ª Região. *RO n. 828-36.2010.5.15.0120.* Rel. Fábio Allegretti Cooper. 18 abr. 2013. Disponível em: <http://consulta.trt15.jus.br/consulta/owa/pDecisao.wAcordao?pTipoConsulta=PROCESSO&n_idv=1333818>. Acesso em: 10 jan. 2014.

BRASIL. Tribunal Superior do Trabalho. *AIRR n. 799-04.2010.5.01.0531.* Rel. Ministro Alberto Luiz Bresciani de Fontan Pereira. Diário de Justiça, Brasília, 17 mai. 2013. Disponível em: <http://tst.jusbrasil.com.br/jurisprudencia/23270644/agravo-de-instrumento-em-recurso-de-revista-airr-79904201050310531-799-0420105010531-tst>. Acesso em: 10 jan. 2014.

_____. *Dissídio Coletivo de Greve (DC) n. 5.761-36.2013.5.00.0000.* Rel. Ministro Mauricio Godinho Delgado. Diário de Justiça, Brasília, 16 ago. 2013. Disponível em: <http://www.tst.jus.br/documents/10157/8c414470-27ce-43b6-b683-53ab1950a8aa>. Acesso em: 10 jan. 2014.

_____. *Súmula n. 228.* Adicional de Insalubridade. Base de Cálculo. Diário de Justiça, Brasília, 8, 9 e 10 jul. 2008. Disponível em: <http://www3.tst.jus.br/jurisprudencia/

Sumulas_com_indice/Sumulas_Ind_201_250.html#SUM-228>. Acesso em: 20 dez. 2013.

CLÈVE, Clèmerson Merlin. *O direito e os direitos:* elementos para uma crítica do direito contemporâneo. 3. ed. Belo Horizonte: Forum, 2011.

CONTINENTINO, Marcelo Casseb. Mutação constitucional. In: BONAVIDES, Paulo; MIRANDA, Jorge; AGRA, Walber de Moura (Coord.). *Comentários à Constituição Federal de 1988.* Rio de Janeiro: Forense, 2009. p. XLIII-LV.

DWORKIN, Ronald. *Levando os direitos a sério.* Tradução Nelson Boeira. São Paulo: Martins Fontes, 2002.

HÄBERLE, Peter. *Hermenêutica Constitucional:* A sociedade aberta dos intérpretes da Constituição. Porto Alegre: Sérgio Antônio Fabris, 1997.

HESSE, Konrad. *A força normativa da Constituição.* Porto Alegre: Sergio Antonio Fabriis, 1991.

LOBO, Bárbara Natália Lages; PEDERSOLI, Christiane Vieira Soares; GOMES, Isabela Monteiro. Reflexões acerca da responsabilidade civil do Estado por omissão legislativa. *Esfera Jurídica,* v. 2. p. 30-54, 2008.

LOBO, Bárbara Natália Lages. *O Direito à Igualdade na Constituição Brasileira:* Comentários ao Estatuto da Igualdade Racial e a constitucionalidade das ações afirmativas na Educação. Belo Horizonte: Fórum, 2013.

MARTINS, Sérgio Pinto. *Direito do Trabalho.* 28. ed. São Paulo: Atlas, 2012.

MEIRELLES, Hely Lopes; WALD, Arnoldo; MENDES, Gilmar Ferreira. *Mandado de Segurança e Ações Constitucionais.* 32. ed. São Paulo: Malheiros, 2009.

SILVA, José Afonso da. *Aplicabilidade das normas constitucionais.* 4. ed. São Paulo: Malheiros, 2000.

SÜSSEKIND, Arnaldo. *Instituições de direito do trabalho.* v. 1. 21. ed. São Paulo: LTr, 2003.

TEODORO, Maria Cecília Máximo; DOMINGUES, Gustavo Magalhães de Paula Gonçalves. Adicionais de insalubridade e periculosidade: Base de cálculo, cumulatividade e efeitos preventivo e pedagógico. In: Encontro Nacional do Conselho Nacional de Pesquisa e Pós-Graduação em Direito, 2011, Belo Horizonte, MG. *Anais do XX Encontro Nacional do CONPEDI FUMEC/Belo Horizonte.* Florianópolis: CONPEDI, 2011. Disponível em: <http://conpedi.org.br/conteudo. php?id=2>. Acesso em: 12. maio 2014.

O ENQUADRAMENTO SINDICAL DO TRABALHADOR TERCEIRIZADO A PARTIR DE UMA INTERPRETAÇÃO EVOLUTIVA DO CRITÉRIO LEGAL DE CONEXÃO PREVISTO NA CLT

Lilian Mariano Fontele Mota[*]
Konrad Saraiva Mota[**]

1. INTRODUÇÃO

Um dos mais relevantes problemas trazidos pela terceirização no campo do Direito Coletivo do Trabalho é o (in)adequado enquadramento sindical do trabalhador terceirizado.

Levando em conta que referido trabalhador mantém-se formalmente vinculado à empresa interposta, sua categoria profissional acaba por definir-se a partir da atividade econômica desenvolvida pelo empregador.

Acontece que seu labor é, de fato, executado no estabelecimento da tomadora de serviços. Esta possui seus próprios empregados que, a princípio, integram categoria profissional diversa daquela ocupada pelos trabalhadores terceirizados.

Dentro dessa perspectiva — que decorre de uma interpretação restritiva do art. 511 da Consolidação das Leis do Trabalho (CLT) — coexistem no mesmo espaço de trabalho empregados pertencentes a distintas categorias profissionais[1].

Inúmeras são as precariedades advindas dessa concepção, dada a manifesta fragmentação da solidariedade operária, culminando com indesejada crise de representatividade sindical. Sem falar na ausência de isonomia salarial, dificuldade de negociação coletiva e aplicação desequilibrada dos preceitos convencionais.

O presente artigo propõe uma solução hermenêutica à problemática exposta. Para tanto, alarga o conceito legal de conexão trazido pela CLT (art. 511, §§ 1º e 2º) — como um dos elementos conjuntores da solidariedade exigida — para inserir na mesma categoria econômica a tomadora de serviços e a empresa interposta.

Por consequência, todos os empregados vinculados às empresas conexas integrariam a mesma categoria profissional, sendo representados pela mesma entidade sindical. É o que, doravante, se pretende justificar.

---

[*] Mestranda em Direito e Gestão de Conflitos pela UNIFOR. Pedagoga e Advogada. Especialista em Direito e Processo do Trabalho pela UNIFOR.
[**] Doutorando em Direito do Trabalho pela PUC-MG. Mestre e especialista em Direito e Processo Administrativo pela UNIFOR. Professor de Direito e Processo do Trabalho. Juiz do Trabalho junto ao TRT 7ª Região.

[1] Verifica-se possível a coexistência de trabalhadores com distintas categorias profissionais no mesmo ambiente laboral, desde que identificada a chamada categoria profissional diferenciada (art. 511, § 3º, CLT), o que não é o caso dos trabalhadores terceirizados.

2. TERCEIRIZAÇÃO FRAGMENTÁRIA: UMA FERRAMENTA NA DESCONSTRUÇÃO DA SOLIDARIEDADE

Não é novidade que o modo de produção capitalista sofreu grandes metamorfoses na alta modernidade. Em sua relação com o trabalho, o capital incipiente inseria-se num paradoxo até então intransponível. "Para produzir mais e melhor, o sistema teve que agrupar pessoas em volta das máquinas, e essas mesmas pessoas — vendo-se como num espelho — aprenderam a conspirar[2].".

Ali reunidos os trabalhadores se reconheceram donos de uma inequívoca solidariedade. A proximidade física provocou uma natural interação. O chão de fábrica transformou-se no local para compartilhar as angústias da exploração.

Ocorre que essa dependência libertária do trabalho frente ao capital passou a ser alvo de uma progressiva desconstrução. Hoje, é "possível produzir sem reunir" e até "reunir sem unir.[3]". O capital tornou-se especialista em superar suas contradições.

Na gênese desse cenário desconstrutivo desponta a terceirização como ferramenta de inquestionável precarização. O contrato de trabalho, nascido bilateral, agora se vê permeado por um terceiro estranho à relação.

A presença do interposto entre o trabalhador e o tomador do trabalho trouxe consigo abalos ao aparato de sustentação do Direito Laboral — tanto no seu aspecto individual como no coletivo.

Coletivamente, a terceirização implode o sentimento de solidariedade justificador da categoria, pois coloca no mesmo espaço empregados e não empregados, gerando competição pelo posto de trabalho. Paralelamente, encobre o desiderato fraudulento subjacente ao novel discurso de desconcentração produtiva.

Na lógica da terceirização, a grande empresa dilui-se e depois se recompõe numa rede de empresas menores. O mesmo, todavia, não ocorre com os trabalhadores.

Ao se fragmentar, a empresa também fragmenta o universo operário; mas, ao se recompor, formando a rede, não o recompõe. Os terceirizados não se integram aos trabalhadores permanentes. Às vezes, a relação de uns e outros chega a ser conflituosa: os primeiros veem os segundos como privilegiados, enquanto estes acusam aqueles de pressionarem para baixo os seus salários[4].

Obviamente que toda essa fragmentação ressoa na representação sindical. A entidade associativa não consegue estabelecer sua pauta, haja vista o ambiente de conflito entre aqueles que deveriam se unir em torno do mesmo ideal emancipatório.

É preciso, pois, repensar a terceirização não simplesmente para relega-la à ilicitude, visto que fenômeno de irreversível expansão na recente "roupagem" do capitalismo globalizante, mas para encontrar alternativas na redução de seus efeitos danosos.

3. CONCEITO LEGAL DE CATEGORIA E SUAS INFLUÊNCIAS CORPORATIVISTAS

A palavra categoria traz consigo a ideia de grupo, classe ou camada. O elemento coletivo é da sua essência. Acontece que o modelo corporativo no qual se pautou a CLT conferiu ao termo características que não lhe favorecem a composição.

Para melhor compreensão daquilo que se pretende evidenciar, necessário um reporte ao documento legislativo propriamente dito, dentro do contexto histórico no qual o mesmo fora produzido.

Dispõe o art. 511, § 1º da CLT que "a solidariedade de interesses econômicos dos que empreendem atividades idênticas, similares ou conexas, constitui o vínculo social básico que se denomina categoria econômica"[5].

Por sua vez, o § 2º do mesmo artigo preleciona que "a similitude de condições de vida oriunda da profissão ou do trabalho em comum, em situação de emprego na mesma atividade econômica ou em atividades econômicas similares ou conexas, compõe a expressão social elementar compreendida como categoria profissional"[6].

Ao definir categoria (seja econômica ou profissional), a lei trabalhista fez uma clara opção pela amarração conceitual entre as condições de vida dos

---

(2) VIANA, Márcio Túlio. O novo papel das convenções coletivas de trabalho: limites, riscos e desafios. In Revista do Tribunal Superior do Trabalho. Brasília: LTr, 2001. p. 47.

(3) VIANA, Márcio Túlio. Crise econômica e atuação sindical. In Suplemento trabalhista. São Paulo: LTr, 2010, p. 329-330.

(4) VIANA, Márcio Túlio. Terceirização e sindicato. In. Revista trabalhista: direito e processo. v. 7, n. 2., Rio de Janeiro: Forense, (jul.-set) 2002. p. 218.

(5) BRASIL. Presidência da república. Decreto-lei n. 5.452 de 1943. Brasília: Diário Oficial da União de 17 jul. 1997. Disponível em: <http://www. planalto.gov.br/ccivil_03/leis/l9472.htm>. Acesso em: 20 maio 2014.

(6) Id.

trabalhadores e a atividade econômica desenvolvida pelo empregador.

Estabeleceu-se uma inequívoca dependência de uma para com a outra. É a categoria econômica do empregador que fundará os contornos da categoria profissional de seus empregados.

Paralelamente, retira — tanto do empregado quanto do empregador — o livre direito de escolha pela categoria que desejam integrar. "Assim, o necessário enquadramento de empregado ou empregador em suas respectivas categorias não é opção dada a eles, mas sim, e a princípio, funda-se numa realidade fática, tomando-se por referência a atividade econômica exercida pelo empregador".[7]

Acontece que, para além de uma mera opção legislativa, havia um camuflado empenho político de controle sindical. A definição de categoria com foco na atividade econômica do empregador acabou por viabilizar o modelo corporativista então almejado.

Isto porque, sendo o sindicato uma entidade de representação setorial, a vinculação das categorias ao mister econômico do empregador favoreceu a criação do famigerado quadro de atividades e ocupações, estabelecendo limites qualitativos de atuação sindical.

Com isso, os sindicatos — balizados qualitativamente pelo quadro oficial de atividades, quantitativamente pela unicidade sindical e financeiramente pela contribuição compulsória — ficariam "reféns" dos anseios estatais de controle associativo.

Por todo o exposto, é de se registrar discordância com o modelo corporativo de controle sindical para o qual serviu o conceito legal de categoria. Entretanto, considerando a dificuldade de uma mudança legislativa estrutural, propõe-se o uso de alguns componentes trazidos pela própria literalidade celetista no combate à precarização.

4. IDENTIDADE, SIMILARIDADE E CONEXÃO COMO ELEMENTOS CONJUNTORES DA ATIVIDADE ECONÔMICA NA DEFINIÇÃO LEGAL DE CATEGORIA

A CLT utilizou distintos elementos conjuntores na composição do vínculo social básico exigido para a conformação da categoria patronal. Assim, a solidariedade de interesses econômicos nascerá sempre que duas ou mais empresas exercerem atividades econômicas idênticas, similares ou conexas.

Dentre os critérios acima mencionados, o da identidade tende a ser preferível. Isto porque empresas que exploram exatamente a mesma atividade econômica estão mais propícias ao compartilhamento de objetivos e, por consequência, inserção numa realidade apta ao surgimento da solidariedade.

Ocorre que nem sempre é possível a formação da categoria a partir do critério da identidade, notadamente quando o número reduzido de empresas não oferece a legitimidade necessária a uma representação sindical eficiente. Em tais situações, recorre-se aos critérios da similaridade e da conexão, que seriam, pois, residuais.

O critério da similaridade não desafia maiores digressões, já que de fácil assimilação. São consideradas similares atividades parelhas ou assemelhadas, que, mesmo não sendo iguais, encontram-se intrinsecamente interligadas.

Normalmente, compreendem desdobramentos de um mesmo gênero produtivo. Por exemplo, ninguém dirá idênticas empresas que produzem sapatos e chinelos. Porém a semelhança entre ambas se faz evidente, porquanto calçadistas.

Já o critério da conexão é, sem dúvida, o mais aberto dos três. Trata-se de uma abertura proposital, com vistas a permitir a confluência de um número mais abrangente de atividades, dada a impertinência no uso dos critérios anteriores (identidade e similaridade).

O verbete conexão significa "ato ou efeito de conectar, de ligar; ligação, união, vínculo; o que liga, une, conecta".[8] Destarte, são consideradas conexas atividades econômicas que estabelecem entre si algum tipo de liame, ainda que indireto. Há, pois, um contexto de conectividade que as atrela.

Essa conectividade traduz-se na dependência recíproca de uma atividade para com outra. Não se exige sejam umbilicalmente inseparáveis, bastando que se situem na mesma cadeia de funcionamento.

Valendo-se do exemplo da fábrica de calçados, seriam conexas as atividades de transporte, logística, marketing, limpeza, segurança, dentre outras que estivessem de algum modo contribuindo no desempenho do objeto empresarial, qual seja, produção e venda de sapatos.

O critério da conexão é, por assim dizer, dotado de maior elasticidade. Modela-se aos diversos

---

(7) HINZ, Henrique Macedo. *Direito coletivo do trabalho*. São Paulo: Saraiva, 2012. p. 33.

(8) HOUAISS, Antonio; VILLAR, Mauro de Salles. *Dicionário Houaiss da língua portuguesa*. Rio de Janeiro: Objetiva: 2001.

segmentos que compõem o complexo econômico — e não apenas àqueles diretamente introduzidos na teia de produção.

5. O ENQUADRAMENTO SINDICAL DO TRABALHADOR TERCEIRIZADO A PARTIR DE UMA INTERPRETAÇÃO EVOLUTIVA DO CRITÉRIO LEGAL DE CONEXÃO PREVISTO NA CLT

Conforme sedimentado na súmula 331 do Tribunal Superior do Trabalho (TST), a contratação de trabalhador mediante empresa interposta é ilegal, formando-se vínculo empregatício diretamente com o tomador de serviços, salvo nos casos de trabalho temporário (Lei n. 6.019/74), serviços de vigilância (Lei n. 7.102/83), limpeza e conservação, além daqueles ligados a atividade-meio do tomador, desde que não haja pessoalidade ou subordinação direta. O art. 94, II, da Lei n. 9.472/97 também permite a contratação de terceiros para o desenvolvimento de atividades inerentes, acessórias ou complementares aos serviços de telecomunicações.

Sendo ilícita a terceirização e configurada a fraude na intermediação de mão de obra, aflora o tomador como real empregador do trabalhador terceirizado (Súmula n. 331, I, TST), inserindo-se este, por decorrência natural, na mesma categoria profissional dos demais empregados diretamente contratados pela empresa cliente.

Contudo o cerne da controvérsia relativa ao enquadramento sindical reside nas hipóteses de terceirização lícita.

Em tais casos, sustenta-se que o trabalhador terceirizado — por ser empregado da empresa interposta — não comporia a categoria profissional dos empregados da tomadora.

Tal conclusão, todavia, somente se apresenta verdadeira se apenas os critérios de identidade e similaridade forem levados em conta.

Uma interpretação evolutiva do critério da conexão trazido pelo art. 511, § 2º da CLT permite considerar que tomadora e empresa interposta desenvolvem atividades econômicas ligadas entre si por um vínculo de inegável dependência.

Acomodam-se no mesmo desiderato produtivo, complementando-se mutuamente e proporcionando um melhor desempenho no mercado. Ora, se a tomadora não necessitasse dos serviços prestados pela interposta, como relevantes ao seu funcionamento, por certo não a contrataria.

Embora não se possa afiançar que a mão de obra intermediada esteja diretamente relacionada à atividade econômica explorada pela empresa cliente, é perfeitamente possível dizer que existe uma conexão entre ambas.

Por serem conexas, tomadora e interposta inserem-se na mesma categoria econômica e seus empregados na mesma categoria profissional.

É preciso ter em mente que "o correto enquadramento sindical dos trabalhadores terceirizados mostra-se fundamental, sob pena de esvaziarem-se para este específico grupo de trabalhadores as garantias de atuação sindical expressamente consignadas como direitos sociais no art. 8º da CF"[9].

Prescindível, portanto, qualquer mudança legislativa estrutural para enquadrar os trabalhadores terceirizados na mesma categoria profissional dos empregados da empresa tomara, bastando, tão somente, "boa vontade" interpretativa.

6. CONCLUSÃO

A terceirização, como fenômeno trabalhista moderno, traz consigo inegável precariedade, tanto no aspecto individual como no coletivo. Neste, fragmenta a solidariedade existente entre trabalhadores que, embora no mesmo ambiente laboral, vinculam-se a distintos empregadores.

Como consequência dessa "implosão" coletiva, a representação sindical fragiliza-se diante da segmentação operária, dificultando a conquista de novos direitos e, até mesmo, a manutenção daqueles já existentes.

Cinde-se a aplicação de normas coletivas. Perpetuam-se desníveis salariais. Toda sorte de insegurança é transportada ao contrato de trabalho, criando uma disputa interna entre empregados e terceirizados.

Todavia, mesmo sendo evidentes os efeitos danosos provocados pela terceirização, não se percebe qualquer aceno de mudança legislativa com fito de sanar os problemas identificados, notadamente quanto ao adequado enquadramento sindical dos trabalhadores terceirizados.

Necessária, pois, uma postura interpretativa evolutiva, alargando o conceito de conexão trazido pelo art. 511, §§ 1º e 2º da CLT para considerar que tomadora e terceirizada integram a mesma categoria econômica e seus empregados, por conseguinte, a mesma categoria profissional.

---

(9) TEODORO, Maria Cecília Máximo; DOMINGUES, Gustavo Magalhães de Paula Gonçalves. Alternativas para o sindicalismo: o enquadramento sindical pela atividade do trabalhador ou do tomador dos serviços. In *Revista do Tribunal Superior do Trabalho*: Brasília. LTr, 76, 02. p. 72-83, abr./jun, 2010. p. 80.

Quando a teia produtiva é compreendida de uma forma ampla, o liame de conectividade existente entre as atividades da empresa tomadora e da terceirizada aflora-se induvidoso. Ambas estão jungidas, direta ou indiretamente, no mesmo empreendimento econômico.

Embora não sejam essenciais, os serviços terceirizados vinculam-se ao projeto empresarial capitaneado pela tomadora, num vínculo de interdependência perfeitamente passível de ser harmonizado com o conceito legal de conexão.

Conclui-se, com isso, que a própria CLT, em sua redação vigente, consente ao intérprete a possibilidade de, com criatividade hermenêutica, minimizar as distorções coletivas advindas da intermediação de serviços.

REFERÊNCIAS BIBLIOGRÁFICAS

BRASIL. Presidência da república. *Decreto-lei n. 5.452 de 1943*. Brasília: Diário Oficial da União de 17 jul. 1997. Disponível em: <http://www. planalto.gov.br/ccivil_03/leis/l9472.htm>. Acesso em: 20 maio 2014.

DELGADO, Mauricio Godinho. *Capitalismo, trabalho e emprego: entre o paradigma da destruição e os caminhos da reconstrução*. 2ª Tiragem. São Paulo: LTr, 2007.

HINZ, Henrique Macedo. *Direito coletivo do trabalho*. São Paulo: Saraiva, 2012.

HOUAISS, Antonio; VILLAR, Mauro de Salles. *Dicionário Houaiss da língua portuguesa*. Rio de Janeiro: Objetiva: 2001.

MARTINS, Milton. *Sindicalismo e relações trabalhistas*. 4 ed. São Paulo: LTr, 1995.

MATTOS, Marcelo Badaró. *O sindicalismo brasileiro após 1930*. Rio de Janeiro: Jorge Zahar, 2003.

TEODORO, Maria Cecília Máximo; DOMINGUES, Gustavo Magalhães de Paula Gonçalves. Alternativas para o sindicalismo: o enquadramento sindical pela atividade do trabalhador ou do tomador dos serviços. In *Revista do Tribunal Superior do Trabalho*: Brasília. LTr, 76, 02. p. 72-83, abr./jun, 2010.

VIANA, Márcio Túlio. *Crise econômica e atuação sindical*. In Suplemento trabalhista. São Paulo: LTr, 2010.

_____. *O novo papel das convenções coletivas de trabalho:* limites, riscos e desafios. In Revista do Tribunal Superior do Trabalho. Brasília: LTr, 2001.

_____. *Terceirização e sindicato*. In. Revista trabalhista: direito e processo. v. 7, n. 2. Rio de Janeiro: Forense, (jul.-set.) 2002.

O TRABALHO DA MULHER ENTRE A PRODUÇÃO E A REPRODUÇÃO

Isabelle Carvalho Curvo[*]

1. INTRODUÇÃO: SOBRE GAROTAS E GAROTOS

Há cerca de um mês, a marca de absorventes Always iniciou uma intrigante campanha de marketing, cujo vídeo circulou pelas redes sociais e hoje já possui quase 42 milhões de visualizações. Em uma audição, os diretores do vídeo convidaram meninos e meninas de várias idades a encenar situações "como uma garota". Pensemos: o que seria correr como uma garota? Lutar como uma garota? Jogar a bola como uma garota?

O que estava em jogo, afinal, eram os estereótipos acerca do feminino. Entre os adolescentes, ficou evidente que correr ou lutar como uma menina é algo menor ou menos importante. "Como um insulto", disse uma das garotas. "Parece que você está tentando humilhar alguém", disse a outra. Ou seja, jogar bola como uma garota "significa que você é fraco, *que não é tão bom quanto eles*". E quem são "eles", nesse caso? O vídeo demonstra claramente como funciona nosso imaginário: de um lado existem coisas de meninos e, de outro, coisas de meninas, universos separados, distintos, incomunicáveis. Nesse quadro de referência, quando mulheres realizam atos convencionados masculinos, tais como lutar e jogar bola, elas só podem ser piores. São e serão símbolo de fracasso, fragilidade e fraqueza, como se aqueles atos fossem alheios à sua *condição feminina*.

Em uma segunda parte do vídeo, no entanto, meninas mais novas são chamadas a interpretar as mesmas cenas. E o mais interessante acontece: elas dão o melhor de si, correm sem pensar pelo *set* de filmagem, lutam e atiram a bola com toda a força. À pergunta "O que significa correr como uma garota?", uma menina responde "Correr o mais rápido que você consegue". A intuição presente na campanha é a de que não só a "condição feminina" mas também o seu tom negativo são elementos construídos, decorrentes de certa socialização. Quando crianças, não sabemos bem o que significa ser uma garota, ou se isso é bom ou ruim. Nessa fase, "eu acordo como uma garota porque eu sou uma garota". Pouco a pouco é que vamos aprendendo que lutar com espadas, brincar com carrinhos, soltar pipas ou jogar video games são coisas de meninos. Pouco a pouco vamos aprendendo a nos comportar, a gostar do universo das bonecas, a cruzar as pernas, a falar baixo e a usar batom, aprendemos o que "é" a mulher.

2. OS ESTEREÓTIPOS DA REPRODUÇÃO

Dentro da tradição que nos cerca, nossos pensamentos e ações se baseiam em certas **imagens** do que mulheres e homens são, de como devem agir, de como devem se portar. É isso que nos permite ver uma propaganda e inclusive criticar o que significa correr ou lutar "como uma menina"; as imagens são nossas referências — homens são fortes, mulheres nem tanto; homens usam sapatos, mulheres, saltos; homens dirigem bem, mulheres cozinham bem. Na fronteira entre sexo e gênero, os limites e origens dessas diferenças são pouco questionados, e seguimos acreditando que os distintos papéis são complementares — cada um *a seu modo*, ambos, homens e mulheres, mantêm a sociedade binária funcionando.

---
[*] Mestranda em Direito do Trabalho pela PUC Minas. Advogada.

A divisão sexual do trabalho é uma forma de organização espacial do trabalho na sociedade, que decorre da divisão e determinação dos gêneros masculino e feminino. Funciona como uma separação das funções consideradas próprias a um e a outro sexo, mas essas funções não são exatamente complementares. Pois além de diferentes as tarefas dadas aos homens são consideradas de maior valor e reconhecimento social, pelo simples fato de terem sido realizadas por um homem. Não é coincidência que políticos, religiosos, militares e grandes empresários sejam homens. Ou seja, a divisão sexual do trabalho se assenta em duas premissas: a de *separação* e a de *hierarquização* dos papéis (NOBRE, 2004), sendo que ambas as premissas têm, no fundo, uma determinada representação do feminino e do masculino.

> As imagens de gênero são prévias à inserção de homens e mulheres no trabalho, ou seja, são produzidas e reproduzidas desde as etapas iniciais da socialização dos indivíduos e estão baseadas na separação entre o privado e o público, o mundo familiar e o mundo produtivo, e na definição de uns como *territórios de mulheres* e outros como *territórios de homens*. Por sua vez, essas imagens condicionam fortemente as formas (diferenciadas e desiguais) de inserção de homens e mulheres no mundo do trabalho: tanto as oportunidades de emprego quanto as condições em que este se desenvolve. (ABRAMO, 2007. p. 10)

Tradicionalmente, essa divisão se refletiu na separação entre outras duas esferas: de um lado, a da **produção**, ou do espaço público, simbolizado pela fábrica e considerado território masculino; e de outro, a esfera da **reprodução**, situada no espaço privado, a casa, o lugar do feminino. A complementaridade física e simbólica entre os dois campos se materializou nas figuras do homem-provedor e mulher-dona-de-casa: cabia ao pai manter o sustento da família através do trabalho, enquanto à mãe cabiam as tarefas domésticas, que incluem o cuidado e a educação dos filhos e idosos (HIRATA, 2004). Afinal, se a mulher não precisava ganhar dinheiro, para quê trabalhar? Mal visto pela sociedade e pelos maridos, o trabalho feminino por muito tempo foi considerado secundário e pouco valorizado, inclusive do ponto de vista econômico. Isso quando o trabalho era permitido pela autoridade moral e legal masculina. A família girava em torno da figura paterna, todos nela deveriam se adequar aos projetos pessoais e profissionais do pai/marido.

A partir da década de 70, com a entrada massiva da mulher no mercado de trabalho, vemos a transformação radical do que entendíamos como **família** e como trabalho, lançando questões até hoje debatidas e pouco consensuais. De algum modo, o trabalho fora de casa simbolizou desde logo a segurança em um mundo de relações progressivamente inseguras e casamentos instáveis, representou a autonomia e independência tolhidas por tanto tempo.

Da mesma forma que a família, entidade natural, biológica e duradoura se esfacela, também implode a esfera do trabalho assalariado, espaço produtivo e masculino por excelência. Progressivamente os espaços masculinos vão sendo tomados, e a família se reorganiza em vários projetos de vida, múltiplos, distintos, individuais e coletivos. A tríade pai-mãe-filhos se transforma, afetada pela diversidade e instabilidade do mundo moderno, no qual agora há famílias plurais, outras monoparentais, casais divorciados e famílias reconstituídas posteriormente, uniões estáveis, uniões homoafetivas, assim como pessoas que simplesmente não desejam se casar ou ter filhos.

> Difícil encontrar uma definição de família de forma a dimensionar o que, no contexto social dos dias de hoje, se insere nesse conceito. É mais ou menos intuitivo identificar família com a noção de casamento, ou seja, pessoas ligadas pelo vínculo do matrimônio. Também vem à mente a imagem da família patriarcal, o pai como a figura central, na companhia da esposa e rodeados de filhos, genros, noras e netos. Essa visão hierarquizada da família, no entanto, sofreu com o tempo uma profunda transformação. Além de ter havido uma significativa diminuição do número de seus componentes, também começou a haver um embaralhamento de papéis. [...] Faz-se necessário ter uma visão pluralista da família, abrigando os mais diversos arranjos familiares, devendo-se buscar a identificação do elemento que permita enlaçar no conceito de entidade familiar todos os relacionamentos que têm origem em um elo de afetividade, independente de sua conformação. O desafio dos dias de hoje é achar o toque identificador das estruturas interpessoais que permita nominá-las como família. Este referencial só pode ser identificado na afetividade. (DIAS, 2005. p. 39)

A "cara" da família moderna mudou, a "cara" da mulher moderna mudou. No entanto, em contraposição ao mercado de trabalho, que cada vez é mais heterogêneo, as mudanças no trabalho doméstico caminharam a passos lentos, e as atribuições das mulheres continuaram praticamente intactas. "Aos poucos foi se verificando um movimento em três sentidos, às vezes contraditórios, às vezes articulados: crise no padrão de reprodução, a mercantilização da reprodução, o reforço ao papel das mulheres como cuidadoras." (NOBRE, 2004) Se o antigo território masculino se transformou, como anda o território feminino — a **casa**?

Já na década de 70, evidenciou-se que, em nome da "natureza feminina" ou do "amor materno", uma enorme quantidade de trabalho doméstico é realizada gratuitamente pelas mulheres no ambiente doméstico, e que esse trabalho é completamente invisível aos olhos da sociedade, quando não hierarquicamente inferior ao mundo "público" (HIRATA; KERGOAT, 2007). Entre as mulheres ficava cada vez mais claro que:

> o "cuidar da casa" (ou "tomar conta da casa"), assim como o "cuidar das crianças" (ou "tomar conta das crianças") ou até mesmo o "cuidar do marido", ou "dos pais", têm sido tarefas exercidas por agentes subalternos e femininos, os quais (talvez por isso mesmo) no léxico brasileiro têm estado associados com a submissão, seja dos escravos (inicialmente), seja das mulheres, brancas ou negras (posteriormente). (GUIMARÃES; HIRATA; SUGITA, 2011. p. 154).

De um lado, parte das discussões centrava-se na necessidade de afirmação do trabalho doméstico como trabalho, ou seja, seu caráter produtivo, ainda que indiretamente. De acordo com essa perspectiva clássica, o trabalho doméstico teria um papel essencial no capitalismo: ele produz e reproduz a força de trabalho da riqueza alheia (ANDRADE, 2011). Primeiramente, o trabalho doméstico é quem fornece os meios de subsistência aos filhos que ainda não podem trabalhar, dando-lhes também os cuidados, a educação e as habilidades necessárias para que futuramente adentrem o mercado de trabalho. Em segundo lugar, ele garante que os trabalhadores, homens e maridos, não precisem se preocupar com as tarefas domésticas, podendo simplesmente descansar no tempo que lhes resta, restituindo a energia para outro dia e possibilitando mais produtividade no trabalho.

Do mesmo modo, o trabalho útil gratuito, produtor de valores de uso e fornecedor de serviços para a família, garante a preservação do esforço e do dispêndio de força vital para a sua utilização no processo de produção. Quanto menos os trabalhadores precisarem se ocupar com a sua própria manutenção — seja através do trabalho doméstico gratuito ou mesmo pela compra de bens e serviços no mercado —, maior o consumo produtivo de sua capacidade de trabalho por parte do capital. Como o capitalista procura prolongar o máximo possível a duração e intensidade do processo de trabalho — para além do tempo necessário para a reposição do salário — a liberação do trabalho doméstico (como preparação de alimentos, limpeza da casa, lavagem e costura de roupas, fabricação e reparo de utensílios, cultivo de hortas, criação de animais, cuidados com crianças, etc.) leva o trabalhador a expandir os limites de sua própria exploração. (ANDRADE, 2011. p. 44-45)

Segundo a interpretação de muitas feministas críticas a Marx, ainda que trabalho produtivo seja o gerador direto da mais-valia, criador do valor de troca, as esferas da produção e reprodução se relacionam intimamente, sendo difícil delimitar suas fronteiras. Visto somente o valor de uso materializado nos serviços domésticos, as mulheres participariam do trabalho produtivo apenas de modo excepcional e secundário, como parte do exército industrial de reserva. Porém, mais que isso, o trabalho doméstico é instrumento de reprodução da força de trabalho, portanto, também criador de uma parte do valor de troca produzido, que é duplamente apropriado, seja pelo capitalista, seja pelo próprio marido. "Longe de considerá-la um mero reflexo da esfera produtiva, a família nuclear seria indispensável para o desenvolvimento da produção capitalista, já que, como 'fábrica social', ela se tornaria um centro de condicionamento, consumo e reserva de trabalho." (ANDRADE, 2011. p. 49)

Entretanto, críticas também surgiram às perspectivas anteriores, consideradas estritamente econômicas e funcionalistas, ao tentarem afirmar a relevância do trabalho doméstico na geração da mais valia. Embora não se conteste a base material do trabalho doméstico, não haveria necessidade de inseri-lo na lógica de produção capitalista para afirmar a sua importância, ou seja, seria possível estabelecermos esferas de liberdade na vida cotidiana, a despeito de sua funcionalidade ao capital. Independentemente de considerarmos o trabalho doméstico como um trabalho, no sentido produtivo do termo, ou um não trabalho, que escapa a essas determinações, fica claro que ele serve ao sistema capitalista e, no mínimo por isso, não pode ser invisibilizado como é. Mas, além disso, ele não pode ser invisibilizado simplesmente porque faz parte da vida, as tarefas de cuidado dos familiares e da casa dizem respeito a todos, e não somente às mulheres.

Se na família tradicional o papel doméstico era inteiramente das mulheres, a nova-velha divisão sexual do trabalho demonstra que pouco mudou no âmbito doméstico, e as tarefas da casa ainda cabem prioritariamente a elas. Pensemos rapidamente: em nossas casas, quem cozinha? E quem lava a louça? Quem é responsável pelas crianças? Uma pesquisa recente do Instituto Patrícia Galvão/Data Popular/ SOS Corpo[1] revelou que 98% das mulheres que trabalham fora se sentem como as principais responsáveis pelas tarefas domésticas, e 70% das entrevistadas gostariam de ter mais tempo no dia a dia, seja para cuidar de si (58%), ficar com a família (46%), se divertir (42%), descansar (32%) ou estudar (11%). "Quem cuida da casa? Eu, eu e eu", disse uma das entrevistadas. Entre as mulheres, além de trabalhar, 98% delas também cuidam da casa, e 75% consideram sua rotina extremamente cansativa: "O dia tinha que ter 48 horas".

O mais interessante é que, mesmo que alguns homens exerçam tais funções, eles nunca poderão fazê-lo "como uma mulher". Afinal, sentimos como se só a ela coubessem as tarefas, que poderiam ser no máximo delegadas. Segundo a pesquisa anterior, para 58% das mulheres os maridos dão mais trabalho que ajudam. Contraditoriamente, vêem-se frases como "O homem pode até ajudar aqui e ali, mas a obrigação é da mulher" e "Ele faz do jeito dele, não faço nada, mas quando ele sai eu ajeito!", mas somente 47% das mulheres concordam que o trabalho doméstico é uma responsabilidade feminina. Como diz Helena Hirata, é espantoso verificar como mesmo mulheres conscientes da opressão e da desigualdade, tais como pensadoras, militantes, sindicalistas e políticas continuam a se incumbir das funções domésticas ou delegá-las a outras mulheres, quando na verdade "a gestão do conjunto do trabalho delegado é sempre competência daquelas que delegam" (HIRATA, 2007. p. 607).

3. OS ESTEREÓTIPOS DA PRODUÇÃO

Desde os anos 70 fala-se em "dupla jornada" ou em "conciliação de tarefas", mas na prática quem continua se desdobrando para dar conta do trabalho e da casa é a mulher. E mesmo assim, em vez de questionarmos o paradigma que o sustenta, qual seja, a determinação dos papéis e a sua hierarquização, temos como referencial de mulher moderna aquela que consegue harmonizar o cuidado dos filhos, da casa, do marido e do trabalho e ainda é bem-sucedida em todos os campos. A empregabilidade da mulher moderna depende dessa conciliação, e em nome dela "as mulheres se veem tensionadas a escolher jornadas flexíveis ou de tempo parcial, até no sentimento de contradição entre a identidade de mãe e de trabalhadora" (NOBRE, 2004).

Além disso, não nos perguntamos por que a mulher branca pôde ir ao mercado de trabalho, se em sua casa as funções de cuidado foram apenas delegadas a outras mulheres, em sua maioria negras e pobres, as empregadas domésticas. Mas quem cuida dos filhos das empregadas domésticas? São avós, tias ou outras empregadas domésticas, com salários mais baixos e poucos direitos trabalhistas — mas sempre mulheres.

Com a globalização e a reestruturação produtiva, a divisão sexual do trabalho somente foi reforçada em seus estereótipos, e a inserção da mulher, ainda que maior em números, tem se mostrado na verdade uma "inclusão excluída". Os efeitos da reestruturação não foram os mesmos para homens e mulheres. Ao contrário, para elas as mudanças no mundo do trabalho significaram uma inserção mais precária e instável. Para Abramo (2007), em contexto de transformação dos paradigmas tecnológicos e produtivos, algumas das tradicionais barreiras à entrada das mulheres no mercado de trabalho de fato desapareceram, mas a maioria apenas se tornou mais sutil, enquanto outras novas barreiras surgiram.

Vemos também o aprofundamento da **desigualdade** já existente entre os salários e demais direitos trabalhistas, com a exacerbação das disparidades sociais entre homens e mulheres. Além disso, elas têm mais dificuldade de ascensão profissional, qualificação, formação técnica e profissional; sua taxa de desemprego é maior. Enquanto nos países desenvolvidos a precarização do trabalho feminino materializou-se na figura do trabalho parcial, nos países do sul econômico, ela significou o aumento da participação feminina no trabalho informal, sem quaisquer direitos sociais formalmente garantidos: "trabalho em tempo parcial significa salário parcial; trabalho informal significa ausência de benefícios e proteção social." (HIRATA, 2004) Daí a progressiva *feminização da pobreza*, pois a pobreza tem cada vez mais a cara das mulheres.

Os processos relacionados à globalização financeira e econômica levam à reconfigu-

---

[1] Obtida no *site* <http://agenciapatriciagalvao.org.br/pesquisa/enquete/>.

ração das relações sociais (não apenas das relações de classe, mas também das relações de gênero e de raça/etnia), modificando o lugar das mulheres na esfera do trabalho profissional, e também na esfera do político. [...] as mulheres são mais pobres, mais precárias, mais desempregadas, mais sujeitas à violência. Elas têm menos acesso às novas tecnologias da informação e da comunicação, menos acesso à formação profissional e técnica, embora desfrutem mais da educação hoje do que no passado. Elas têm menos acesso ao crédito e menos acesso à terra. [...] o desemprego feminino é maior do que o desemprego masculino; a precariedade da força de trabalho feminina também é maior do que a masculina. Pode-se dizer que os mecanismos da globalização neoliberal e, em particular, os planos de ajuste estrutural tiveram um forte impacto sobre o trabalho das mulheres. (HIRATA, 2004. p. 14)

A precariedade também não afeta da mesma forma todas as mulheres. Pela primeira vez, vemos nascer uma camada de mulheres cujos interesses diretos opõem-se frontalmente aos daquelas mulheres mais atingidas pela informalidade e instabilidade. Com a bipolarização do trabalho feminino, nasce, em um extremo, profissionais altamente qualificadas, com salários relativamente bons e relações de trabalho formalizadas, e no outro extremo, trabalhadoras com baixa qualificação, os piores salários e sem qualquer reconhecimento social. (HIRATA, 2007) Como um dos grupos necessita do outro para ter uma carreira profissional, "ao mesmo tempo que aumenta o número de mulheres em profissões de nível superior, cresce o número de mulheres em situação precária" (HIRATA, 2007. p. 603).

No caso dos trabalhadores pouco qualificados e, portanto, sujeitos a formas precárias de emprego e a empregos mal remunerados, a pressão exerce-se no sentido de os levar a procurar vários empregos de modo a conseguirem um rendimento aceitável; já no caso dos profissionais altamente qualificados a hiperdedicação ao trabalho é condição de participação em carreiras promissoras e bem pagas, pois, dada a concorrencialidade reinante, alguém os substituirá no caso de não se conformarem com as regras em vigor. (COELHO, p. 3)

No imaginário social, inclusive o empresarial e sindical, e nas concepções que embasam as políticas públicas, persiste o pensamento de que a mulher é uma força de trabalho secundária (ABRAMO, 2007). Essa ideia fundamenta-se em uma concepção de família em que o homem ainda é o provedor, e a mulher a responsável pela casa e pela família. Assim, o trabalho profissional seria apenas algo secundário no projeto de vida das mulheres, haja vista que o seu lugar não é o mundo do trabalho, mas a família. Sob a óptica reinante,

a inserção feminina no trabalho seria sempre débil, precária, eventual, instável e secundária, e a mulher tenderia a se retirar da atividade econômica no momento em que o homem conseguisse recuperar sua situação ocupacional e de rendimentos. Esse tipo de concepção se encontra latente, por exemplo, nas afirmações que justificam quando, havendo igualdade de funções entre um homem e uma mulher, esta recebe uma remuneração inferior, a partir da lógica de que ela "não necessita tanto do trabalho", já que conta com um esposo para manter a família. (ABRAMO, 2007. p. 14)

Paralelamente, em tese, ser pai também não faz parte do projeto de vida dos homens. É o que mostra outra pesquisa, realizada em outubro de 2013 pela Datafolha[2]. No Brasil, a mulher que deixa o emprego para cuidar dos filhos tem o respeito de 78% dos homens. No entanto, se um pai tomar a mesma decisão, ele só receberá a aprovação de 11% dos homens, sendo que 54% deles consideram a atitude como sinônimo de *comodismo, preguiça e vagabundagem*. Ou seja, a eles parece que manter o lugar do pai de família é sua responsabilidade, sob o risco de ser considerado vagabundo. A pesquisa mostra que, da mesma forma que as mulheres, os homens também são tolhidos em suas ações e seus pensamentos por uma representação do que é ser homem. Quando porventura escolhem desviar-se desses papéis, são igualmente vigiados e criticados.

Para Abramo (2007), antes mesmo de ingressarem no mercado de trabalho, seja nos processos de seleção ou recrutamento, seja pelos próprios maridos, as mulheres já são classificadas e hierarquizadas pelo gênero. Ao mesmo tempo, o processo de socialização, da infância à vida adulta, garante que, sabendo de suas condições, muitas das mulheres se adéquem para determinados papéis e funções, já esperem uma remuneração menor, certas ordens e a limitação de sua vida profissional. "Assim, as mulheres chegam ao

---

(2) Obtida no *site* <http://mairakubik.cartacapital.com.br/2013.10.11/maioria-dos-homens-acha-que-largar-o-trabalho-para-cuidar-da-familia-e-motivo-de-vergonha/>.

mercado de trabalho com suas habilidades limitadas pelos aprendizados marcados pelo gênero." (NOBRE, 2004. p. 63) Ou seja, se as identidades e hierarquias de gênero são moldadas fora do trabalho, ao longo de suas vidas, nele elas se reproduzem em termos de qualificação, destreza, disciplina, produtividade e compromisso com a empresa.

Como diz Abramo (2007), essa inserção precária e instável, em tempos de reestruturação produtiva, acaba significando no imaginário empresarial altos custos indiretos, com a maternidade, o cuidado infantil e dos mais velhos, afinal, são as mulheres que levam os filhos à escola, os demais membros da família aos postos de saúde. Significam também altas taxas de rotatividade e absenteísmo pelas mulheres, atrasos, baixo grau de compromisso com a empresa, impossibilidade de fazer horas extras e trabalhar em turnos noturnos ou ininterruptos ou viajar tal como esperado em cargos de confiança. Automaticamente elas são excluídas de cargos com tais tarefas, quando não recebem o argumento do alto custo para justificar os baixos salários, o baixo investimento na qualificação feminina, as piores condições de trabalho. Justamente por isso,

> há ainda grande parte de mulheres que enfrentam a discriminação na contratação, seja por serem casadas e com filhos, seja para comprovar a infertilidade ou mesmo a não gravidez. Ainda no trabalho, elas são alvos de abuso de poder por parte de chefias como o assédio sexual, assédio moral, punições por atrasos e faltas quando necessitam cuidar da saúde dos filhos. Em muitos casos, as mulheres exercem suas funções em precárias condições ambientais e de saúde, executando trabalhos repetitivos e penosos. (COSTA; OLIVEIRA; LIMA; SOARES, 2004. p. 57).

A inserção das mulheres no mercado de trabalho concentrou-se no setor terciário, na prestação de serviços e comércio, setores em que o fenômeno da terceirização só se acentua. No entanto, como sabemos, os processos de desintegração da grande fábrica só fizeram com que, pulverizadas e quase invisíveis, as empresas menores pudessem flexibilizar cada vez mais. A lógica de diminuição de custos aumenta nas relações de subcontratação, onde há presença significativa de mulheres.

Mas, dentro do setor de serviços, aumentam especialmente os chamados "serviços pessoais", o trabalho doméstico remunerado, os cuidados com as crianças e os idosos. No mundo, esse crescente setor de trabalho, eminentemente feminino e pouco qualificado, vem sendo denominado a indústria do "care". (HIRATA, 2004) Realizados normalmente na esfera privada e doméstica, os trabalhos (terceirizados) de cuidado são vistos como "naturalmente" femininos, e, portanto, não são reconhecidos e nem valorizados. Afinal, faz-se "por amor".

> Se de um lado os serviços de cuidado realizados em espaços privados aparecem como uma fronteira de mercado, num movimento contraditório ou complementar cada vez mais se amplia a ideologia conservadora de reforço à maternidade e questionamento do direito das mulheres ao emprego. Cobra-se das mulheres trabalhadoras do fracasso escolar das crianças à violência urbana. Volta a encontrar eco o discurso do início da industrialização de que as mulheres roubam trabalho dos homens, rebaixam o salário de todos e deixam as famílias em total abandono. (NOBRE, 2004)

Dentro das empresas, as mulheres geralmente ocupam "cargos femininos", são secretárias e faxineiras, não são os gerentes ou mesmo os eletricistas. Dentro da segmentação ocupacional atual, quando observamos as tarefas e os papéis das mulheres, vemos que raramente elas estão presentes em cargos que representam as definições comuns de competência profissional: criatividade, responsabilidade, iniciativa, técnica, autonomia, qualificação (HIRATA, 2004). E, quando possuem tais competências, elas são mal remuneradas. Ou ocupam postos com menor valor agregado, ou, exercendo as mesmas tarefas que os homens, seu trabalho tem menor valor agregado. Aí se encontra a questão fundamental, em cargos "masculinos", essas competências só podem ser masculinas, de modo que a mulher sempre trabalhará "como uma garota". Como dito no início desse artigo, as mulheres são e serão símbolo de fracasso, fragilidade e fraqueza.

A mesma divisão sexual do trabalho que ocorre dentro da estrutura das empresas se reproduz fora dela. Formam-se "guetos femininos" que, seja pela "tradição", seja pelas capacidades "naturais", acabam sendo ocupadas prioritariamente por mulheres. O exemplo que rapidamente nos vem à mente é o das empregadas domésticas. Mas, para além dele, cabe nos perguntarmos por que homens são bombeiros, vigilantes, motoristas, e mulheres são enfermeiras, professoras, manicures, cozinheiras. Por que isso ocorre? Acabamos por manter o binômio produção--reprodução no mercado de trabalho, pois dentro e fora do ambiente doméstico as mulheres continuam exercendo funções que se reportam a ele, às relações privadas, ao cuidado e à casa, vistas pela sociedade e pelas próprias mulheres como tarefas suas. Tanto o trabalho doméstico quanto o trabalho profissional das mulheres, em qualquer função ou profissão, carrega a marca da desvalorização social e econômica. Como diz Abramo, temos

> uma divisão sexual do trabalho que, ao mesmo tempo em que confere à mulher a função básica e primordial de cuidar do mundo privado e da esfera doméstica, atribui a essa esfera um valor social inferior ao do mundo "público", e desconhece por completo seu valor econômico. Isso, para as mulheres, não significa apenas uma limitação de tempo e recursos para investir em sua formação profissional e trabalho remunerado, como também está fortemente relacionado a uma subvaloração (econômica e social) do significado do seu trabalho e de seu papel na sociedade. (2007. p. 6)

4. POR ALGUMAS (IN)CONCLUSÕES

A pesquisa realizada pelo Instituto Patrícia Galvão/Data Popular/SOS Corpo revelou algumas melhorias sugeridas pelas mulheres para diminuir a sua sobrecarga de trabalho: melhores salários, benefícios sociais para as mulheres, escola e creches para os filhos, ajuda financeira, trabalho, ensino para as mulheres, melhoria das vias públicas e do transporte. As creches e o transporte lideraram entre as principais demandas: são pedidas creches até 22 horas, em período integral, que funcionem nos feriados e finais de semana, que as empresas tenham suas próprias creches. No âmbito do transporte, nada mais que um transporte público de qualidade, com mais ônibus e metrôs, mais rapidez e a gratuidade.

A partir dessas respostas, concluímos que a igualdade da mulher no mercado de trabalho só pode ser vencida pela igualdade nos outros campos da vida. As relações econômicas estão intimamente relacionadas com as relações de gênero, ou seja, devemos radicalizar o fato de que as esferas da produção e reprodução são intercambiáveis, e, assim, políticas de trabalho são também políticas familiares e vice-versa. E ambas estão relacionadas às demais políticas sociais que sustentam a família e o trabalho: transporte, saúde, educação, e toda a rede de apoio que permite que homens e mulheres possam trabalhar. Sem essa rede, que se esvai cada dia mais, o peso do cuidado e o peso do trabalho recaem sobre a parte mais fraca: a mulher.

Para a promoção de uma real igualdade entre homens e mulheres, todo trabalho deve ser repensado, seja ele doméstico ou profissional, assim como as pretensas competências, representações e hierarquias nas quais ele se baseia. Necessitamos uma melhor distribuição dos trabalhos, dos visíveis e dos invisíveis, mas também dos tempos. Homens e mulheres merecem tempo de lazer, tempo para a família e amigos, para o seu desenvolvimento pessoal, para efetivar seus outros projetos de vida, participar da vida pública, exercer sua cidadania. Nesse sentido, nada mais urgente que democratizar as tarefas.

Por fim, não basta repensarmos o trabalho se, de maneira oculta, continuarmos enxergando a sociedade de modo binário. O sexo biológico não pode determinar assim nossos sonhos e nossa sociedade. Pouco a pouco podemos aprender que não precisamos ser meninos para ser o que quisermos. Podemos sair das definições usuais de gênero, podemos reescrever as regras sociais, nos colocar como eternamente em conclusão e repensar os papéis a nós estabelecidos e que cotidianamente reproduzimos. Até o dia em que não seja estranho, diferente ou pior ser mulher ou qualquer coisa além; até o dia em que possamos dizer "eu acordo como uma garota porque eu sou uma garota".

REFERÊNCIAS BIBLIOGRÁFICAS

ABRAMO, Laís Wendel. *A inserção da mulher no mercado de trabalho*: uma força de trabalho secundária? Tese (doutorado). Universidade de São Paulo, Programa de Pós Graduação em Sociologia, 2007.

ANDRADE, Joana El-Jaick. *O marxismo e a questão feminina*: as articulações entre gênero e classe no âmbito do feminismo revolucionário. Tese (doutorado). Universidade de São Paulo, Programa de Pós-Graduação em Sociologia da Faculdade de Filosofia, Letras e Ciências Humanas, 2011.

BARROS, Alice Monteiro de. *A mulher e o direito do trabalho*. São Paulo: LTr, 1995.

CANTELLI, Paula Oliveira. *O trabalho feminino no divã*: dominação e discriminação. São Paulo: LTr, 2007.

COELHO, Lina. Mulheres, *família e mercado de trabalho*: Que desafios à regulação das economias pós-industriais? Centro de Estudos Sociais, Faculdade de Economia da Universidade de Coimbra.

COSTA, Ana Alice; OLIVEIRA, Eleonora Menicucci de; LIMA, Maria Ednalva Bezerra de; SOARES, Vera. *Reconfiguração das relações de gênero no trabalho*. São Paulo: CUT Brasil, 2004.

DIAS, Maria Berenice. *Manual de direito das famílias*. Porto Alegre: Livraria do Advogado, 2005.

HIRATA, Helena. O Universo do Trabalho e da Cidadania das Mulheres — um olhar do feminismo e do sindicalismo. In: COSTA, Ana Alice; OLIVEIRA, Eleonora Menicucci de; LIMA, Maria Ednalva Bezerra de; SOARES, Vera. *Reconfiguração das relações de gênero no trabalho*. São Paulo: CUT Brasil, 2004.

HIRATA, Helena; KERGOAT, Danièle. Novas configurações da divisão sexual do trabalho. *Cadernos de Pesquisa*, v. 37, n. 132. p. 595-609, set./dez. 2007.

GUIMARÃES, Nadya Araújo; HIRATA, Helena; SUGITA, Kurumi. Cuidado e cuidadoras: o trabalho de *care* no Brasil, França e Japão. *Sociologia & Antropologia*, v. 1. p. 151-180, 2011.

NOBRE, Miriam. Trabalho Doméstico e Emprego Doméstico. In: COSTA, Ana Alice; OLIVEIRA, Eleonora Menicucci de; LIMA, Maria Ednalva Bezerra de; SOARES, Vera. *Reconfiguração das relações de gênero no trabalho*. São Paulo: CUT Brasil, 2004.

O TRABALHO VOLUNTÁRIO NO BRASIL: um olhar crítico sobre a prestação de serviços na copa do mundo de 2014

Roberta Dantas de Mello[*]

1. INTRODUÇÃO

O trabalho voluntário, por ter caráter de benevolência, não se encontra amparado pelo ordenamento jurídico trabalhista.

Entretanto, diante da renitente tentativa de fraude dos direitos trabalhistas pelos detentores de capital por meio de artifícios criativos para precarização nas contratações de trabalho, torna-se necessário um olhar crítico sobre as formas de pactuação que excluem a relação de emprego ou a tornam nebulosa de ser identificada.

No presente artigo, privilegiou-se a situação de contratação de prestador de serviços voluntários na Copa do Mundo de 2014. Para tanto, serão estudados, de forma breve, a concepção de voluntariado e alguns recortes jurídicos sobre a temática.

2. BREVES LINHAS ACERCA DO VOLUNTARIADO E DA SUA CONCEPÇÃO

A filantropia, que tem em sua essência o amor à humanidade, busca contribuir para a construção de uma sociedade mais justa e equitativa por meio do voluntariado, das doações (ou donativos) e das ações sociais (sem fins lucrativos ou políticos).

O voluntariado decorre da motivação do indivíduo em buscar as causas que se identifique e que acredite com intuito de melhorar as condições de vida na sociedade. Assim, de forma livre, de acordo com as aptidões e a disponibilidade de horário, o prestador de serviços passa a desenvolver o trabalho voluntário em prol do público que tenha escolhido para beneficiar com suas ações.

A literatura especializada indica que o trabalho voluntário é impulsionado pelos sentimentos de compaixão, solidariedade e indignação contra a miséria humana.

De modo geral, a motivação básica para a ação voluntária se pauta no *altruísmo*. Desta feita, a execução de atividades voluntárias atende não somente às necessidades do próximo como também aos imperativos de uma causa.

No entanto há outros motivos que podem orientar a prática de serviços voluntários, como os de *interesse próprio* (de forma combinada ou não com o altruísmo).

Esse tipo de motivação, de cunho de interesse próprio, pode estar ligado a questões profissionais (trata-se do voluntariado com foco profissional, atrelado ao desenvolvimento de habilidades valorizadas pelo mercado de trabalho a fim de obter a experiência desejada) quanto ao proveito próprio (a título exemplificativo, a participação de construção

---

[*] Doutoranda e mestre em Direito do Trabalho pela PUC-MG. Pesquisadora da CAPES (2010/2012). Advogada. Professora de Direito do Trabalho.

de uma praça que poderá ser aproveitada pelo voluntário e pela sua família).

3. O TRABALHO VOLUNTÁRIO NO BRASIL: RECORTE JURÍDICO

Há registro do trabalho voluntário no Brasil desde 1543 na capitania de São Vicente[1].

O trabalho voluntário se contrapõe ao trabalho obrigatório (este, no sentido de trabalho-dever, como aquele prestado nos serviços militar e eleitoral) e ao trabalho forçado (decorrente de pena cominada em sentença criminal)[2].

Ainda que de forma tímida, uma corrente do bem cresce pelo Brasil. De acordo com o estudo feito pela organização britânica *Charities Aid Fundation* (CAF), em 2012, estima-se que há 18 milhões de voluntários no Brasil, de maneira que o País assume o nono lugar no *ranking* mundial[3].

Neste tópico será estudado o trabalho voluntário disciplinado pela Lei n. 9.608/98 e não aquele em sentido *lato*, objeto de várias áreas de conhecimento.

No Brasil, o trabalho voluntário encontra-se regulado pela Lei n. 9.608/98[4], *in verbis*:

> Art. 1º Considera-se serviço voluntário, para fins desta Lei, a atividade não remunerada, prestada por pessoa física a entidade pública de qualquer natureza, ou a instituição privada de fins não lucrativos, que tenha objetivos cívicos, culturais, educacionais, científicos, recreativos ou de assistência social, inclusive mutualidade.
>
> Parágrafo único. O serviço voluntário não gera vínculo empregatício, nem obrigação de natureza trabalhista previdenciária ou afim.
>
> Art. 2º O serviço voluntário será exercido mediante a celebração de termo de adesão entre a entidade, pública ou privada, e o prestador do serviço voluntário, dele devendo constar o objeto e as condições de seu exercício.
>
> Art. 3º O prestador do serviço voluntário poderá ser ressarcido pelas despesas que comprovadamente realizar no desempenho das atividades voluntárias.

> Parágrafo único. As despesas a serem ressarcidas deverão estar expressamente autorizadas pela entidade a que for prestado o serviço voluntário.
>
> Art. 4º Esta Lei entra em vigor na data de sua publicação.
>
> Art. 5º Revogam-se as disposições em contrário.

Com base no texto legal, o serviço voluntário tem as seguintes características: deve ser prestado por pessoa física a entidade governamental ou privada sem fins lucrativos e voltada para objetivos públicos; a atividade voluntária não é remunerada e não gera vínculo empregatício; previsão de termo de adesão a ser firmado entre o indivíduo e a entidade pública/instituição privada de fins não lucrativos; possibilidade de ressarcimento das despesas no desempenho da atividade voluntária.

Acerca da elaboração da Lei do Voluntariado (Lei n. 9.608/98), Paulo Emílio Ribeiro de Vilhena não duvida que o legislador brasileiro tenha se valido da influência do direito germânico para confeccioná-la. Porém, aduz que o texto da Lei n. 9.608/98 reflete uma inspiração até *errônea* da noção de serviço voluntário na Alemanha e a caracteriza como "deformadora arte da imitação". O jurista explica que o único ponto de contato entre a lei brasileira e o instituto desenvolvido na Alemanha seria que em ambos *não há remuneração*[5].

No entendimento de Alice Monteiro de Barros, a legislação brasileira sobre o trabalho voluntário recebeu significativa influência da Lei italiana n. 266 de 1991, motivo pelo qual é nítida a semelhança de tratamento. A jurista aduz que o ordenamento jurídico italiano também trata o trabalho voluntário de forma distinta do subordinado e do autônomo. Porém ressalta um aspecto louvável da legislação italiana que não consta da previsão legal brasileira: a obrigatoriedade de o credor do trabalho voluntário fazer seguro contra infortúnio e doenças profissionais (seguro de natureza privada, não sendo gerido pelo órgão previdenciário), além da responsabilidade civil em relação a terceiros[6].

---

(1) A respeito, consultar: BARROS, Alice Monteiro de. *Curso de Direito do Trabalho*. 3. ed., São Paulo: LTr, 2007.

(2) VILHENA, Paulo Emílio Ribeiro de. *Relação de emprego*: estrutura legal e supostos. 2. ed., São Paulo: LTr, 1999.

(3) BRITO, Kátia. Na onda do bem. Disponível em: <http://revistapontoa.com.br/capa/na-onda-do-bem/>. Acesso em: 5 abr. 2014.

(4) BRASIL. Lei n. 9.608, de 18 de fevereiro de 1998. Dispõe sobre o serviço voluntário e dá outras providências. *Diário Oficial da União*, Brasília, 19 fev. 1998. Disponível em: <http://www.planalto.gov.br/ccivil_03/leis/L9608.htm>. Acesso em: 5 abr. 2014.

(5) Paulo Emílio Ribeiro de Vilhena observa que, diversamente do termo genérico e amplo no que venha a ser a atividade ou o serviço prestado pelo voluntário previsto na Lei brasileira (ressalvadas as estritas tipificações trazidas com as Leis ns. 10.029/2000 e 10.940/2000), com base na lei e nas doutrinas alemãs, o trabalho do voluntário é prestado a qualquer empresa (industrial, comercial ou rural), por determinado período, e o prestador visa ao desenvolvimento, ao aperfeiçoamento e à especialização, em certa atividade profissional. Desta feita, o trabalho voluntário pertenceria ao gênero *contratos de formação profissional* e se enquadraria na mesma categoria do aprendiz, do aperfeiçoante e do especialista. VILHENA, Paulo Emílio Ribeiro de. *Relação de emprego*: estrutura legal e supostos. 2. ed., São Paulo: LTr, 1999.

(6) BARROS, Alice Monteiro. *Curso de direito do trabalho*. 3. ed., São Paulo: LTr, 2007.

No âmbito juslaboral brasileiro, Mauricio Godinho Delgado define o trabalho voluntário como "aquele prestado com ânimo e causa benevolentes"[7].

Nesta conceituação observa-se que a benemerência do trabalho voluntário se encontra prevista em duas dimensões de forma conjugada. A sua dimensão subjetiva se pauta na *intenção graciosa* do indivíduo no cumprimento da prestação laborativa. Já a segunda, sob a perspectiva objetiva do trabalho voluntário, diz respeito à *presença de causa propiciadora e instigadora do labor ofertado*.

De forma similar, Paulo Emílio Ribeiro de Vilhena observa que o trabalho voluntário comporta as acepções geral e individual, que são indissociáveis entre si. Na primeira, sob o aspecto geral, leva-se em consideração a vontade própria do interessado em prestar o serviço. Já na segunda, sob o aspecto individual, pauta-se em razão do seu conteúdo, ou seja, na execução da atividade não onerosa[8].

No Direito, o que fundamenta subtrair, praticamente, qualquer proteção jurídica ao trabalhador nas relações de voluntariado seria a intenção graciosa do indivíduo no cumprimento da prestação laborativa, bem como a presença de causa propiciadora e instigadora do labor ofertado.

Em anteposição à onerosidade[9], um dos pressupostos da relação de emprego, Mauricio Godinho Delgado observa que a graciosidade do vínculo de trabalho deve ser enfocada pela perspectiva do *prestador de serviços*, já que em todo labor, por mais simples que seja, há sempre certa transferência de valor econômico para quem recebe o serviço prestado.

A aferição da onerosidade ou da graciosidade se encontra na ocorrência ou não de *efetivo* pagamento. Se o pagamento apresentar caráter basicamente contraprestativo, está presente a onerosidade e, por conseguinte, não há enquadramento do trabalho voluntário. Ao revés, configura-se o clássico trabalho voluntário se constatada a inquestionável índole benevolente, a consistente justificativa para desempenho de serviço de natureza cívica, política, comunitária, filantrópica, religiosa e congêneres[10]

e as demais características inerentes ao instituto do voluntariado sob o enfoque do prestador de serviços. Evidentemente, cabe ao operador do Direito investigar, na relação sociojurídica concreta, a real *intenção* do indivíduo que ingressou na relação de trabalho.

Neste contexto, no que tange ao ramo juslaboral, em determinado caso prático deve ser arguido principalmente o *princípio da primazia da realidade sobre a forma* (art. 9º da CLT). Logo, comprovado o trabalho oneroso, abre-se a possibilidade até para o enquadramento de vínculo empregatício.

Quanto à regra do art. 3º da Lei n. 9.608/98, que prevê a possibilidade de reembolso de despesas suportadas pelo voluntário, as verbas têm caráter indenizatório. Afinal, são ressarcidas as *despesas* feitas e comprovadas pelo prestador de serviços e *não o trabalho prestado*. Assim, o ressarcimento de reais despesas necessárias ou funcionais ao cumprimento efetivo da prestação do serviço não se revela suficiente para afastar a natureza gratuita do labor ofertado, de maneira a se manter o reconhecimento do trabalho voluntário[11].

A figura do tomador de serviços ou do credor do trabalho voluntário se encontra na entidade pública de qualquer natureza ou na instituição privada sem fins lucrativos (art. 1º da Lei n. 9.608/98).

Sobre a existência solene/formal do termo de adesão e a sua respectiva exibição para a configuração do trabalho voluntário, não há consenso entre jurisprudência e doutrina.

Os posicionamentos jurisprudenciais se divergem no sentido de ora compreender que a apresentação do termo de adesão decorre de exigência legal (leitura depreendida do art. 3º da Lei n. 9.608/98) e, por sua vez, torna-se requisito essencial para a validade do serviço voluntário ora entender que a exibição do termo de adesão é desnecessária para a caracterização do trabalho voluntário.

Acerca dessa disparidade, citam-se os seguintes julgados, respectivamente:

> TRABALHO VOLUNTÁRIO. Admitida a prestação de serviço do autor, como — voluntário —, incumbia à reclamada afastar a natureza empregatícia da relação havida. O serviço voluntário é disciplinado pela Lei

---

[7] DELGADO, Mauricio Godinho. *Curso de direito do trabalho*. 13. ed., São Paulo: LTr, 2014.

[8] VILHENA, Paulo Emílio Ribeiro de. *Relação de emprego*: estrutura legal e supostos. 2. ed., São Paulo: LTr, 1999.

[9] A onerosidade pode ser verificada por meio do pagamento feito pelo tomador de serviços de parcelas habituais e economicamente mensuráveis como forma de remunerar o trabalhador. Neste sentido, vide: DELGADO, Mauricio Godinho. *Curso de Direito do trabalho*. 13. ed., São Paulo: LTr, 2014.

[10] As naturezas da atividade não remunerada apresentadas no art. 1º da Lei n. 9.608/98 devem ser compreendidas meramente como exemplificativas. DELGADO, Mauricio Godinho. *Curso de Direito do Trabalho*. 13. ed., São Paulo: LTr, 2014.

[11] É oportuno mencionar que o auxílio financeiro previsto nos arts. 6º c/c 2º da Lei n. 11.692/2008, que instituiu o Programa Nacional de Inclusão dos Jovens — PROJOVEM, não tem natureza salarial, mas sim caráter de seguridade social, e também não tem o condão de descaracterizar os demais fundamentos acerca do trabalho voluntário.

n. 9.608/98 que, em seu art 2º, assim dispõe: — Art. 2º O serviço voluntário será exercido mediante a celebração de termo de adesão entre a entidade, pública ou privada, e o prestador do serviço voluntário, dele devendo constar o objeto e as condições de seu exercício. —. A recorrente não demonstrou ter firmado com o autor o Termo de Adesão Para Trabalho Voluntário referido na lei, requisito essencial para validade do serviço voluntário[12].

RELAÇÃO DE EMPREGO. INSUBSISTÊNCIA. TRABALHO VOLUNTÁRIO. PRIMAZIA DA REALIDADE. Inexiste vínculo empregatício entre creche com finalidades estritamente sociais e prestadora de serviço voluntário (Lei n. 9.608/98). A ausência do termo de adesão não importa, por si só, na caracterização da relação de emprego[13].

Os entendimentos doutrinários também se distinguem. As doutrinas de Alice Monteiro de Barros, Vólia Bonfim Cassar e Eduardo Gabriel Saad comungam da compreensão do termo de adesão ser requisito substancial para a configuração do trabalho voluntário, e uma vez ausente esta formalidade, nula será a contratação sob a égide da Lei n. 9.608/98.

Já Mauricio Godinho Delgado leciona que, ainda que a formalidade constante do art. 2º da Lei n. 9.608/98 não tenha sido atendida e que o pacto de prestação de serviços voluntários não tenha sido evidenciado, é possível a configuração do trabalho voluntário[14].

Porém o Jurista adverte que nada impede que, mesmo tendo havido a existência solene de termo de adesão, o *princípio da primazia da realidade sobre a forma* pode atestar "em certo caso prático, tratar-se o vínculo de voluntariado de simples simulação da relação de emprego"[15].

Acerca do ônus da prova em lide trabalhista, uma vez admitida a prestação de serviços do Autor (pessoa física), cabe à Ré (entidade pública ou instituição privada de fins não lucrativos) provar o ânimo benevolente do trabalho voluntário e, por conseguinte, a graciosidade da oferta do labor.

Por fim, na seara juslaboral, cumpre sobrelevar o *princípio da primazia da realidade sobre a forma* de maneira que se constatada, no caso concreto, qualquer tentativa de transformação do trabalho voluntário em instrumento de mera exploração do indivíduo para potenciar os ganhos no contexto econômico e aprofundar a concentração de renda no plano social, certamente, há um desvirtuamento do propósito do serviço voluntário.

4. O TRABALHO "VOLUNTÁRIO" NA COPA DO MUNDO DE 2014: ATENTADO À DIGNIDADE DA PESSOA HUMANA

A hipótese de empregador aparente admite-se, quase sempre, em decorrência de suposição do empregado e das circunstâncias que o rodeiam quanto às formas de relacionamento. Essas circunstâncias levam o julgador à convicção de que aquele que se toma por empregador reúne todos os requisitos inerentes a essa qualidade. [...] Nada estranha seja resultante de uma situação simulatória, engendrada pelo empregador real, com o intuito de ocultar-se[16].

Posteriormente à definição da realização da Copa do Mundo de 2014 no Brasil, a FIFA[17], em agosto de 2012, divulgou o "Programa de Voluntários da Copa do Mundo da FIFA Brasil 2014"[18] com o objetivo de recrutar milhares de pessoas do Brasil e do mundo a prestarem serviços de forma voluntária nas ações ligadas ao evento e aos estádios.

A FIFA disponibiliza em seu *site* oficial "Informações do Programa de Voluntários" com uma série de perguntas e respostas sobre o assunto.

Nos esclarecimentos àqueles que se interessam a ser voluntários na Copa do Mundo, a FIFA frisa que no trabalho voluntário não há remuneração e informa aos prestadores de serviços voluntários:

O turno diário de trabalho voluntário durará até dez horas.

---

(12) BRASIL. Tribunal Regional do Trabalho da 1ª Região. RO n. 2831720115010541. Relator José Nascimento Araújo Netto. *Diário da Justiça do Trabalho*, Brasília, 27 ago. 2013.

(13) BRASIL. Tribunal Regional do Trabalho da 3ª Região. RO n. 130-2010-046-03-00-3. Relator Ricardo Antonio Mohallem; Revisor: Antonio Fernando Guimaraes. *Diário da Justiça do Trabalho*, Brasília, 14 jul. 2010.

(14) DELGADO, Mauricio Godinho. *Curso de direito do trabalho*. 13. ed., São Paulo: LTr, 2014.

(15) DELGADO, Mauricio Godinho. *Curso de direito do trabalho*. 13. ed., São Paulo: LTr, 2014. p. 364.

(16) VILHENA, Paulo Emílio Ribeiro de. *Relação de emprego*: estrutura legal e supostos. 2. ed., São Paulo: LTr, 1999. p. 157.

(17) Segundo *site* oficial, a FIFA — *Fédération Internationale de Football Association* — é uma associação regida pela legislação suíça, fundada em 1904 e sediada em Zurique. É composta de 208 federações nacionais e tem como objetivo, de acordo com os seus Estatutos, a melhora contínua do futebol. A FIFA conta com aproximadamente 310 colaboradores procedentes de 35 países e é formada pelo Congresso (órgão legislativo), pelo Comitê Executivo (órgão executivo), pela Secretaria Geral (órgão administrativo) e pelos comitês (que auxiliam o Comitê Executivo). Disponível em: <http://pt.fifa.com/aboutfifa/organisation/index.html>.

(18) INFORMAÇÕES do programa de voluntários. Disponível em: <http://pt.fifa.com/worldcup/organisation/volunteers/faq/index.html>. Acesso em: 5 abr. 2014.

É necessário ter disponibilidade de pelo menos 20 dias corridos na época dos eventos.

[...] é importante que as pessoas saibam que terão de estar disponíveis para o trabalho no período determinado [...].

[...] na cidade na qual forem alocados/escolherem, sabendo que o COL não proverá nenhum tipo de auxílio para a hospedagem.

Não serão disponibilizados assentos para os voluntários. Alguns poderão estar trabalhando nas arquibancadas ou em áreas com visibilidade para o campo, mas é importante lembrar que estarão trabalhando e, por isso, não deverão ter tempo para assistir aos jogos. Nos intervalos do seu horário de trabalho, no entanto, poderão ir ao Centro de Voluntários, onde poderão assistir por alguns momentos a alguma partida que esteja sendo transmitida[19].

Encerradas as inscrições, foram contabilizados 14 mil voluntários para participar do "Programa de Voluntários da Copa do Mundo da FIFA Brasil 2014"[20].

Embora a FIFA se qualifique como instituição não lucrativa e, em razão disso, tenha sido isenta pelo governo brasileiro de pagar aproximadamente R$ 1 bilhão em impostos, a Copa do Mundo no Brasil se revela a mais lucrativa da história da FIFA, já que apresentou, até abril/2014, um caixa de mais de R$ 3 bilhões, e a expectativa é de ganhar, no mínimo, R$ 8,8 bilhões com o torneio[21].

Independentemente da natureza da atividade desempenhada pela FIFA e do numerário da sua arrecadação, o fato é que o programa, conforme ofertado para captação de voluntários, desvirtua, no mínimo, o instituto do trabalho voluntário (de conhecimento internacional), viola a Lei Geral da Copa (Lei n. 12.663/2012) e a interpretação excetiva da Lei do Trabalho Voluntário (Lei n. 9.608/98), agride a função central do Direito do Trabalho e afronta o princípio da dignidade da pessoa humana.

O ato arbitrário da FIFA em determinar a *duração do trabalho* em até 10 horas e o *prazo de execução das tarefas* em pelo menos 20 dias corridos fere a concepção do voluntariado, que também se pauta na *liberdade* do indivíduo em dedicar-se à prestação de serviços *em seu tempo disponível*.

A respeito da Lei Geral da Copa, o governo brasileiro, aliado à FIFA, assumiu o compromisso público de zelar pelo *trabalho decente* (art. 29, I, *b*) da Lei n. 12.663/2012[22].

A partir do momento que se determina a execução de serviços sem garantias trabalhistas a mais de 14 mil pessoas, escolhe-se o caminho oposto à noção de trabalho decente, amplamente difundido pela OIT.

Sobre a Lei n. 9.608/98, é importante mencionar que se trata de legislação de excepcional aplicação do Direito do Trabalho. Nesta lógica, a relação de voluntariado aparece como uma exceção à regra de presunção do vínculo empregatício (e não o contrário). Em outras palavras, alerta-se: norma justrabalhista destinada a imprimir padrão restritivo de pactuação das relações empregatícias são excetivas.

Quanto à agressão à função central do Direito do Trabalho, a transformação fraudulenta do trabalhador em voluntário para a prestação de serviços à FIFA implica precarização das condições de labor e apenas potencia os ganhos econômicos sem reciprocidade social ("capitalismo sem peias"[23]), aprofundando o desequilíbrio entre Capital e Trabalho.

No que tange à Carta Constitucional de 1988, uma das maneiras de se efetivar a dignidade da pessoa humana, de *status* multidimensional, encontra-se na centralidade do *valor* trabalho.

A valorização do trabalho, elevado a princípio constitucional (art. 1º, IV da CR/88), deve ser interpretada como "princípio da valorização do trabalho digno", que assegura o direito fundamental ao trabalho regulado, leia-se, relação de emprego.

Assim, o manejo manipulado pela FIFA da Lei n. 9.608/98 de explorar, de forma simulada, atividade voluntária de prestação de serviços representa um verdadeiro atentado à CR/88.

---

(19) INFORMAÇÕES do programa de voluntários. Disponível em: <http://pt.fifa.com/worldcup/organisation/volunteers/faq/index.html>. Acesso em: 5 abr. 2014.

(20) INFORMAÇÕES do programa de voluntários. Disponível em: <http://pt.fifa.com/worldcup/organisation/volunteers/faq/index.html>. Acesso em: 5 abr. 2014.

(21) Para mais detalhes, vide: Sem "fins lucrativos", Fifa tem R$ 3 bilhões em caixa. Entidade diz que não "faz" dinheiro, mas dobrou suas receitas desde a confirmação da Copa no Brasil, em 2007. Disponível em: <http://esportes.r7.com/futebol/copa-das-confederacoes-2013/sem-fins-lucrativos-fifa-tem-r-3-bilhoes-em-caixa-27062013>. Acesso em: 15 abr. 2014.

(22) Dispõe sobre as medidas relativas à Copa das Confederações FIFA 2013, à Copa do Mundo FIFA 2014 e à Jornada Mundial da Juventude. Disponível em: <http://www.planalto.gov.br/ccivil_03/_ato2011-2014/2012/Lei/L12663.htm>. Acesso em: 5 abr. 2014.

(23) Expressão utilizada por Mauricio Godinho Delgado na obra: DELGADO, Mauricio Godinho. *Capitalismo, trabalho e emprego*: entre o paradigma da destruição e os caminhos de reconstrução. São Paulo: LTr, 2006.

Em outras palavras, os termos de contratação de indivíduos para desempenhar funções ligadas à Copa do Mundo revelam que a FIFA é dotada de *poder empregatício*. Logo, cabe à FIFA a formalização de contratos de emprego, ao revés de termos de adesão de prestação de serviços voluntários.

Jorge Luiz Souto Maior, em seu "Manifesto contra o trabalho 'voluntário' na Copa", assinado por mais de 200 renomados representantes da comunidade jurídica, assevera:

> [...] em concreto, resolveram fazer letra morta do compromisso e das normas constitucionais inseridas na órbita dos direitos fundamentais de proteção ao trabalhador ao vislumbrarem a utilização da lei do trabalho voluntário para a execução de serviços durante a Copa às entidades ligadas à FIFA e mesmo aos governos federal e locais, institucionalizando, assim, a figura execrável da precarização do trabalho, que se aproveita da necessidade do trabalhador em benefício desmedido do poder econômico, reproduzindo e alimentando, por torpes razões, a lógica do trabalho em condições análogas à de escravo. [...]. Assim, considerando que a previsão dos "voluntários" para a FIFA é de 15 mil, é possível vislumbrar que um dos legados certos da Copa seria o histórico de que durante a Copa ter-se-ia evidenciado um estado de exceção constitucional quanto aos direitos fundamentais trabalhistas, negando-se a condição de cidadania a pelo menos 33 mil pessoas (brasileiras ou não, cabendo não olvidar que na perspectiva dos direitos trabalhistas a Constituição não faz nenhuma diferença entre brasileiros e estrangeiros).[24]

Portanto é possível perceber que o "padrão FIFA" de contratação de pessoas via serviço voluntário representa uma frontal agressão à legislação ordinária, ao diploma constitucional, senão, atentado ao Estado Democrático de Direito.

5. CONCLUSÃO

No presente estudo, privilegiou-se a situação de contratação de prestador de serviços voluntários na Copa do Mundo de 2014. Lançado o olhar crítico, revelou-se que, na prática, a contratação estava contaminada pela simulação do trabalho voluntário/eivada de nulidade, devendo, assim, haver interferência do Direito para retificar a intenção fraudulenta.

Ainda que seja em momento posterior, os instrumentos jurídicos devem ser utilizados para coibir essa fraude trabalhista, sob pena de, nas palavras de Jorge Luiz Souto Maior, restar como legado da Copa "uma séria acomodação diante de posterior utilização e ampliação desta ou de outra fórmula jurídica de precarização do trabalho"[25].

A comunidade jurídica *não pode tolerar*, ao menos sem resistência, a consumação da violação à dignidade da pessoa humana por tal tentativa de remercantilização da força de trabalho por instituição privada internacional de notório poder econômico.

REFERÊNCIAS BIBLIOGRÁFICAS

BARROS, Alice Monteiro de. *Curso de Direito do Trabalho.* 3. ed., São Paulo: LTr, 2007.

BARROSO, Luís Roberto. *Interpretação e aplicação da constituição.* 5. ed., São Paulo: Saraiva, 2003.

BRASIL. (Constituição 1988). *Constituição da República Federativa do Brasil.* Brasília: Senado Federal, 1988. Disponível em: <http://www. planalto. gov.br/ccivil_03/constituicao/constitui%C3%A7ao.htm>. Acesso em: 5 abr. 2014.

_____. Decreto-Lei n. 5.452, de 1º de maio de 1943. Aprova a Consolidação das Leis do Trabalho. CLT. *Diário Oficial da União*, Brasília, 9 ago. 1943. Disponível em: <http://www.planalto.br/ccivil_03/decreto-lei/Del5452 ompilado.htm>. Acesso em: 25 set. 2011.

_____. Lei n. 9.608, de 18 de fevereiro de 1998. Dispõe sobre o serviço voluntário e dá outras providências. *Diário Oficial da União*, Brasília, 19 fev. 1998. Disponível em: <http://www. planalto.gov.br/ccivil_03/leis/L9608.htm>. Acesso em: 5 abr. 2014.

_____. Lei n. 12.663, de 5 de junho de 2012. Dispõe sobre as medidas relativas à Copa das Confederações FIFA 2013, à Copa do Mundo FIFA 2014 e à Jornada Mundial da Juventude — 2013, que serão realizadas no Brasil; altera as Leis ns. 6.815, de 19 de agosto de 1980, e 10.671, de 15 de maio de 2003; e estabelece concessão de prêmio e de auxílio especial mensal aos jogadores das seleções campeãs do mundo em 1958, 1962 e 1970. *Diário Oficial da União*, Brasília, 8 jun. 2012. Disponível em: <http://www. planalto.gov.br/ccivil_03/_ato2011-2014/2012/Lei/L12663.htm>. Acesso em: 5 abr. 2014.

---

(24) MAIOR, Jorge Luiz Souto. Copa do Mundo no Brasil: Manifesto contra o trabalho "voluntário". Disponível em: <http://www.cartamaior.com.br/?/Editoria/Principios-Fundamentais/Manifesto-contra-o-trabalho-voluntario-na-Copa/40/30523>. Acesso em: 5 abr. 2014.

(25) MAIOR, Jorge Luiz Souto. Copa do Mundo no Brasil: Manifesto contra o trabalho "voluntário". Disponível em: <http://www.cartamaior.com.br/?/Editoria/Principios-Fundamentais/Manifesto-contra-o-trabalho-voluntario-na-Copa/40/30523>. Acesso em: 5 abr. 2014.

_____. Tribunal Regional do Trabalho da 1ª Região. RO n. 2831720115010541. Relator José Nascimento Araújo Netto. *Diário da Justiça do Trabalho*, Brasília, 27 ago. 2013.

BRITO, Kátia. Na onda do bem. Disponível em: <http://revistapontoa.com.br/capa/na-onda-do-bem/>. Acesso em: 5 abr. 2014.

CARDOSO, Adalberto Moreira. *A década neoliberal e a crise dos sindicatos no Brasil*. São Paulo: Boitempo, 2003. p. 327.

COPA do mundo 2014: uniformes dos Voluntários. Disponível em: <http://www.fimdejogo.com.br/blog/2014/04/11/copa-do-mundo-2014-uniformes-dos-voluntarios/>. Acesso em: 5 abr. 2014.

DELGADO, Gabriela Neves. *Direito fundamental ao trabalho digno*. São Paulo: LTr, 2006.

DELGADO, Mauricio Godinho. *Capitalismo, trabalho e emprego*: entre o paradigma da destruição e os caminhos de reconstrução. São Paulo: LTr, 2006.

_____. *Curso de direito do trabalho*. 13. ed., São Paulo: LTr, 2014.

_____. Direitos Fundamentais na relação de trabalho. *Revista de Direito do Trabalho*, São Paulo, v. 32, n. 123. p. 142-165, jul./set. 2006b.

_____. *Princípios de direito individual e coletivo do trabalho*. 4. ed., São Paulo: LTr, 2013.

FIFA. Disponível em: <http://pt.fifa.com/aboutfifa/organisation/index.html>. Acesso em: 5 abr. 2014.

GRAU, Eros Roberto. *A ordem econômica na Constituição de 1988*. 13. ed., São Paulo: Malheiros, 2008.

INFORMAÇÕES do programa de voluntários. Disponível em: <http://pt.fifa.com/worldcup/organisation/volunteers/faq/index.html>. Acesso em: 5 abr. 2014.

KANITZ, Stephen. Filantropia. Disponível em: <http://www.filantropia.org/artigos/stephen_kanitz.htm>. Acesso em: 5 abr. 2014.

LOBO, Valéria Marques. *Fronteiras da cidadania*: sindicatos e (des)mercantilização do trabalho no Brasil. Belo Horizonte: Argvmentvm, 2010.

MAIOR, Jorge Luiz Souto. *A copa já era!* Disponível em: <http://www.anamatra.org.br/uploads/article/a-copa-ja-era.pdf>. Acesso em: 5 abr. 2014.

_____. *Copa do Mundo no Brasil*: Manifesto contra o trabalho "voluntário". Disponível em: <http://www.cartamaior.com.br/?/Editoria/Principios-Fundamentais/Manifesto-contra-o-trabalho-voluntario-na-Copa/40/30523>. Acesso em: 5 abr. 2014.

_____. *Curso de direito do trabalho*: a relação de emprego. São Paulo: LTr, 2008a. v. 2.

_____. *Relação de emprego e direito do trabalho*: no contexto da ampliação da competência da justiça do trabalho. São Paulo: LTr, 2007. p. 117.

MELLO, Roberta Dantas de. *Relação de emprego e Direito do Trabalho*: papel histórico, crise e renascimento. 2012. Dissertação (Mestrado) — Pontifícia Universidade Católica de Minas Gerais, Programa de Pós-Graduação em Direito, Belo Horizonte.

NUNES, Denise Cardoso Garcia. Qual a importância do trabalho voluntário para a sustentabilidade de organizações não governamentais? 2009. Dissertação (Mestrado) — FUNDAÇÃO GETULIO VARGAS. CENTRO DE PESQUISA E DOCUMENTAÇÃO DE HISTÓRIA CONTEMPORÂNEA DO BRASIL — CPDOC. PROGRAMA DE PÓS-GRADUAÇÃO EM HISTÓRIA, POLÍTICA E BENS CULTURAIS. MESTRADO PROFISSIONAL EM BENS CULTURAIS E PROJETOS SOCIAIS. Disponível em: <http://bibliotecadigital.fgv.br/dspace/handle/10438/2695>. Acesso em: 5 abr. 2014.

SCHIER, Paulo Ricardo. Novos desafios da filtragem constitucional no momento do neoconstitucionalismo. In: SOUZA NETO, Cláudio Pereira de; SARMENTO Daniel (Coord.). *A constitucionalização do direito*: fundamentos teóricos e aplicações específicas. Rio de Janeiro: Lumen Juris. 2007. p. 251-270.

SEM "fins lucrativos", Fifa tem R$ 3 bilhões em caixa. Entidade diz que não "faz" dinheiro, mas dobrou suas receitas desde a confirmação da Copa no Brasil, em 2007. Disponível em: <http://esportes.r7.com/futebol/copa-das-confederacoes-2013/sem-fins-lucrativos-fifa-tem-r-3-bilhoes-em-caixa-27062013>. Acesso em: 5 abr. 2014.

VILHENA, Paulo Emílio Ribeiro de. *Relação de emprego*: estrutura legal e supostos. 2. ed., São Paulo: LTr, 1999.

O VALOR FILOSÓFICO DO TRABALHO PROPICIA A TRANSFORMAÇÃO DA "CLASSE – EM – SI" EM "CLASSE – PARA – SI"

Maíra Neiva Gomes[*]

1. INTRODUÇÃO

A centralidade do valor-trabalho em importantes sistemas filosóficos do século XIX permitiu uma nova compreensão dos trabalhadores sobre a atividade produtiva e sobre si mesmos, o que auxiliou a organização de sindicatos. Ora, se a civilização dos séculos XX e XXI pode ser descrita como a civilização do trabalho — que dele nasce, se desenvolve e progride —, o trabalho também pode ser encarado como atividade formadora de consciência que permite a democratização da riqueza e do poder na sociedade política, por meio das organizações sindicais.

> As entidades sindicais são, estruturalmente, uma forma de organização, de agregação e de autoidentificação (sic) das camadas populares que vivem do trabalho. [...] Eles são essencialmente, ao lado dos partidos populares, o grande instrumento de organização e de manifestação das camadas populares na sociedade democrática, [...].[1]

O presente estudo tem por objetivo buscar demonstrar como o desenvolvimento da organização social do trabalho implicou profundas alterações de seu valor filosófico.

A alteração no valor filosófico do trabalho, ou seja, a mudança na significação social do trabalho propiciou novas formas de organização dos trabalhadores e, consequentemente, o surgimento das normas trabalhistas, por meio da atuação dos sindicatos e partidos operários.

No século XIX, o trabalho, antes negado enquanto valor filosófico, passou a ser visto como atividade permanente da consciência humana, expressão de seu poder criador, atividade que constitui o próprio homem e o mundo em que ele vive. O trabalho passou a ser encarado como ato cognitivo e prático que permite a transformação da classe trabalhadora em "classe-para-si".

Para se compreender esse importante processo, inicialmente será apontado o valor-trabalho no cristianismo primitivo[2] e sua evolução no tempo. Para tanto, será utilizada a descrição apontada por Battaglia[3].

(*) Doutoranda e Mestre em Direito do Trabalho pela PUC Minas. Professora de Direito do Trabalho. Coordenadora do departamento Jurídico do Sindicato dos Metalúrgicos de BH/Contagem e Região. Membro da Comissão de Direito Sindical e Direitos Humanos da OAB/MG.
(1) DELGADO, Mauricio Godinho. Sindicato no Brasil: problemas e perspectivas. In: PEREIRA, Ricardo José Macedo de Britto; PORTO, Lorena Vasconcelos (Org.). *Temas de direito sindical*: homenagem a José Cláudio Monteiro Brito Filho. São Paulo: Ltr, p. 54-66, 2011. p. 56.

(2) A limitação do tamanho do artigo não permitirá que se investigue o valor-trabalho na Antiguidade. Mas para aqueles que pretendem se aprofundar no tema, a autora sugere o estudo da excelente obra de BATTAGLIA, Felice. *Filosofia do trabalho*. Trad. de Luís Washington Vita e Antônio D'Elia. São Paulo: Saraiva, 1958. p. 338.
(3) BATTAGLIA, Felice. *Filosofia do trabalho*. Trad. de Luís Washington Vita e Antônio D'Elia. São Paulo: Saraiva, 1958. p. 338.

A opção de iniciar o estudo a partir do cristianismo primitivo se dá por dois motivos. O primeiro é a necessária limitação do tamanho do artigo que comporá uma obra coletiva. O segundo é a opção da autora de iniciar a análise pelo período feudal, pois este, classicamente, é o ponto de partida dos doutrinadores do Direito do Trabalho para compreensão deste ramo do Direito.

Apesar de o cristianismo ter surgido ainda na Antiguidade — marco temporal que não será aprofundado neste singelo trabalho —, desde seus primórdios se pode notar que ele impulsionou uma alteração profunda na compreensão filosófica, motivo pelo qual se optou por iniciar a análise a partir deste momento.

Por fim, será demonstrado, na teoria marxiana — teoria esta que tem bastante influência nas organizações dos trabalhadores —, a importância do valor-trabalho para a construção de uma nova sociedade.

2. O CRISTIANISMO E O NOVO SIGNIFICADO DO VALOR-TRABALHO

O período feudal é marcado pela forte influência política e cultural da Igreja Católica. Detentores quase exclusivos do conhecimento literário e filosófico no território europeu no período medieval, os religiosos católicos edificaram o valor filosófico do trabalho, dando-lhe configurações distintas. No presente tópico, propõe-se analisar a transmutação do valor-trabalho no período medieval, a fim de conceber o quão significativa foi a sua transformação.

2.1 O trabalho dos humildes e a purificação da alma no cristianismo primitivo

Segundo Battaglia[4], fortemente influenciado por várias culturas, desde o dualismo entre o bem e o mal que caracterizava o pensamento de Zoroastra[5], do monoteísmo hebraico e por traços culturais helênicos e latinos introduzidos por São Paulo, o cristianismo surge como a primeira religião verdadeiramente universal. A fruição de bens espirituais é assegurada a todos os povos, independentemente de suas origens, desde que se convertam à fé cristã.

Em seus primórdios, o cristianismo, assim como a religião hebraica, condenava a acumulação de bens materiais. A religião cristã negava o trabalho, pois compreendia que Deus dava aos fiéis tudo o que era necessário para suas necessidades, desde que estes acreditassem em Deus e fossem caridosos.

No entanto, influenciado pelas origens de Jesus, o cristianismo, a princípio, revelou uma preferência pelos pobres. O trabalho dos humildes era apreciado, pois se opunha à avareza dos ricos. Embora Jesus e seu pai tenham sido trabalhadores manuais — carpinteiros — e os primeiros colaboradores de Jesus também, no cristianismo o valor-trabalho não se revelou como absoluto. O trabalho não dava sentido à vida, mas poderia se revelar negativo, caso o seu produto prendesse o homem no apego pelos bens materiais, pois o reino de Deus, no cristianismo, era celestial.

O indivíduo tinha o dever de trabalhar, pois o trabalho assegurava independência ao homem, possibilitando que o cristão enfrentasse o Estado pagão na luta pela religião. O trabalho fornecia meios de subsistência e de fazer caridade. A caridade, obrigação do cristão, purificava o espírito. Pelo trabalho, até mesmo o escravo, considerado pessoa no cristianismo primitivo e, portanto, digno de ascender ao reino dos céus, poderia redimir os pecados.

2.2 O trabalho e a providência divina na Idade Média

Apesar da ociosidade das classes proprietárias dos meios de produção na Idade Média — senhores feudais e eclesiásticos —, o trabalho adquiriu nova conceituação na filosofia cristã, a partir do fim do século XI.

De acordo com Le Goff[6], durante a Alta Idade Média as penitências devidas pelos pecadores relacionavam-se aos atos pecaminosos, consignados nos *penitenciais* que, ao observarem o modelo das leis germânicas, consideravam os atos e não os sujeitos. Porém, a partir do fim do século XI, a concepção do pecado altera-se profundamente, interiorizando-se nos indivíduos. "A partir desse momento, a gravidade do pecado se mede pela intenção do pecador."[7]

A confissão então se torna individual, privada, frequente e obrigatória com o IV Concílio de Latrão (1215 d. C.). O penitente passa a ter que avaliar sua conduta e suas intenções, o que causa profundas transformações nos comportamentos. À medida que a fé, a revelação divina e a graça de Deus passam a compor o conceito de autonomia humana, por meio da prática da religião, o conceito de trabalho

---
(4) *Ibidem*.
(5) A religião de Zoroastra, fundada no antigo império Persa — hoje Irã — aproximadamente trezentos anos antes da invasão de Alexandre, o Macedônio, criou a noção dualista entre o bem e o mal.

(6) LE GOFF, Jacques. *A bolsa e a vida*: economia e religião na idade média. Trad. de Marcos de Castro. Rio de Janeiro: Civilização Brasileira, 2007. p. 142.
(7) *Ibidem*, p. 13.

se eleva. O reino dos céus somente seria alcançado por uma conduta condizente com a fé cristã na vida terrena.

No século XIII, uma vez que os cristãos têm diante de si um mundo cada vez maior de gozos terrestres, muitas vezes oferecidos pelo comércio, a Igreja Católica decide, por meio da pregação, dirigir a palavra cotidiana aos fiéis. Várias ordens religiosas surgiram prescrevendo o trabalho, rigidamente, como obrigação. O ócio era tido como perigoso e o trabalho era o seu corretivo. A humilhação do corpo pelo trabalho manual era necessária para o exercício da fé.

A dispersão da população, o fim da escravidão e a necessidade do cultivo da terra levaram os religiosos de várias ordens ao trabalho na terra e ao artesanal, além do trabalho intelectual de conservação do patrimônio literário. O trabalho era fonte de sobrevivência, não destinado à acumulação, e prevenia a tentação.

Entre os religiosos franciscanos e beneditinos não havia distinção entre trabalho manual e intelectual, ninguém deveria ficar isento dos ofícios mais humildes e cada um deveria trabalhar conforme suas possibilidades. Para os franciscanos o trabalho era também fonte de alegria, pois glorificava a Deus.

O cristianismo deixa de ser meramente contemplativo e o dever religioso passa a adotar um conceito de atividade/ação — o trabalho —, que é o exercício da humildade. O trabalho, tanto para os religiosos quanto para os demais indivíduos, libertava a alma dos maus prazeres, purificava e servia à caridade. Assim, quem ignorava o trabalho situava-se fora da ordem estabelecida por Deus e se colocava contra o fim para o qual foi criado.

Mas a Igreja Católica, como maior possuidora de terras do período medieval, período este fundamentado em um sistema de exploração do trabalho humano que ficou conhecido como feudal, deveria justificar aquela estrutura social.

De acordo com o pensamento medieval, o trabalho estruturava a sociedade segundo o plano divino, além de ser dever moral que assegurava a vida. Ou seja, a ordem social era estabelecida pela vontade de Deus, por isso havia distinção entre os que trabalhavam e aqueles que apenas gozavam os frutos do trabalho. Mas quem não trabalhava tinha outras obrigações como a contemplação divina, o amor e a caridade.

É interessante notar como a mudança com relação ao tratamento da usura expressa a modificação do próprio conceito de trabalho ainda na Idade Média. A usura era condenada pelos judeus já no Velho Testamento. Os católicos também a condenaram, pois ela inviabilizaria a fraternidade para com os pobres. Além disso, compreendia-se que a moeda — dinheiro — serviria apenas para trocas, sendo injusto receber um pagamento pelo uso de um dinheiro emprestado. O indivíduo que emprestava dinheiro a juros era visto como ladrão do tempo, que pertencia exclusivamente a Deus. Na verdade, ele venderia o tempo que corria entre o momento do empréstimo e o momento do pagamento com juros. Assim, a concepção do dinheiro como algo improdutivo reforçava a noção do trabalho enquanto atividade prescrita aos fiéis para alcançar a graça divina.

Le Goff[8] faz um importante esclarecimento em relação à condenação da usura. Normalmente, a história liga a imagem do judeu ao empréstimo a juros. No entanto os judeus praticaram a usura somente até o século XII, na época, esta não correspondia a somas importantes de dinheiro. Como as atividades produtivas eram proibidas aos judeus, restavam-lhes atividades "condenadas" pela Igreja Católica, como a medicina e a usura. Como os empréstimos a juros eram efetuados fora da comunidade judaica, não violavam as prescrições de sua religião.

Embora condenasse a usura, a Igreja emprestava e tomava empréstimos a juro. Já no século XII, alguns mosteiros praticavam-na. Segundo Demurger[9], os Cavaleiros Templários, ordem religiosa militarizada, também praticava a usura e fora dizimada devido aos problemas oriundos de empréstimos e administração de tesouros que teve com o rei Francês Filipe, o Belo (1285-1314).

Cristãos também passaram a praticar a usura, sendo que os banqueiros italianos que realizavam grandes transações possuíam, inclusive, as bênçãos papais. "A usura, na verdade, não parece ter sido habitualmente reprimida quando não ultrapassava a taxa de juros praticada nos contratos em que era tolerada."[10] A legislação bizantina cristã de Justiniano e as leis germânicas da Alta Idade Média determinavam as taxas máximas de juros, permitindo a prática de empréstimo usuário.

No entanto, com o desenvolvimento do comércio, a Igreja Católica, lentamente, deixou de limitar a prática da usura. Sua limitação era um obstáculo à expansão do comércio. Com o passar do tempo, a

---
(8) *Ibidem.*
(9) DEMURGER, Alain. *Os cavaleiros de Cristo*: templários, teutônios, hospitalários e outras ordens militares na idade média: (sécs. XI-XVI). Trad. de André Telles. Rio de Janeiro: Jorge Zahar Ed., 2002. p. 347.
(10) *Op. cit.*, p. 89.

Igreja passou a considerá-la uma espécie de trabalho, desde que fosse destinada ao investimento.

A riqueza também deixou de ser encarada, pelos filósofos católicos da época, como algo maléfico. Ela poderia existir desde que fosse fruto da providência divina — vontade de Deus — ou fruto do trabalho. O desenvolvimento do comércio fez com que a impossibilidade de mobilidade social, justificada pela vontade divina, deixasse de ser um elemento do pensamento cristão. A Igreja passou a compreender o enriquecimento dos plebeus comerciantes como uma vocação que possibilitava a mobilidade social, entendendo, assim, que a iniciativa comercial poderia subverter a ordem providencial de Deus.

3. O FLORESCIMENTO DO COMÉRCIO E O VALOR-TRABALHO

Na Alta Idade Média, muitos ofícios eram proibidos aos clérigos e leigos, uma vez que eram compreendidos como caminho fácil para se levar ao pecado. Os velhos tabus das sociedades primitivas, como o sangue e a impureza, levaram à condenação de inúmeros ofícios essenciais para o desenvolvimento das forças produtivas, tais como: medicina, tecelagem, tinturaria, sapataria, confeitaria, pintura, pesca, comércio, entre outros.

Mas o desenvolvimento do comércio e a evolução dos ofícios possibilitaram a multiplicação de justificativas para o exercício de tais profissões, que pouco a pouco foram reabilitadas. Com isso, o valor-trabalho adquiriu nova conotação.

3.1 O homem e o domínio da natureza: o trabalho como essência no Renascimento

O aquecimento do comércio e o contato com sociedades distintas fez ressurgir o interesse pelo conhecimento das obras da cultura humana na Antiguidade. O interesse do homem retornou do além — onde se mantivera durante a hegemonia cultural católica no período medieval — para as obras humanas.

Mas não se prestava meramente ao retorno à concepção clássica de vida da Antiguidade, onde a cidade e a res publica eram valores supremos. Agora permeado pelos pensamentos cristãos que solidificaram a noção de dignidade humana, o homem renascentista dos séculos XIV, XV e XVI se vê como sujeito do pensamento.

Em tal período, surgiu a noção de que a razão humana poderia e deveria dominar a natureza, além de manter firmes todas as instituições sociais e políticas. O homem não era mais um ser passivo, era um ser livre que por meio da sua atividade/ação poderia até se transfigurar em Deus. O homem agora tinha escolhas, sua vontade e sua razão poderiam determinar sua atividade.

A introdução da noção de liberdade da atividade humana acabou por exaltar o valor-trabalho. De indigno para os gregos e romanos à consequência do pecado para os cristãos, o trabalho transformou-se em livre atividade racional no Renascimento. O trabalho passou a ser a verdadeira essência humana. Não era considerado mais meio de se alcançar a graça divina, agora era fim em si mesmo. Ele aproximou o homem de Deus, pois representou o progresso, a civilização.

Com isso iniciou-se a instauração da ética do trabalho e passou a se buscar conhecer universalmente todos os ofícios humanos. A arte de fabricar, de criar por meio do trabalho, passou a ser extremamente valorizada com o apogeu da arte dos ofícios.

Mas o trabalho na terra continuava sendo inferior ao manufatureiro e ao intelectual. Os camponeses eram considerados incapazes de raciocinar, embora o trabalho fosse considerado marca da superioridade humana. O trabalho que se exaltava no Renascimento era o trabalho do artífice, daquele que criava obras humanas a partir de objetos da natureza, ou seja, daquele que dominava a natureza e não daquele que estava sujeito a ela.

Mas a exaltação do trabalho poderia acelerar a formação de um novo modo de produção?

3.2 A reforma protestante e o capitalismo

Segundo Weber[11], o capitalismo desenvolveu-se devido a diversos fatores e causas, mas a sua consolidação conectava-se com o modo metódico de vida disseminado pelo protestantismo ascético. O "espírito do capitalismo" era uma ética de vida; antes de tudo, não era ser uma pessoa avarenta, mas sim ter uma vida disciplinada — ascética —, motivada pela dedicação ao trabalho.

Em outras palavras, para Weber[12], a Reforma Protestante, que se iniciou no século XVI, teria gerado novas concepções espirituais que favoreceram a noção de trabalho. Surgida nas regiões onde o comércio estava desenvolvido, próximo às mais importantes rotas comerciais, a Reforma revelou ideias econômicas e éticas que influenciaram comportamentos e geraram um certo ideal do trabalho.

---

(11) WEBER, Max. A ética protestante e o espírito do capitalismo: texto integral.Trad. de Pietro Nassetti. 4. ed., São Paulo: Martin Claret, 2009. 235 p. (A obra-prima de cada autor).

(12) Ibidem.

Essa nova noção de trabalho adquiriu autonomia ao se desligar dos motivos de gênese religiosa e alimentou uma nova ética que estava, para Weber[13], na base do novo modelo de produção do capitalismo.

Porém o protestantismo luterano, de acordo com Battaglia[14], ainda estava ligado aos costumes e às interpretações medievais. Lutero compreendia que a salvação estava na bondade de Cristo e o divino expressava-se em todas as dimensões da vida humana, sendo o trabalho apenas uma penalidade devida a Deus, por força do pecado original, e deveria ser desempenhado da melhor maneira.

Lutero condenava a vida monástica ociosa e por isso concebia o trabalho como dever que, sob premissas religiosas, harmonizava-se com os fins da vida. Todos os tipos de trabalho, inclusive os mais humildes, eram tidos por ele como manifestações do divino. Ao desenvolver a concepção de vocação como forma de salvação que implicava a aceitação das tarefas profissionais como chamado de Deus, Lutero iniciou a valorização religiosa da disciplina do trabalho. Este, enquanto tarefa ordenada por Deus, deveria ser realizado com rígida disciplina.

Muller[15], no entanto, esclarece que foi com Calvino que o conceito de trabalho atingiu, até então, sua mais alta relevância. A teoria da "predestinação" de Calvino concebia ao trabalho um novo significado. A partir do desenvolvimento da noção de ascetismo — introduzido primeiramente pelos judeus e observado pelos cristãos —, a ação do indivíduo passou a ser o elemento primordial nesta forma de conduta religiosa.

O ascetismo compreendia que o fiel deveria agir como um instrumento da divindade. Embora tal noção tenha sido bastante disseminada na cultura cristã da época, Calvino aprofundou-a de forma bastante impactante ao pregar que todos os homens eram predestinados por Deus para a salvação ou condenação.

Para Calvino, nada que o indivíduo fizesse, em sua conduta religiosa, poderia alterar a ordem determinada por Deus. Assim, os pastores calvinistas recomendavam que o indivíduo tivesse como dever considerar-se salvo, sendo que o trabalho sem descanso era o meio mais eficaz para conseguir a sua paz interior. Com isso, o calvinismo promoveu um estímulo psicológico para a dedicação sistemática ao trabalho como centro da conduta de vida, ou seja, sua racionalização metódica.

No protestantismo calvinista, a determinação da execução do trabalho com espírito religioso e a existência de cultos sem mediadores sacerdotais — padres — tornou o trabalho o único instrumento capaz de conceder paz interior aos indivíduos. Cada fiel dialogaria com Deus diretamente e teria a obrigação religiosa de executar metodicamente o trabalho. A ideia da predestinação jogou os indivíduos, sozinhos, diante de Deus, sem quaisquer condições de saber se seriam salvos ou não, o que reforçava a noção de individualidade.

A riqueza era considerada perigosa se desviasse o indivíduo do trabalho e o levasse à busca de prazeres materiais. Mas era um mandamento de Deus se fosse fruto do trabalho e fosse destinado à reprodução do capital, sendo considerada um sinal da graça divina, um indício de que o indivíduo era predestinado à salvação. A aquisição do lucro seria o objetivo final — e não meio — de satisfazer às necessidades e aos desejos humanos. Por isso, o trabalho deveria ser racionalizado, evitando-se desperdício para que os resultados econômicos comprovassem a predestinação à salvação.

3.3 O século XVIII e a elevação do trabalho a valor extremo: o progresso iluminista e a unidade prática teórica do idealismo

Para Battaglia[16], no século XVIII, conforme o espírito racionalista e iluminista da época, o trabalho adquiriu novo sentido, desvinculado de toda a premissa religiosa que sempre o acompanhou. A dignidade do trabalho manual era apreciada, uma vez que se buscava a intervenção da cultura e da civilização para retirar os homens das condições naturais, consideradas precárias.

O trabalho manual era útil à sociedade e em forma de artesanato assegurava independência ao trabalhador. No entanto o trabalho na terra continuava a ser desprezado, pois estava sujeito às condições impostas pela natureza.

A crença no progresso, que seria proporcionado pela racionalidade humana, dominou o pensamento da época e colocou o valor-trabalho no centro da concepção do melhoramento social, político, econômico, moral, tido como ininterrupto. O trabalho era visto como atividade que possibilitava ao homem dominar a natureza e que trazia enormes vantagens ao corpo social.

Battaglia[17] compreende que no pensamento iluminista — ao contrário do protestante — os frutos

---

(13) *Ibidem.*

(14) *Op. cit.*

(15) MÜLLER, Hans-Peter. Trabalho, profissão e "vocação" — o conceito de trabalho em Max Weber. In: MERCURE, Daniel; SPURK, Jan (Org.). *O trabalho na história do pensamento ocidental.* Trad. de Patrícia Chittoni Ramos Reuillard; Sônia Guimarães Taborda. Petrópolis: Vozes, 2005. p. 234-258.

(16) *Op. cit.*

(17) *Op. cit.*

do empreendimento capitalista, ou seja, o lucro acumulado, podiam e deveriam se destinar ao luxo, pois esse era considerado benefício público, uma vez que dava trabalho aos pobres. A produção material, antes concebida como glória a Deus, passou a ser, moralmente, destinada ao gozo. Tal pensamento fundamentou a ideia utilitarista dos economistas ingleses que concebiam a riqueza como fruto do trabalho.[18]

O ócio, antes privilegiado pela filosofia, compreendido como contemplação racional, no iluminismo foi entendido como improdutivo. Somente o trabalho era visto pelos iluministas como atividade útil ao homem, por meio da qual este confirmava sua dignidade moral.

Com o surgimento do capitalismo industrial, o trabalho tornou-se central no pensamento humano e a filosofia passou a se dedicar ao esforço especulativo para conceder a esse novo valor filosófico uma unidade teórica e prática.

O idealismo moderno do século XVIII concebia como real tudo que estava no pensamento do homem. O homem, ao produzir bens materiais, a história, a cultura, teria em si o conhecimento que adquiriu por meio do trabalho. No idealismo alemão, a atividade/ação construía o mundo, unindo a teoria e a prática.

4. O TRABALHO COMO VALOR ESSENCIAL DO "ESTADO ÉTICO" HEGELIANO

A temática apresentada no presente tópico, por si só, enseja um aprofundamento para tentar-se buscar o verdadeiro impacto da filosofia hegeliana para o valor-trabalho. No entanto, como este não é o escopo fundamental do presente estudo, pretende-se apenas delinear a profunda transformação no valor-trabalho proporcionada pelo sistema filosófico de Hegel. Para tanto, serão utilizados os conceitos apresentados por Vaz[19], Santos[20], Salgado[21] e Brochado[22].

Hegel inaugurou uma nova fase ao colocar o valor-trabalho como eixo central de seu pensamento. Para Losurdo[23], o filósofo celebrou a superioridade do trabalho, nos planos cultural e produtivo, em detrimento da concepção de ócio, antes tão cultuada pela filosofia ocidental.

Segundo Mészáros[24], o conceito filosófico de atividade/ação já havia sido bastante utilizado pela economia política inglesa. No entanto tal conceito foi inovado com Hegel, pois, ao contrário dos economistas ingleses que compreendiam a atividade apenas como algo concreto, reduzido à concepção de manufatura e comércio, o filósofo alemão tornou universal a importância filosófica da atividade/ação, embora a compreendendo de forma abstrata. Com isso, Hegel abriu as portas para uma nova concepção do trabalho, o qual, em sua filosofia, adquire o caráter de pura essência humana.

O método filosófico inaugurado por Hegel buscou captar a história não como ela se apresenta à realidade, e sim à razão, ou seja, uma "história pensada" que revela o movimento de autoprodução do homem. Segundo Salgado[25], acompanhando os passos do indivíduo na história, Hegel buscou a demonstração da construção de uma nova ordem social: a sociedade racional do indivíduo livre pelo reconhecimento.

Para compreender melhor o papel do valor-trabalho no pensamento hegeliano, faz-se essencial apontar o processo de formação da "consciência-para-si" e, posteriormente, destacar o trabalho nesse movimento.

4.1 A dialética do reconhecimento: o trabalho e o "reconhecimento recíproco"

Para Battaglia[26], Hegel já havia sido influenciado pela filosofia iluminista e pelos conceitos valorativos do trabalho imprimidos pelo protestantismo e estes se expressaram no desenvolver de seu pensamento filosófico, especialmente na descrição do modo pelo qual a "consciência-de-si" busca o reconhecimento. No presente tópico, se buscará narrar

---

(18) Davi Ricardo e Adam Smith consideravam que o trabalho agregava valor às mercadorias. Posteriormente, tal ideia embasou as reflexões de Karl Marx.

(19) VAZ, Henrique C. de Lima. Senhor e escravo: uma parábola da filosofia ocidental. In: VAZ, Henrique C. de Lima. *Ética & direito*. São Paulo: Landy, Loyola, 2002. p. 183-202.

(20) SANTOS, José Henrique. *Trabalho e riqueza na fenomenologia do espírito de Hegel*. São Paulo: Loyola, 1993. p. 172.

(21) SALGADO, Joaquim Carlos. O reconhecimento. In: SALGADO, Joaquim Carlos. *A ideia de justiça em Hegel*. São Paulo, Loyola, 1996a. Cap. 8, p. 245-267 e SALGADO, Joaquim Carlos. A sociedade civil e o trabalho. In: SALGADO, Joaquim Carlos. *A ideia de justiça em Hegel*. São Paulo, Loyola, 1996b. Cap. 11, p. 365-386.

(22) BROCHADO, Maria. A dialética do reconhecimento em Hegel. In: SALGADO, Joaquim Carlos; HORTA, José Luiz Borges. (Coord.). *Hegel, liberdade e Estado*. Belo Horizonte: Fórum, 2010. p. 87-103.

(23) LOSURDO, Domenico. Hegel e a tradição liberal: duas leituras contrapostas da história. In: LOSURDO, Domenico. *Hegel, Marx e a tradição liberal*: liberdade, igualdade, Estado. Trad. de Carlo Alberto Fernando Nicola Dastoli. São Paulo: UNESP, 1998a. Cap. 5, p. 151-193.

(24) MÉSZÁROS, István. A gênese da teoria da alienação em Marx. In: MÉSZÁROS, István. *A teoria da alienação em Marx*. Trad. de Isa Tavares. São Paulo: Boitempo, 2006. Cap. II, p. 67-89.

(25) SALGADO, Joaquim Carlos. O reconhecimento. In: SALGADO, Joaquim Carlos. *A ideia de justiça em Hegel*. São Paulo, Loyola, 1996a. Cap. 8, p. 245-267.

(26) *Op. cit.*

tal movimento dialético, utilizando-se a descrição de Brochado.⁽²⁷⁾

No pensamento hegeliano, para que o conhecimento se torne absoluto, primeiramente a consciência consome o objeto, negando-o em sua independência. Nesse momento a consciência tem uma certeza absoluta de si e comporta-se como ser único, que se basta em si mesmo. É "consciência-de-si" que exclui totalmente o outro — que para ela é objeto sem essência — e tudo consome imediatamente.

Buscando a permanência do objeto, a "consciência-de-si" exterioriza-se e transforma-se em objeto, negando-se enquanto "consciência-de-si" e transformando a certeza ingênua — construída abstrata e subjetivamente — em verdade contida nela, enquanto objeto. Ao se exteriorizar, a "consciência-de-si" descobre outro extremo, idêntico a ela, mas que ao mesmo tempo é diferente, pois é outra.

A duplicação da "consciência-de-si" inaugura um terceiro momento. No processo de exteriorização, a "consciência-de-si" perde-se em sua essência porque encontra-se em outra, idêntica a ela. Ao se deparar com a outra, a "consciência-de-si", para adquirir a certeza de si, suprime a outra, que é ela mesma, suprimindo a si mesma. Como a supressão da outra é dupla, a "consciência-de-si" retorna a si mesma, pela supressão do seu "ser-outro". Porém, ao voltar para si e suprimir seu ser no outro, ela torna livre novamente a outra.

Hegel utilizou a metáfora do senhor e do escravo para descrever a dialética do reconhecimento recíproco entre as "consciências-de-si", destacando o valor-trabalho como essencial neste processo. É importante ressaltar, como lembra Vaz⁽²⁸⁾, que a metáfora utilizada por Hegel não descreve um período histórico, e sim o processo de reconhecimento mediado pelo trabalho, conforme a seguir será demonstrado.

Pela luta de vida e morte as "consciências-de-si" reivindicam sua identidade e seu reconhecimento. Mas, ao lutarem, elas colocam em jogo dois valores essenciais: a vida e a liberdade. Sem vida, elas não podem ser reconhecidas e conquistar a liberdade, mas, sem liberdade, elas não são "consciências-de-si".

A luta tem que preservar a vida para a construção da liberdade. Porém apenas a sobrevivência material — vida — não confere a humanidade, ou seja, o reconhecimento como ser livre e não objeto a ser conhecido e consumido.

Na luta, o vencedor preserva a vida do vencido, mantendo possível o seu próprio reconhecimento pela "consciência-de-si" derrotada. A "consciência-de-si" vencida, por sua vez, opta pela vida em troca de sua liberdade, pois sem a vida não lhe será possível construir o reconhecimento. A "consciência-de-si" vencida e dependente — escravo — não pode mais fruir das coisas da natureza, vez que a fruição é dada a "consciência-de-si" vencedora e independente — senhor — em troca da manutenção da vida. O escravo torna-se então "consciência-para-outro".

Privado da fruição das coisas, o escravo não mais as deseja e consome. O escravo então estabelece com as coisas uma relação de trabalho, vez que produz materialmente o necessário para ser consumido pelo senhor. Privado do consumo imediato das coisas, o escravo as transforma para o senhor, alienando-se, exteriorizando-se, deixando de ser uma "consciência-de-si" para se tornar "consciência-para-outro".

Esse processo gera uma contradição, pois a "consciência-de-si" independente — senhor — torna-se dependente do trabalho do escravo para fruir das coisas da natureza. Ou seja, para manter-se vivo e afirmar sua própria liberdade, o senhor depende de outra "consciência-de-si". E, para manter-se independente, o senhor tem que reconhecer o escravo como "consciência-de-si" e não mais como objeto, pois somente uma "consciência-de-si" pode reconhecer outra.

O senhor somente pode buscar reconhecimento em outra "consciência-de-si", mas, ao negar o escravo como "consciência-de-si" e coisificá-lo, não poderá obter reconhecimento advindo da coisa. Para ser reconhecido por outra "consciência-de-si", o senhor tem que reconhecer a "consciência-de-si" do escravo.

O escravo, pelo produto do seu trabalho, vê-se no senhor. O trabalho, de acordo com Santos⁽²⁹⁾, é o primeiro momento da saída de si na dialética do reconhecimento, pois é por meio do trabalho que o pensar se torna objetivo. O escravo é o elemento mediador entre o senhor e a natureza, pois é o escravo que a transforma, que imprime a subjetividade no objeto externo da natureza que o senhor consumirá. Mas o senhor também é o elemento mediador entre o escravo e a natureza, pois, sem a dominação, o escravo não retardaria o consumo e não efetuaria o trabalho.

O senhor, dependente do escravo, coloca-se para fora de si e se vê no escravo, reconhecendo a "consciência-de-si" do escravo. Ocorre o duplo reconhecimento das "consciência-de-si", estabelecendo-se a igualdade entre elas, o que gera sua liberdade. Mas esse movimento dialético somente é possível

---

(27) *Op. cit.*
(28) *Op. cit.*

(29) *Op. cit.*

pelo trabalho que possibilita ao escravo transformar o mundo e se transformar, obrigando ao senhor reconhecer a sua "consciência-de-si".

Segundo Santos[30], para a filosofia de Hegel, é no trabalho que se realiza a passagem da mera posição teórica para a (re)produção real do homem, quando este completa a produção de si mesmo, a partir da saída e do retorno a si, como sujeito consciente e educado, pelo trabalho. Trabalho é então a disciplina, que reprime o desejo e permite a liberdade.

Na dialética do senhor e do escravo, o trabalho é apresentado por duas perspectivas: uma pessimista, outra otimista. Ao mesmo tempo em que o trabalho é sujeição, violência, não reconhecimento do escravo, ele é mediação que permite o retorno da consciência a si mesma, além de permitir reconhecimento do outro e a liberdade.

4.2 Trabalho social e a construção do "Estado Ético"

No pensamento hegeliano, o trabalho é o fazer de todos, o meio pelo qual o homem supera o "reino das necessidades ou carências", instrumento que estabelece a igualdade na sociedade civil, suprimindo dialeticamente a servidão e a dominação. Mas qual é o trabalho exaltado por Hegel?

Inicialmente, para tentar responder a essa indagação, é importante frisar que a filosofia moderna lançou todos os seus esforços na busca da exaltação do sujeito. Hegel, ao contrário, busca enfatizar o conhecer universal, produzido por meio da relação com o outro. Para Hegel, a cultura só pode ser obra do Espírito, que é a razão de todos em uma totalidade. Talvez se possa dizer que Hegel tenta fundir o subjetivismo individualista do idealismo alemão com a concepção do público, tão cara à filosofia clássica grega.[31]

Para Santos[32], na *Fenomenologia do Espírito*, Hegel enfatiza a repressão ao consumo imposta pelo senhor ao escravo como um dos elementos que propiciam a educação pelo trabalho. Ao fazer isso, Hegel parece indicar que o trabalho individual, que tudo consome imediatamente, impede a formação de excedentes e de riquezas, pois, tão logo sejam satisfeitas as necessidades imediatas, o trabalho cessa.

Quando o homem satisfaz apenas as necessidades básicas, está submetido à natureza. Quando estabelece um sistema de relações universais, por meio do pensamento e das ações inteligentes, a natureza se submete ao homem, permitindo-o sair do "reino das necessidades ou carências", alcançando a liberdade.

> [...] o homem é o ser que consegue transformar o hábito ético em segunda natureza, ao impor-se pela disciplina do trabalho um domínio sobre sua natureza animal, de forma a tornar-se um ser de cultura. A educação é o processo de formação de si do sujeito livre.[33]

Além disso, "[...] na mediação com os demais que trabalham, o trabalho de um é o trabalho de todos, porque só encontra a sua razão de ser, seu fundamento e existência, na totalidade do trabalho realizado na sociedade, isto é: o trabalho é trabalho social."[34]

Na sociedade civil, descrita por Hegel, os indivíduos produzem para a comunidade, a fim de satisfazer as suas necessidades de vida. A coisa trabalhada não é produzida apenas para o consumo imediato, ela é trocada em virtude da complexidade da sociedade e da divisão do trabalho. Ou seja, a sociedade civil nada mais é do que a sociedade burguesa, em que os indivíduos satisfazem as suas necessidades e criam dependência e reciprocidade a partir do trabalho.

Mas na sociedade civil a essência ainda está no individual. Embora a riqueza social seja construída por meio de uma relação recíproca de necessidades e satisfações — relação, portanto, coletiva —, ela não é partilhada racionalmente, segundo critérios de contribuição ou aptidão, por exemplo. A riqueza social é distribuída por contingências relacionadas à propriedade justificada pela ocupação. A sociedade civil é desigual, pois sua existência baseia-se no jogo de interesses que a mantém.

Mas como então superar a desigualdade da sociedade civil? Salgado[35] elucida que as desigualdades, no sistema hegeliano, seriam superadas dialeticamente, a partir da integração do indivíduo no sistema das necessidades. Tal integração se daria por meio da participação dos indivíduos que exercem a mesma atividade ou o mesmo trabalho em associações, onde eles afirmariam sua igualdade.

---

(30) *Ibidem*.
(31) Tal reflexão foi sugerida por Ernane Salles da Costa Júnior, mestre em Teoria do Direito pelo programa de pós-graduação em Direito da PUC Minas, em algumas prazerosas conversas durante o ano de 2010, na Praça do Coreu.
(32) *Op. cit.*

(33) SANTOS, José Henrique. *Trabalho e riqueza na fenomenologia do espírito de Hegel*. São Paulo: Loyola, p. 172,1993. p. 40.
(34) SALGADO, Joaquim Carlos. A sociedade civil e o trabalho. In: SALGADO, Joaquim Carlos. *A ideia de justiça em Hegel*. São Paulo, Loyola, Cap. 11, p. 365-386, 1996b. p. 370.
(35) SALGADO, Joaquim Carlos. A sociedade civil e o trabalho. In: SALGADO, Joaquim Carlos. *A ideia de justiça em Hegel*. São Paulo, Loyola, Cap. 11, 1996b. p. 365-386.

Tais associações representariam os interesses das classes, compreendidas por Hegel como o natural agrupamento dos indivíduos em função das necessidades sociais que geram a divisão e a simplificação do trabalho. Ou seja, associações criadas a partir das profissões. Porém, ao contrário de Marx, Hegel não via antagonismos entre as classes, bem como não supunha uma hierarquia entre as mesmas.

A sistemática dialética desenvolvida por Hegel, segundo Vaz[36], concebe o processo histórico de formação do mundo da cultura que culmina na afirmação racional da liberdade por meio do Estado e do Direito, como forma de existência política construída por um consenso plenamente racional. E o trabalho livre é a fonte de organização econômica e jurídica dessa sociedade.

Em um primeiro momento, na sociedade civil, o Estado Liberal é um administrador das particularidades que se fixam umas ao lado das outras, em um sistema em que o trabalho é social e individual, e os indivíduos satisfazem as suas necessidades individuais reciprocamente, criando um sistema de mútua dependência. Esse é o momento econômico, definido pelo trabalho livre e pelo Direito Privado. Mas o Estado idealizado por Hegel é o "Estado Ético", racional, que visa a atender ao princípio da justiça social.

Hegel também efetua críticas à crescente mecanização do trabalho de sua época. Ao deixar de ser destinado à satisfação imediata de uma carência individual e se tornar meio de satisfazer à totalidade de carências, por meio do trabalho social, o trabalho coloca-se como universal. Porém, apesar de satisfazer cada vez mais necessidades, a mecanização do trabalho diminui seu valor, limita as habilidades individuais, impedindo o reconhecimento do homem no objeto trabalhado e gerando desigualdades sociais, a partir da repartição injusta da riqueza produzida.

Para Losurdo[37], com isso Hegel critica a ideia do mercado como algo virtuoso em si mesmo, apontando sua capacidade destrutiva e compreendendo que os direitos materiais são irrenunciáveis, uma vez que a desigualdade anula a liberdade concreta ao criar situações de extrema necessidade.

Mas, ao pensar a história como progresso da consciência, em que o reconhecimento recíproco instaura a igualdade e a liberdade, no consenso em torno de uma razão universal, Hegel teria negado o papel do homem enquanto sujeito histórico transformador, estando aí uma das bases de questionamento do pensamento hegeliano efetuado por Marx[38], como será visto no próximo tópico.

5. O TRABALHO NO PENSAMENTO MARXIANO

O valor-trabalho é a base estrutural do pensamento marxiano que foi profundamente influenciado pela filosofia de Hegel, pelo materialismo de Feuerbach, pela economia política inglesa e pelo socialismo francês. Devido ao limite do presente estudo, pretende-se apenas delinear os conceitos mais elementares à compreensão do trabalho como instrumento de formação da consciência coletiva dos trabalhadores ou, como denominam Karl Marx e Friedrich Engels[39], transformação da "classe-em-si" em "classe-para-si".

5.1 Trabalho: essência humana e fonte de estranhamento

Para Marx, o ser humano tem ideado, em sua consciência, a configuração que quer imprimir ao objeto do trabalho, antes de sua realização. Isso o difere essencialmente dos outros animais, uma vez que os seres vivos alteram a natureza[40], mas somente o homem modifica-a e domina-a, por meio de uma ação conscientemente idealizada: o trabalho.

> Uma aranha executa operações semelhantes às do tecelão, e a abelha supera mais de um arquiteto ao construir sua colmeia. Mas o que distingue o pior arquiteto da melhor abelha é que ele figura na mente sua construção antes de transformá-la em realidade. No fim do processo do trabalho aparece um resultado que já existia antes idealmente na imaginação do trabalhador.[41]

O animal produz apenas aquilo de que necessita imediatamente para si ou para sua cria; produz unilateralmente. O homem produz universalmente; produz mesmo livre da carência física e só produz

---

(36) Op. cit.

(37) Op. cit.

(38) MARX, Karl. Parte Primeira: a produção da mais-valia absoluta. In: MARX, Karl. O capital: crítica da economia política — livro primeiro. Trad. de Reginaldo Sant'Anna. 24. ed., Rio de Janeiro: Civilização Brasileira, v. 1, 2006b. p. 207-358.

(39) MARX, Karl; ENGELS, Friedrich. Manifesto comunista: 1848. Trad. de Sueli Tomazini Barros Cassal. Porto Alegre: L&PM, 2001. p. 131.

(40) Os animais podem efetuar ações planejadas, como uma "emboscada" a uma presa numa caçada, mas o fazem seguindo instintos que visam suprir suas necessidades imediatas.

(41) MARX, Karl. Parte Primeira: a produção da mais-valia absoluta. In: MARX, Karl. O capital: crítica da economia política — livro primeiro. Trad. de Reginaldo Sant'Anna. 24. ed., Rio de Janeiro: Civilização Brasileira, p. 207-358. v. 1, 2006b. p. 211-212.

— primeira e verdadeiramente — na sua liberdade com relação à carência imediata para si mesmo.[42]

Mas quando se dá a produção humana livre? Marx acreditava que essa somente ocorreria quando os antagonismos de classes fossem superados. Em outras palavras, quando o trabalho deixasse de ser estranhado[43], deixasse de ser uma prisão. E isso somente seria possível com uma profunda transformação social que seria efetuada pelo viés revolucionário, sendo o proletariado o agente histórico transformador que levaria a cabo tal transformação.

Ora, o produto do trabalho é a consciência humana que se fixou em um objeto (objetivação, alienação do trabalho). O trabalho estranhado retira isso do produtor imediato — trabalhador —, pois lhe arranca o produto. Desta forma, o homem deixa de poder contemplar a si mesmo e o mundo que criou.

Talvez possa-se abstrair das obras de Marx que a relação essencial do trabalho é a relação do trabalhador com o seu produto. No capitalismo o produto é externo ao trabalhador, não lhe pertence, é apropriado pelo não produtor — detentor dos meios de produção. Assim, o trabalhador se nega no trabalho, sente-se infeliz. O trabalhador só se sente junto a si quando fora do trabalho e sente-se fora de si quando está trabalhando. Seu trabalho não é voluntário, é forçado.

Trabalho estranhado converte o trabalho em simples meio de subsistência. O fruto do trabalho não pode mais ser contemplado e livremente disponibilizado pelo real produtor, uma vez que o objeto no qual foi plasmada a essência do trabalhador não lhe pertence. A força de trabalho se torna então mera mercadoria com a finalidade de produção de mercadorias. A forma de realização humana reduz-se à única possibilidade de subsistência do despossuído, o que acarreta a desrealização do ser social.

No capitalismo, o trabalhador, na medida em que produz mercadorias em geral, produz a si mesmo como mercadoria também. O objeto que o trabalhador produz se lhe defronta como um ser estranhado, independente do produtor.

De acordo com Marx[44], mercadorias são produtos do trabalho que satisfazem às necessidades humanas. Cada mercadoria tem uma determinada utilidade, o que lhe gera um valor de uso que somente se realiza com a utilização ou o consumo. O valor de uso é subjetivo, varia de indivíduo para indivíduo. O valor de troca, por sua vez, implica a relação quantitativa entre valores de uso de espécimes diferentes que podem mudar no tempo e no espaço. Por exemplo, o valor de troca de um relógio pode ser, em Belo Horizonte, o equivalente a vinte litros de leite e, em Contagem, o equivalente a trinta litros de leite, mas seu valor de uso permanecerá o mesmo para o indivíduo em ambas as cidades.

"Na própria relação de permuta das mercadorias, seu valor de troca revela-se, de todo, independente de seu valor de uso."[45] No entanto um produto só tem valor — de uso ou de troca — porque nele está materializado o trabalho humano. Assim, o valor da mercadoria é determinado pelo trabalho nela despendido. Para Marx[46], tal valor é medido por meio do tempo de trabalho necessário para criar um produto. Tal medida de tempo tem caráter médio, devendo ser considerado socialmente, e não de forma individual.

No capitalismo, a produção visa a criar um valor de uso que tenha valor de troca. Mas o capitalista busca um valor de troca que seja superior ao conjunto das mercadorias de que necessitou para produzir, ou seja, valor superior aos custos da produção — meios de produção e força de trabalho. A produção capitalista então busca a criação de um valor excedente, denominado por Marx[47] de mais-valia.

---

(42) Aqui se pode notar uma referência indireta à ideia de superação do "sistema de necessidades e carências" que, em Hegel, seria superado pela sociedade civil e pelo Estado Ético, conforme já foi abordado anteriormente.

(43) Quando Marx utiliza o termo *entäusserung*, ele se refere à alienação ou exteriorização. Alienação é a exteriorização da potência transformadora do trabalho humano, ou seja, é a atividade criativa que permite a transformação dos objetos. É a forma pela qual a essência humana — trabalho — se manifesta e se plasma em um objeto que passa a ter existência externa ao próprio trabalhador. Quando Marx utiliza o termo *entfremdung*, dá-lhe um sentido negativo forte. Desta forma, sua melhor tradução seria estranhamento, uma forma específica de exteriorização do trabalho humano, em especial sob o domínio do trabalho assalariado no capitalismo. Trabalho estranhado seria então a transformação do fruto do trabalho em elemento subordinado à troca e à propriedade privada. Para aprofundamento, sugere-se o estudo de ANTUNES, Ricardo. Trabalho e estranhamento. In: ANTUNES, Ricardo. *Adeus ao trabalho?*: ensaios sobre as metamorfoses e a centralidade do mundo do trabalho. 9. ed., São Paulo: Cortez, 2003. p. 123-136 e FREDERICO, Celso. *O jovem Marx* — 1843-44: as origens da ontologia do ser social. São Paulo: Editora Cortez, 1995. p. 212.

(44) MARX, Karl. Parte Primeira: mercadoria e dinheiro. In: MARX, Karl. *O capital*: crítica da economia política — livro primeiro. Trad. de Reginaldo Sant'Anna. 24. ed., v. 1, Rio de Janeiro: Civilização Brasileira. 2006a. p. 53-172.

(45) MARX, Karl. Parte Primeira: mercadoria e dinheiro. In: MARX, Karl. *O capital*: crítica da economia política — livro primeiro. Trad. de Reginaldo Sant'Anna. 24. ed., Rio de Janeiro: Civilização Brasileira, p. 53-172. v. 1. 2006a. p. 60.

(46) MARX, Karl. Parte Primeira: a produção da mais-valia absoluta. In: MARX, Karl. *O capital*: crítica da economia política — livro primeiro. Trad. de Reginaldo Sant'Anna. 24. ed., v. 1, Rio de Janeiro: Civilização Brasileira, 2006b. p. 207-358.

(47) MARX, Karl. Parte Primeira: a produção da mais-valia absoluta. In: MARX, Karl. *O capital*: crítica da economia política — livro primeiro. Trad. de Reginaldo Sant'Anna. 24. ed., Rio de Janeiro: Civilização Brasileira, v. 1, 2006b. p. 207-358.

Mais-valia corresponde à diferença entre o valor da mercadoria e os custos da produção, inclusive o custo com o trabalho. No capitalismo, o trabalhador recebe apenas o necessário para manter-se vivo e à sua família. Esse valor corresponde apenas à parte do trabalho executado — trabalho necessário. No restante do tempo trabalhado, o sujeito continua produzindo, sem remuneração, efetuando trabalho excedente. Este trabalho produz um determinado valor denominado mais-valia, base do lucro do capitalista. Quanto maior a produção, motivada por inovações tecnológicas e/ou pelo aumento da jornada, maior será a extração de mais-valia, pois a remuneração do trabalhador não aumenta proporcionalmente.

Nas sociedades capitalistas, o valor de uso — o produto do trabalho concreto, útil — não serve para a satisfação das necessidades do trabalhador, pois o trabalhador não produz para si. A essência do trabalho concreto consiste em satisfazer às necessidades do não possuidor. O produtor imediato — trabalhador — não tem nenhuma relação com os valores de uso por ele produzidos, ou seja, os produtos úteis à existência humana, produzidos pelo trabalho, são transformados em mercadorias e, para assim se transformarem, são apropriados pelo não produtor, detentor dos meios de produção.

Mas as mercadorias têm uma forma comum de valor, que é a forma dinheiro. No capitalismo, o produtor imediato — trabalhador — troca seu trabalho por salário em dinheiro. Desta forma, o trabalho torna-se também mercadoria.

A atividade produtiva dominada pela fragmentação e pelo isolamento capitalista, em que os homens são atomizados, não realiza adequadamente a função de mediações entre o homem e a natureza porque reifica (coisifica) o homem e as relações, além de reduzir o trabalhador a um estado animal natural. No lugar da consciência social tem-se o culto à privacidade, à idealização do indivíduo, tomado abstratamente. O trabalho como atividade vital, momento de identidade entre o indivíduo e a sociedade, no capitalismo, torna-se uma forma de estranhamento do trabalho, em que as relações sociais estabelecidas entre os produtores assumem a forma de relação entre os produtos do trabalho.

Uma consequência imediata de o homem estar estranhado do produto do seu trabalho é o estranhamento do homem pelo próprio homem. Na relação do trabalho estranhado, cada homem considera o outro segundo o critério e a relação na qual ele mesmo se encontra como trabalhador.

Ao se relacionar com o produto de seu trabalho objetivado, enquanto objeto estranhado, independente, hostil e poderoso, o trabalhador relaciona-se com outro homem como senhor deste objeto, portanto inimigo. Caso se relacione com a atividade como não livre, então se relaciona com ela como domínio, violência.

Para Marx, o ser da classe operária encontra-se em contradição gritante com sua essência, e isso não é uma fatalidade à qual os trabalhadores devem se resignar. Somente a ação prática dos trabalhadores demonstra o sentido de sua luta: colocar o seu ser em concordância com a sua essência.

Mas o caminho que leva ao encontro do trabalhador com sua essência não é um caminho fácil; ele implica a sua transformação, que será analisada no próximo tópico.

5.2 Transformação da "classe-em-si" em "classe-para-si"

Utilizando do método dialético, Marx analisa as condições para a emancipação dos trabalhadores, compreendendo que a condição elementar necessária é o fim do trabalho estranhado, o que somente ocorreria com o fim da propriedade privada dos meios de produção.

No entanto o intuito do presente tópico não é analisar as condições para a alteração social na forma revolucionária proposta por Marx, mas sim buscar compreender sua definição da classe trabalhadora. Definição essa que pode auxiliar a compreensão do próprio sindicalismo como algo que transpõe as barreiras jurídicas.

É importante ressaltar que a perspectiva deste texto não é compreender o sindicato apenas como uma instituição estabelecida pela ordem jurídica, mas sim como uma forma de organização dos trabalhadores capaz de propiciar transformações sociais. Desta forma, será adotado o conceito de organização da classe trabalhadora proposto pela filosofia marxiana e as concepções dela resultantes.

Para tanto, tal reflexão será iniciada com a seguinte indagação: o que é classe trabalhadora e como ela pode defender seus interesses? Para conseguir enfrentar tal questão, inicialmente é necessário tentar delinear o conceito de classe da filosofia marxiana, conceito este que se encontra disperso na obra de Marx, mas que ainda assim pode ser apontado.

Analisando a situação política da França em 1848, Marx compreendeu que:

> Os pequenos camponeses constituem uma imensa massa, cujos membros vivem em condições semelhantes mas sem estabelecerem relações multiformes entre si. Seu modo de produção os isola uns dos outros, em vez de criar entre eles um intercâmbio mútuo.

[...] Mas na medida em que existe entre os pequenos camponeses apenas uma ligação local e em que a similitude de seus interesses não cria entre eles comunidade alguma, ligação nacional alguma, nem organização política, nessa exata medida não constituem uma classe.[48]

Abstrai-se que a formação da classe resulta de um intercâmbio das relações produtivas e dos interesses comuns. Mas se no capitalismo os trabalhadores são isolados devido ao estabelecimento de relações puramente monetárias que negam a essência humana, como se forma a classe trabalhadora?

Para Marx é a própria indústria capitalista que propicia a formação da classe trabalhadora:

> A grande indústria aglomera num único lugar uma multidão de pessoas desconhecidas umas das outras. A concorrência divide os seus interesses. Mas a manutenção do salário, esse interesse comum que possuem contra o patrão, reúne-as num mesmo pensamento de resistência — coligação. Por isso, a coligação tem sempre um duplo objetivo, o de fazer cessar a concorrência entre os operários, para que possam fazer uma concorrência geral ao capitalista.[49]

Marx[50] compreende que a dominação do capital possibilita a criação de uma massa de indivíduos com interesses comuns. Nesse momento, ao se identificarem em outros trabalhadores, com os mesmos interesses, os indivíduos produtores percebem-se como "classe-em-si".[51] Ao defenderem seus interesses, reconhecendo-os como interesses da classe trabalhadora, formando consciência de classe, cuja organização é expressa por meio de greves, coligações, entre outras variadas formas, transformam-se em "classe-para-si", que trava uma luta política. Ou seja, a classe trabalhadora transforma-se concretamente nos processos históricos, nas ações que engendra. Ela "[...] não surgiu tal como o sol numa hora determinada. Ela estava presente ao seu próprio fazer-se".[52]

Apesar de a definição de classe de Marx[53] focar-se apenas no aspecto econômico, a sua própria visão sobre o proletariado, enquanto agente revolucionário, descrita no *Manifesto Comunista*[54], demonstra que, não importa a forma de organização institucional, a luta dos trabalhadores é social e também política, pois visa não somente às melhorias nas condições de trabalho, mas também à emancipação da classe.

Mas será que o pensamento totalizador de Marx, que enxerga a classe operária como um todo homogêneo, se adequa à sociedade do século XXI? Como lembra Konder[55] (1992), Karl Marx era um homem do século XIX e, como qualquer outro, era influenciado pela visão de mundo de sua época. Considerando tal fato, não seria necessário adaptar as ideias marxianas à sociedade de hoje, que tem parâmetros distintos?

Obviamente o caminho da classe trabalhadora é cheio de avanços e retrocessos, mas não se pode concluir que os sonhos e as utopias se findaram e nem que as lutas e a construção de direitos acabaram. Atualmente, o conceito da classe trabalhadora que se identifica e trava uma luta política não pode limitar-se a uma instituição com base de representação — tanto territorial quanto de identificação de ofício — predeterminada por interesses homogêneos. Os interesses da classe trabalhadora são universais, porém complexos e diversificados, tanto quanto deve ser sua luta. E tanto quanto é maleável hoje a forma de organização do capital, deverá ser a dos trabalhadores.

6. CONSIDERAÇÕES FINAIS

A ideia elementar das pesquisas desenvolvidas por Márcio Túlio Viana sugere que, para as entidades sindicais readquirirem representatividade, elas devem se adaptar ao mundo heterogêneo, flexível, múltiplo e complexo do século XXI.

O presente trabalho parte também desta concepção, motivo pelo qual reconhece que os conceitos marxianos são de extrema importância, mas devem

---

(48) MARX, Karl. *O 18 brumário de Luís Bonaparte*. In: MARX, Karl. *O 18 brumário de Luís Bonaparte e cartas a Kugelmann*. Trad. de Leandro Konder e Renato Guimarães. Rio de Janeiro: Paz e Terra, p. 21-139, 1997. p. 127-128.

(49) MARX, Karl. *Miséria da filosofia*: resposta à filosofia da miséria de Proudhon. Trad. de Paulo Ferreira Leite. 3. ed., São Paulo: Centauro, p. 196, 2006c. p. 150.

(50) MARX, Karl. *Miséria da filosofia*: resposta à filosofia da miséria de Proudhon. Trad. de Paulo Ferreira Leite. 3. ed., São Paulo: Centauro, 2006c. p. 196.

(51) No pensamento marxiano, a burguesia se constituiu enquanto classe durante o feudalismo. Para aprofundamento, sugere-se o estudo MARX, Karl. *Miséria da filosofia*: resposta à filosofia da miséria de Proudhon. Trad. de Paulo Ferreira Leite. 3. ed., São Paulo: Centauro, 2006c. p. 196.

(52) THOMPSON, E. P. *A formação da classe operária*: a árvore da liberdade. Trad. de Denise Bottmann. 4. ed., Rio de Janeiro: Paz e Terra, p. 204, v. 1. 2004. p. 9.

(53) MARX, Karl. *Miséria da filosofia*: resposta à filosofia da miséria de Proudhon. Trad. de Paulo Ferreira Leite. 3. ed., São Paulo: Centauro, 2006c. p. 196.

(54) MARX, Karl; ENGELS, Friedrich. *Manifesto comunista*: 1848. Trad. de Sueli Tomazini Barros Cassal. Porto Alegre: L&PM, 2001. p. 131.

(55) KONDER, Leandro. *O futuro da filosofia da práxis*: o pensamento de Marx no século XXI. São Paulo: Paz e Terra, 1992. p. 140.

ser adaptados para a realidade atual, onde não existe mais uma classe operária industrial homogênea e sim trabalhadores que estão dispersos em vários setores econômicos e no próprio espaço produtivo, executando tarefas distintas e que trazem consigo anseios diversificados que muitas vezes extrapolam a relação salarial.

Resgatar a importância do valor-trabalho, incorporando outros valores e anseios sociais de extrema importância, como as lutas antirracistas, antimachistas, anti-homofóbicas e pela radicalização da democracia, que se apresentam como mosaicos no século XXI, como sugere Ricci[56], pode ser importante alternativa para que o sindicato consiga resgatar a identidade da classe trabalhadora e, consequentemente, sua legitimidade social.

Para que isso seja possível, talvez seja necessário abandonar as mobilizações meramente corporativas, articulando os interesses trabalhistas com os direitos públicos, de modo a estabelecer um diálogo permanente do sindicalismo com os demais setores dos movimentos sociais.

Essa estratégia é possível e já está sendo experimentada por alguns segmentos do sindicalismo, como, por exemplo, os sindicatos de servidores públicos e empregados de empresas que prestam serviços de natureza pública.

O SindUte/MG (Sindicato Único dos Trabalhadores em Educação de Minas Gerais), em sua greve histórica de 2011, conseguiu articular vários segmentos dos movimentos sociais em torno do debate ao direito à educação pública e de qualidade.

Por sua vez, o SindEletro/MG (Sindicato dos Eletricitários de Minas Gerais), em 2013, conclamou, conjuntamente com vários setores dos movimentos sociais, a população mineira para debater a política de fornecimento de energia elétrica, por meio de um plebiscito popular.

Tais experiências impulsionaram, em Minas Gerais, a formação do QLE (Quem Luta Educa), um coletivo que congrega o movimento sindical, o movimento estudantil, as pastorais católicas, o MST, diversos movimentos por moradia e outros segmentos dos movimentos sociais, em torno de bandeiras comuns. O QLE continua ativo e desempenhou papel de destaque durante as Jornadas de Junho de 2013, em Belo Horizonte, somando-se às Assembleias Populares Horizontais.

Talvez esse possa ser um dos caminhos de identificação da classe trabalhadora no século XXI.

---

(56) RICCI, Rudá; ARLEY, Patrick. *Nas ruas*: outra política que emergiu em junho de 2013. Belo Horizonte: Editora Letramento, 2014. p. 264.

REFERÊNCIAS BIBLIOGRÁFICAS

ANTUNES, Ricardo. Trabalho e estranhamento. In: ANTUNES, Ricardo. *Adeus ao trabalho?*: ensaios sobre as metamorfoses e a centralidade do mundo do trabalho. 9. ed., São Paulo: Cortez, 2003.

BATTAGLIA, Felice. *Filosofia do trabalho*. Trad. de Luís Washington Vita e Antônio D'Elia. São Paulo: Saraiva, 1958.

BRANDÃO, Junito de Souza. Heracles e os doze trabalhos. In: BRANDÃO, Junito de Souza. *Mitologia grega*. 15. ed., Petrópolis: Vozes, 2009b.

_____. Hesíodo, trabalho e justiça: teogonia, trabalhos e dias. In: BRANDÃO, Junito de Souza. *Mitologia grega*. Petrópolis: Vozes, 2009a.

BROCHADO, Maria. A dialética do reconhecimento em Hegel. In: SALGADO, Joaquim Carlos; HORTA, José Luiz Borges. (Coord.). *Hegel, liberdade e Estado*. Belo Horizonte: Fórum, 2010.

DELGADO, Maurício José Godinho. Sindicato no Brasil: problemas e perspectivas. In: PEREIRA, Ricardo José Macedo de Britto; PORTO, Lorena Vasconcelos (Org.). *Temas de direito sindical*: homenagem a José Cláudio Monteiro Brito Filho. São Paulo: LTr, 2011.

DEMURGER, Alain. *Os cavaleiros de Cristo*: templários, teutônicos, hospitalários e outras ordens militares na idade média: (sécs. XI-XVI). Trad. de André Telles. Rio de Janeiro: Jorge Zahar Ed., 2002.

FREDERICO, Celso. *O jovem Marx — 1843-44*: as origens da ontologia do ser social. São Paulo: Editora Cortez, 1995.

KONDER, Leandro. *O futuro da filosofia da práxis*: o pensamento de Marx no século XXI. São Paulo: Paz e Terra, 1992.

LE GOFF, Jacques. *A bolsa e a vida*: economia e religião na idade média. Trad. de Marcos de Castro. Rio de Janeiro: Civilização Brasileira, 2007.

LYRA FILHO, Roberto. *Karl, meu amigo*: diálogo com Marx sobre o direito. Porto Alegre: Fabris, 1983.

LOSURDO, Domenico. Hegel e a tradição liberal: duas leituras contrapostas da história. In: LOSURDO, Domenico. *Hegel, Marx e a tradição liberal*: liberdade, igualdade, Estado. Trad. de Carlo Alberto Fernando Nicola Dastoli. São Paulo: UNESP, 1998a.

_____. Hegel, a escola, a divisão do trabalho e a liberdade dos modernos. Trad. de Rosemary Dore Soares. *Educação em Revista*, Belo Horizonte, n. 40. p. 29-60, dezembro 2004.

_____. O intelectual, a propriedade e a questão social. In: LOSURDO, Domenico. *Hegel, Marx e a tradição liberal*: liberdade, igualdade, Estado. Trad. de Carlo Alberto Fernando Nicola Dastoli. São Paulo: UNESP, 1998b.

MARX, Karl. *Miséria da filosofia*: resposta à filosofia da miséria de Proudhon. Trad. de Paulo Ferreira Leite. 3. ed., São Paulo: Centauro, 2006c.

_____. O 18 brumário de Luís Bonaparte. In: MARX, Karl. *O 18 brumário de Luís Bonaparte e cartas a Kugelmann*. Trad.

de Leandro Konder e Renato Guimarães. Rio de Janeiro: Paz e Terra, 1997.

_____. Parte Primeira: a produção da mais-valia absoluta. In: MARX, Karl. *O capital:* crítica da economia política — livro primeiro. Trad. de Reginaldo Sant'Anna. 24. ed., v. 1, Rio de Janeiro: Civilização Brasileira, 2006b.

_____. Parte Primeira: mercadoria e dinheiro. In: MARX, Karl. *O capital:* crítica da economia política — livro primeiro. Trad. de Reginaldo Sant'Anna. 24. ed., v. 1, Rio de Janeiro: Civilização Brasileira, 2006a.

_____. Prefácio à 1ª edição de o capital. In: MARX, Karl. *O capital:* crítica da economia política — livro primeiro. Trad. de Reginaldo Sant'Anna. 24. ed., v. 1, Rio de Janeiro: Civilização Brasileira, 1867.

_____. Prefácio à 2ª edição de O Capital. In: MARX, Karl. *O capital:* crítica da economia política — livro primeiro. Trad. de Reginaldo Sant'Anna. 24. ed., v. 1, Rio de Janeiro: Civilização Brasileira, 1873.

MARX, Karl; ENGELS, Friedrich. *A ideologia alemã:* teses sobre Feuerbach. Trad. de Silvio Donizete Chagas. 9. ed., São Paulo: Centauro, 2005.

_____. *Manifesto comunista:* 1848. Trad. de Sueli Tomazini Barros Cassal. Porto Alegre: L&PM, 2001.

MÉSZÁROS, István. A gênese da teoria da alienação em Marx. In: MÉSZÁROS, István. *A teoria da alienação em Marx.* Trad. de Isa Tavares. São Paulo: Boitempo, 2006. Cap. II.

MÜLLER, Hans-Peter. Trabalho, profissão e "vocação" — o conceito de trabalho em Max Weber. In: MERCURE, Daniel; SPURK, Jan (Org.). *O trabalho na história do pensamento ocidental.* Trad. de Patrícia Chittoni Ramos Reuillard; Sônia Guimarães Taborda. Petrópolis: Vozes, 2005.

PLATÃO. *Apologia de Sócrates — banquete:* texto integral. Trad. de Jean Melville. São Paulo: Martin Claret, 2003. (A obra-prima de cada autor).

RICCI, Rudá; ARLEY, Patrick. *Nas ruas:* outra política que emergiu em junho de 2013. Belo Horizonte: Editora Letramento, 2014.

SALGADO, Joaquim Carlos. A sociedade civil e o trabalho. In: SALGADO, Joaquim Carlos. *A ideia de justiça em Hegel.* São Paulo: Loyola, 1996.

_____. O reconhecimento. In: SALGADO, Joaquim Carlos. *A ideia de justiça em Hegel.* São Paulo: Loyola, 1996a.

SANTOS, José Henrique. *Trabalho e riqueza na fenomenologia do espírito de Hegel.* São Paulo: Loyola, 1993.

THOMPSON, E. P. *A formação da classe operária:* a árvore da liberdade. Trad. de Denise Bottmann. 4. ed., v. 1, Rio de Janeiro: Paz e Terra, 2004.

VAZ, Henrique C. de Lima. Senhor e escravo: uma parábola da filosofia ocidental. In: VAZ, Henrique C. de Lima. *Ética & direito.* São Paulo: Landy, Loyola, 2002.

WEBER, Max. *A ética protestante e o espírito do capitalismo:* texto integral. Trad. de Pietro Nassetti. 4. ed., São Paulo: Martin Claret, 2009. (A obra-prima de cada autor).

PRAZER E SOFRIMENTO NO TRABALHO: reflexões sobre a ambivalência do trabalho no Brasil contemporâneo e sua ligação com o Direito

Letícia Bittencourt e Abreu Azevedo(*)
Lídia Marina de Souza e Silva(**)

1. INTRODUÇÃO

O vocábulo "trabalho" tem origem na palavra latina *tripalium*, que designava um objeto construído com três paus pontiagudos, ora utilizado como ferramenta de agricultura, ora utilizado como instrumento de tortura. Nota-se que, etimologicamente, as noções de prazer (alimento/vida) e de sofrimento (dor/morte) se prendem de forma simultânea ao trabalho.

É certo que, nos dias de hoje, a dualidade que caracteriza o trabalho na etimologia também o acompanha na realidade fática. Este artigo se propõe a estudar tal dualidade, ou seja, a analisar o trabalho como fonte de prazer e de sofrimento, bem como a forma como essa ambivalência do trabalho é afetada pelo Direito Brasileiro nos dias atuais, em tempos de mundialização da economia.

2. APONTAMENTOS SOBRE A PRODUÇÃO E O TRABALHO NO BRASIL EM TEMPOS DE GLOBALIZAÇÃO ECONÔMICA

"Assim, não se trata apenas de saber qual futuro nos espera, mas o que o futuro espera de nós. E não há neutralidade possível. Ou aju-damos a demolir o direito, ou lutamos para reconstruí-lo; ou nos curvamos à nova ordem, ou semeamos a nossa própria desordem no caos..."[1]

De acordo com Mauricio Godinho Delgado, a globalização econômica iniciada na década de 1980 caracteriza-se *"por uma vinculação especialmente estreita entre os diversos subsistemas nacionais, regionais ou comunitários, de modo a criar como parâmetro relevante para o mercado a noção de globo terrestre e não mais, exclusivamente, nação ou região"*.[2] Na chamada "era da mundialização do capital", a economia passou a controlar o Estado e a ditar suas novas funções, e, nesse cenário, muitas mudanças ocorreram no mundo da produção e do trabalho.

As transformações que caracterizam a globalização econômica tiveram origem multifatorial. Dos fatores que ensejaram as mudanças ocorridas (entre os quais estão inseridas a expansão do ideário neoliberal/ultraliberal, inclusive nos países de economia periférica, e a queda dos projetos socialistas), destacam-se a crise do padrão monetário mundial,

---

(*) Graduanda em Direito da PUC-MG. Fundadora do Projeto Social MXZ — *Student Leader* (Estudante Líder) pelo Departamento de Estado Norte-Americano.
(**) Mestra em Direito do Trabalho pela PUC-MG. Especialista em Direito do Trabalho pela Faculdade de Direito Milton Campos. Professora e Advogada.

(1) VIANA, Márcio Túlio. A proteção social do trabalhador no mundo globalizado. In: PIMENTA, José Roberto Freire [et al.] (Coord.). *Direito do trabalho: evolução, crise, perspectivas*. São Paulo: LTr, 2004. p. 182.
(2) DELGADO, Mauricio Godinho. *Capitalismo, trabalho e emprego: entre o paradigma da destruição e os caminhos da reconstrução*. São Paulo: LTr, 2006. p. 12.

surgida com o fim, por decisão do governo norte-americano, da paridade ouro-dólar, e os choques do petróleo ocorridos na década de 1970.

Para José Eduardo Faria, os dois fatores destacados foram decisivos para a configuração do cenário econômico marcado pelo desequilíbrio, entre outros, do comércio, dos preços de bens e serviços e das taxas de câmbio e de juros, verificado nas três últimas décadas.[3] Foram igualmente ensejadores do esgotamento do potencial de expansão do modelo financeiro, produtivo, industrial e comercial que até então vigorava, tornando necessárias respostas rápidas para a crise instalada.

As soluções encontradas para o momento de instabilidade econômica provocaram uma grande reestruturação do sistema financeiro internacional.[4] Evidenciaram-se relevantes transformações nas estruturas produtivas, organizacionais e decisórias das empresas, as quais marcaram a superação do modelo de produção fordista/taylorista[5] pelo toyotista, caracterizado pela vinculação da produção à demanda, com observância do princípio do *just in time*; pela diversidade e heterogeneidade da produção; pela valorização do trabalho operário em equipe, com multivariedade de funções; e pela horizontalização do processo produtivo.[6]

Tem-se, portanto, que, na década de 1980, especialmente nos países de capitalismo avançado, o salto tecnológico, a automação, a robótica e a microeletrônica invadiram as fábricas; o cronômetro e a produção em série e de massa deram lugar à flexibilização produtiva.[7] Esboçou-se o perfil de uma empresa com propostas de minimização do espaço físico; de redução de custos, principalmente com o pessoal; de contratação, de alterações e de dispensa flexíveis; de subcontratação e de terceirização; de moderna e eficiente rede de fluxo permanente de informações; de gestão pelos olhos; de poliqualificação dos poucos empregados; de tempo partilhado; de sindicato por empresa.[8]

Nesse contexto, a classe trabalhadora presenciou algumas tendências: o surgimento de formas mais desregulamentadas de trabalho; o aumento do novo proletariado fabril e de serviços, em escala mundial; o aumento significativo do trabalho feminino, regra geral absorvido no universo do trabalho precarizado; a expansão dos assalariados médios no setor de serviços; a crescente exclusão dos jovens e dos trabalhadores com idade aproximada de 40 anos do mercado de trabalho, paralelamente à inclusão de crianças, de forma ilegal/ilícita; a expansão do trabalho no chamado "terceiro setor"; a expansão do trabalho em domicílio; e a transnacionalização da ação dos trabalhadores.[9] Ela tornou-se ainda mais fragmentada, heterogênea e complexa:

> Criou-se, de um lado, em escala minoritária, o trabalhador "polivalente e multifuncional" da era informacional, capaz de operar máquinas com controle numérico e de, por vezes, exercitar com mais intensidade sua dimensão mais intelectual. E, de outro lado, há uma massa de trabalhadores precarizados, sem qualificação, que hoje está presenciando as formas de *part-time*, emprego temporário, parcial, ou então vivenciando o desemprego estrutural.[10]

Destacando que, em tempos de pós-fordismo, o desemprego produz não apenas pobres, mas excluídos; que o trabalhador é forçado a uma autonomia que coexiste com o estigma do desemprego; e que o subemprego, quase sempre ligado à terceirização, também é uma realidade, Márcio Túlio Viana explica:

> Efeitos do novo modelo, o desemprego e a terceirização desencadeiam, eles próprios,

---

(3) FARIA, José Eduardo. *O direito na economia globalizada*. 1. ed., São Paulo: Malheiros, 2004. p. 63.

(4) FARIA, José Eduardo. *O direito na economia globalizada*. 1. ed., São Paulo: Malheiros, 2004. p. 66.

(5) Ricardo Antunes explica que, quando preponderava o modelo fordista/taylorista, a produção era em massa, homogeneizada e verticalizada; o trabalho era parcelar, fragmentado, repetitivo e mecânico; o trabalhador também era massificado, não identificado com aquilo que produzia e voltado para o ideal de consumo socialmente consolidado; os movimentos sociais e sindicais acabavam por legitimar a exploração do capital sobre o trabalho (desvinculando-se, por exemplo, de ideais socialistas contrapostos ao capitalismo) ao celebrarem uma espécie de "compromisso" com o Estado, que deveria zelar pela observância/manutenção das conquistas obtidas pelos trabalhadores. (ANTUNES, Ricardo. *Os sentidos do trabalho: ensaio sobre a afirmação e a negação do trabalho*. São Paulo: Boitempo, 2009. p. 38-39).

(6) ANTUNES, Ricardo. O neoliberalismo e a precarização estrutural do trabalho na fase de mundialização do capital. In: SILVA, Alessandro da [et al.] (Coord.). *Direitos humanos: essência do direito do trabalho*. São Paulo: LTr, 2007. p. 44.

(7) ANTUNES, Ricardo. *Adeus ao trabalho? Ensaios sobre as metamorfoses e a centralidade do mundo do trabalho*. 6. ed., São Paulo: Cortez, 1999. p. 56-61.

(8) RENAULT, Luiz Otávio Linhares. Que é isto — o direito do trabalho? In: PIMENTA, José Roberto Freire [et al.] (Coord.). *Direito do trabalho: evolução, crise, perspectivas*. São Paulo: LTr, 2004. p. 82-83.

(9) ALVES, Giovanni; ANTUNES, Ricardo. As mutações no mundo do trabalho na era da mundialização do capital. *Educ. Soc.*, Campinas, v. 25, n. 87. p. 335-351, maio/ago. 2004. p. 336-342.

(10) ANTUNES, Ricardo. O neoliberalismo e a precarização estrutural do trabalho na fase de mundialização do capital. In: SILVA, Alessandro da [et al.] (Coord.). *Direitos humanos: essência do direito do trabalho*. São Paulo: LTr, 2007. p. 45.

outros efeitos que atuam inclusive sobre os *empregados típicos*. E é assim que os salários se comprimem, o poder patronal se exaspera, o trabalho se intensifica e [...] a ação coletiva se enfraquece. Tal como, em certo sentido, o indivíduo passa a se opor ao grupo, a massa inorganizada acaba minando a resistência do coletivo organizado.[11]

Vale frisar que, com a implantação do modelo toyotista, ganharam espaço as noções de flexibilização e desregulamentação de direitos laborais, as quais têm servido, pelo menos no Brasil, à precarização da situação de quem vive do trabalho:

> Sob um ponto de vista estritamente conceitual, flexibilização representa a adaptação das regras jurídicas a uma nova realidade, gerando um novo tipo de regulamentação. Por desregulamentação identifica-se a ideia de eliminação de normas do ordenamento jurídico estatal que não mais se justificariam no contexto social, incentivando-se a autorregulação pelos particulares.
>
> Ambas, no entanto, quando apoiadas no pressuposto da necessidade de alterar as relações de trabalho, para fins de satisfação do interesse econômico, acabam se constituindo em meros instrumentos de redução dos custos do trabalho, mascarando-se tal intenção.[12]

É importante ressaltar que, no Brasil, não houve a adoção do toyotismo em sua plenitude. Na grande maioria dos casos, a estrutura produtiva continua seguindo o modelo fordista/taylorista ou uma mistura de modelos[13], e a produção é toyotista apenas na sua concepção precarizadora da situação do trabalhador. A maioria dos trabalhadores não é "multifacetada" — diz-se que é, sim, "mutilada", em seus ideais, sua criatividade, individualidade e seus direitos, sendo certo que o desemprego, o subemprego, as terceirizações e as contratações por prazo determinado aqui convivem com o descumprimento reiterado da legislação protetiva trabalhista.

3. A AMBIVALÊNCIA DO TRABALHO NO BRASIL CONTEMPORÂNEO: CONSIDERAÇÕES À LUZ DO DIREITO

As formas atuais de organização da prestação de serviços e da produção contribuem para que o trabalho seja ambivalente: ao mesmo tempo, fonte de prazer e de sofrimento para quem dele vive. O Direito Brasileiro, sem dúvida, afeta essa realidade.

3.1 Trabalho e prazer

> *"Se, por um lado, explorar o trabalho do homem é açoitar o seu corpo, de outro lado não lhe dar trabalho é açoitar a sua alma, é degenerar os seus valores morais."*[14]

O trabalho revela-se como fonte de prazer. O homem deseja o trabalho e a ele prende a sua dignidade de pessoa, cidadão e provedor:

> Nada, nada mesmo dignifica mais o homem do que o trabalho e o faz à semelhança de seu Criador.
>
> Em contrapartida, nada, nada mesmo torna o homem mais indigno do que a falta de trabalho.[15]

Na sua dimensão objetiva, o trabalho apresenta-se como resultado da força criativa do ser humano e envolve a noção de domínio da natureza pelo homem. Na sua acepção subjetiva, corresponde a um elemento essencial para a sobrevivência e para o crescimento moral, espiritual, religioso, intelectual, cultural, científico e material do homem. O resultado do trabalho (em seu sentido objetivo) depende da existência da pessoa que o realiza, e, reconhecendo-se o homem como sujeito do trabalho, é forçoso admitir que este *"possui um valor ético insuperável"*[16].

Inicialmente, vale dizer que o trabalho é um elemento de identificação. O homem se apresenta pelo que faz, e o fruto do seu trabalho é uma marca deixada no tempo e na história:

---

(11) VIANA, Márcio Túlio. A proteção social do trabalhador no mundo globalizado. In: PIMENTA, José Roberto Freire [et al.] (Coord.). *Direito do trabalho: evolução, crise, perspectivas*. São Paulo: LTr, 2004. p. 164.

(12) SOUTO MAIOR, Jorge Luiz. A fúria. *Revista LTr*, São Paulo, v. 66, n. 11. p. 1287-1309, nov. 2002. p. 1287.

(13) Vale lembrar que ainda há exploração de trabalho em condição análoga à de escravo no Brasil.

(14) RENAULT, Luiz Otávio Linhares. Que é isto — o direito do trabalho? In: PIMENTA, José Roberto Freire [et al.] (Coord.). *Direito do trabalho: evolução, crise, perspectivas*. São Paulo: LTr, 2004. p. 47.

(15) RENAULT, Luiz Otávio Linhares. Que é isto — o direito do trabalho? In: PIMENTA, José Roberto Freire [et al.] (Coord.). *Direito do trabalho: evolução, crise, perspectivas*. São Paulo: LTr, 2004. p. 47.

(16) RENAULT, Luiz Otávio Linhares. Que é isto — o direito do trabalho? In: PIMENTA, José Roberto Freire [et al.] (Coord.). *Direito do trabalho: evolução, crise, perspectivas*. São Paulo: LTr, 2004. p. 45-46.

Como se verifica, o trabalho foi, é e continuará sendo um traço específico da personalidade do homem. Está dentro e fora dele, uma vez que o acompanha em todos os momentos da sua existência: pelo que faz e pelo que fez; pelo que construiu e pelo que destruiu. Sua imagem se perpetua pelas suas realizações no campo do saber e no terreno da produção.[17]

Por meio do trabalho, o homem provê seu sustento próprio e o dos seus dependentes. Esse é o motivo mais óbvio pelo qual o trabalhador se engrandece por ter serviço a prestar.

O trabalho também permite a autorrealização do homem. Quem se prepara e consegue o trabalho sonhado ou esperado, se sente bem e feliz ao colocar em prática os estudos e ao exercer uma atividade que lhe traz conforto e satisfação pessoal.

Ainda, o trabalho permite que o trabalhador aumente seu círculo de amizades e seus contatos profissionais e se inclua socialmente. O prazer do convívio com outras pessoas no local de trabalho é tão inegável que, atualmente, alguns têm se valido de espaços compartilhados ("espaços *coworking*") para fugir do isolamento provocado pelo trabalho à distância.

Por meio do trabalho, o homem se inclui no mercado consumidor e pode adquirir bens que satisfaçam seus desejos e interesses pessoais. Numa sociedade consumista como a capitalista atual, o prazer da aquisição (às vezes doentio, por certo) não passa despercebido.

Além disso, o trabalho contribui para a saúde mental do trabalhador. Ele estimula a capacidade cognitiva, traz sentimentos de pertencimento, integração e alívio pela "não desocupação".

Aquele cujo trabalho serve, de alguma forma, à promoção do bem-estar de outrem se sente feliz por ser útil e participar da alegria alheia. O prazer em fazer o bem ao próximo é um sentimento que, regra geral, independe de convicções religiosas e acompanha a grande maioria dos indivíduos.

Sobre a importância do trabalho para o bem-estar do homem, sintetiza Luiz Otávio Linhares Renault:

> Querendo ou não, é na empresa, célula produtora de bens e serviços, onde o capital se aninha, onde o homem se encontra consigo mesmo, edifica seu ideal, desenvolve a sua vocação para o bem, relaciona e convive com os seus semelhantes, aprimora as suas habilidades, constrói os seus sonhos, tem acesso por meio do salário a todos os "bens" ofertados por um mercado transnacional, cada vez mais amplo, sofisticado, variado e competitivo.[18]

Pois bem. O prazer no trabalho conecta-se com o Direito essencialmente pelas promessas do Direito do Trabalho. Pelo menos no Brasil, no âmbito das relações privadas, o contrato de emprego é o mais dignificante, na medida em que confere mais garantias e proteções a quem trabalha do que as demais formas de contratação de prestação de serviços previstas pelo ordenamento jurídico.

3.2 Trabalho e sofrimento

> *"As coisas representam o papel dos homens, os homens representam o papel das coisas: eis a raiz do mal."*[19]

Ao mesmo tempo em que é fonte de prazer, o trabalho desperta sofrimento naquele que dele vive. Em tempos de mundialização da economia, de "produção flexível" e de "enxugamento" das empresas, o sofrimento parece inevitável.

De início, importa destacar que sofre quem não consegue trabalho e, pois, se vê marginalizado, envergonhado e indigno. Explica Luiz Otávio Linhares Renault:

> Afinal de contas, "desempregado" é aquela pessoa humana que não está "pregada em" nada. Nem em si própria (sem auto-estima), muito menos nos outros (sem estima social). Não está inserida sequer no ambiente familiar, já que lhe falta dignidade para reação diante de tantas adversidades provenientes do que lhe é básico e fundamental — o trabalho honesto e a retribuição justa.[20]

Quem tem trabalho, por sua vez, sofre temendo perdê-lo. O trabalhador tem medo de não atender às expectativas do tomador de serviços, pois paira

---

(17) RENAULT, Luiz Otávio Linhares. Que é isto — o direito do trabalho? In: PIMENTA, José Roberto Freire *[et al.]* (Coord.). *Direito do trabalho: evolução, crise, perspectivas*. São Paulo: LTr, 2004. p. 46.

(18) RENAULT, Luiz Otávio Linhares. Que é isto — o direito do trabalho? In: PIMENTA, José Roberto Freire *[et al.]* (Coord.). *Direito do trabalho: evolução, crise, perspectivas*. São Paulo: LTr, 2004. p. 36.

(19) WEIL, Simone. *A condição operária e outros estudos sobre a opressão*. Trad. Luiz Otávio Ferreira Barreto Leite. Rio de Janeiro: Paz e Terra, 1979. p. 135.

(20) RENAULT, Luiz Otávio Linhares. Que é isto — o direito do trabalho? In: PIMENTA, José Roberto Freire *[et al.]* (Coord.). *Direito do trabalho: evolução, crise, perspectivas*. São Paulo: LTr, 2004. p. 44.

sobre ele a ameaça constante do desemprego e da substituição (por um "terceirizado" ou por qualquer outro que aceite trabalhar em condições piores do que aquelas às quais ele se submete). A competitividade entre os próprios trabalhadores e a ausência de obstáculos à dispensa sem justo motivo no Brasil alimentam o sofrimento.

Quem trabalha também sofre porque é superexplorado. Mesmo no Brasil, onde o modelo toyotista de produção não foi adotado em sua plenitude, do trabalhador de hoje exigem-se níveis superiores de produtividade, de disponibilidade, de disciplina e de abnegação. O sofrimento decorre especialmente das pressões exercidas sobre o trabalhador, que deve sempre investir na sua qualificação e produzir cada vez mais, com maior perfeição e velocidade, mesmo que não tenha seus direitos observados. As jornadas exaustivas, a conexão permanente com o trabalho por meio da internet e da telefonia móvel, os baixos salários e as formas precarizantes ou fraudulentas de contratação ilustram a superexploração do trabalhador no Brasil atual[21].

O trabalhador ainda sofre por não ser reconhecido pelo trabalho prestado. Ele quer ser valorizado e recompensado por sua dedicação e pelos seus sacrifícios, mas estes são geralmente vistos pelos patrões como meras obrigações de quem presta o serviço. É como se faltasse parte da contraprestação: o trabalhador dá mais do que o contrato e a lei dele exigem, mas esse *plus* não é valorizado, nem valorado pelo patrão.

Além disso, sofre o trabalhador por não contar com a solidariedade dos colegas. Sofre ao se ver, por vezes, obrigado a executar mal suas tarefas em razão da não colaboração dos demais; sofre, ainda, por se ver obrigado a executar algum tipo de "trabalho sujo" que o coloca em situação de desconforto perante os colegas; sofre, ainda, por ter seus problemas ignorados pelos outros.

O trabalhador também sofre por não acreditar em melhorias. Por perceber que a precarização das condições de trabalho perdura e se agrava ao longo do tempo, o trabalhador acaba permanecendo silente e inerte, descrente na possibilidade de alteração da realidade que lhe é desfavorável. Forma-se, então, um círculo vicioso: sofre-se por causa das injustiças do/no trabalho; toleram-se ou ignoram-se as injustiças, pois se pensa que nada pode ser feito a respeito; não se faz nada a respeito das injustiças; sofre-se mais por causa das injustiças...

Christophe Dejours, a partir de conceitos habermasianos, sustenta que as empresas e organizações agem estrategicamente[22], divulgando informações e dados estatísticos inverídicos, apagando vestígios, propagando ideias contrárias à proteção trabalhista etc., para manter seus trabalhadores em atividade e sem reclamar.[23] Para o autor[24], a dissimulação da negação da realidade ("antolhos voluntários"[25]) e o recurso à virilidade ("cinismo viril"[26]) são estratégias de defesa adotadas pelos trabalhadores contra o sofrimento[27] — o sofrimento tende a ser negado ou camuflado, o que dificulta a adoção de medidas de combate.

A dor alheia tem deixado de despertar a indignação das pessoas e, consequentemente, a reação coletiva contra as injustiças, como se o sofrimento fosse invisível ou um mero problema particular do indivíduo.[28] Isso é o que Dejours chama de "banalização do mal":

> A banalização do mal, ou da injustiça social, é a tolerância à mentira, a não denúncia e, além disso, a cooperação e a participação em se tratando da injustiça e do sofrimento infligidos a outrem. Segundo Dejours:

---

(21) Com relação aos trabalhadores de maior nível intelectual, grande parte deles, "contaminada" pelo discurso do capital, acaba acreditando na falácia da desnecessidade do emprego na atualidade. É comum ver alguns profissionais trabalhando como verdadeiros empregados, mas contratados de forma precária ou fraudulenta, sustentando vantagens da suposta autonomia na prestação dos serviços, como se o fato de ser empregado fosse negativo. Por outro lado, no que se refere aos trabalhadores de menor formação intelectual, eles aceitam se submeter à precarização para terem de onde tirar seu sustento, já que a concorrência, a ameaça do desemprego (ou do "não trabalho") e a falta de solidariedade de classe obstacularizam reivindicações por melhorias. É a hipossuficiência extremada do trabalhador, que se encontra tão envolvido e dominado pelo capital que não consegue enxergar sua condição de subordinado... ou que se encontra tão subordinado que se deixa envolver e dominar pelo capital...

(22) Para Dejours, trata-se da estratégia da "distorção comunicacional".
(23) DEJOURS, Christophe. *A banalização da injustiça social*. Trad. Luiz Alberto Monjardim. 7. ed., Rio de Janeiro: FGV, 2006. p. 129-145.
(24) A obra de Dejours toma por base o cenário socioeconômico e trabalhista francês, mas a realidade por ele destacada se observa em grande parte dos países capitalistas, inclusive no Brasil.
(25) Para Dejours, há a dissimulação da negação da realidade sob a máscara da ignorância. É como se o sujeito não percebesse o sofrimento alheio por estar fisicamente longe dele. Aquele que só conhece a injustiça e o sofrimento por meio da mídia ou da palavra alheia se vale dessa estratégia.
(26) Para Dejours, a virilidade legitima relações de dominação e promete prestígio e sustentação a quem enfrenta o medo e o sofrimento (quem tem medo e sofre é considerado "frouxo", "fraco" etc. e sofre "vingança coletiva"). O autor defende que os que se acham no "teatro das operações do mal", ou seja, os que estão no cenário do medo e do sofrimento, se valem dessa estratégia.
(27) DEJOURS, Christophe. *A banalização da injustiça social*. Trad. Luiz Alberto Monjardim. 7. ed., Rio de Janeiro: FGV, 2006. p. 97-127.
(28) DEJOURS, Christophe. *A banalização da injustiça social*. Trad. Luiz Alberto Monjardim. 7. ed., Rio de Janeiro: FGV, 2006. p. 19-21.

Trata-se sobretudo de infrações cada vez mais frequentes e cínicas das leis trabalhistas: empregar pessoas sem carteira de trabalho para não pagar as contribuições previdenciárias e poder demiti-las em caso de acidente do trabalho, sem penalidade; empregar pessoas sem lhes pagar o que é devido; exigir um trabalho cuja duração ultrapassa as autorizações legais etc. ... O mal diz respeito ainda ao desprezo, às grosserias e às obscenidades para com as mulheres. O mal é ainda a manipulação deliberada da ameaça, da chantagem e de insinuações contra os trabalhadores, no intuito de desestabilizá-los psicologicamente, de levá-los a cometer erros, para depois usar as consequências desses atos como pretexto para a demissão por incompetência profissional, como sucede amiúde com os gerentes.[29]

É de se observar que essa "tolerância" ao sofrimento alheio afeta os trabalhadores coletivamente considerados: desaparece a solidariedade de classe; a concorrência entre os próprios trabalhadores e entre os empregados e desempregados (ou terceirizados) enfraquece a luta conjunta; o individual se sobrepõe ao coletivo; os sindicatos, com representatividade reduzida (em razão da terceirização, por exemplo), não conseguem conquistar a confiança dos trabalhadores que representam, pois poucos se filiam e se comprometem com a luta. É certo que o modelo sindical adotado no Brasil é criticável[30], mas é inegável que a tolerância dos trabalhadores às adversidades alheias contribui para a fragilização das entidades de classe; e, se não há movimento coletivo em prol da manutenção e da progressão de direitos, a precarização tende a permanecer produzindo seus efeitos negativos sobre o mundo do trabalho.

Apesar de o sofrimento decorrente do trabalho não ser admitido por muitos, ele é uma realidade e, não raras vezes, provoca adoecimento[31]. Importa registrar, nesse contexto, que a depressão, a ansiedade e o estresse ocupam o terceiro lugar na lista das doenças que afastam o trabalhador do emprego por mais de 15 dias no Brasil[32] e que a natureza ocupacional de tais distúrbios tem sido reconhecida pela doutrina e pelo Poder Judiciário:

> EMENTA: INDENIZAÇÕES ESTABILITÁRIA E POR DANOS MORAIS. DOENÇA OCUPACIONAL. DEPRESSÃO. Embora a depressão não esteja relacionada no rol de doenças ocupacionais elaborado pelo Ministério do Trabalho e pela Previdência Social (Decreto n. 3.048/99), o art. 20, § 2º, da Lei n. 8.213/91, deixa claro que referido rol é exemplificativo e, em casos excepcionais, a doença não incluída nessa relação pode ser considerada como acidente do trabalho. Além da conclusão pericial, as demais provas reforçam a existência do nexo causal entre a doença apresentada pela Reclamante e o seu trabalho na Reclamada. A sobrecarga de trabalho, além de extremamente desgastante, comprometeu o convívio familiar e os afazeres domésticos tendo em vista a exigência de cumprimento de extensa carga horária. Tais ocorrências foram prejudiciais a saúde mental da empregada, atuando como fator desencadeante ou, pelo menos, agravante de seu adoecimento. Dessa forma, denota-se que as condições de trabalho contribuíram diretamente para a perda, mesmo que temporária, da capacidade laborativa da Reclamante, ficando evidenciada a culpa da empresa em não ter adotado medidas eficientes para reduzir a sobrecarga de trabalho impingida à obreira. Ressalto também que os riscos aos quais a Reclamante foi exposta não são inerentes à atividade empresarial, pois o excesso de horas de trabalho exigido está intimamente ligado à falta de pessoal e não à atividade exercida pela Reclamada.[33]

> EMENTA: TRABALHO ESTRESSANTE. METAS ABUSIVAS E PRESSÃO PERMANENTE. SÍNDROME DO ESGOTAMENTO PELO TRABALHO. DANO MORAL. INDENIZAÇÃO DEVIDA. É certo que ao empregador é lícito cobrar o atingimento de metas e objetivos, uma vez que detém o poder diretivo e assume os riscos do empreendimento, todavia, deve fazê-lo com razoabilidade, sem afrontar a dignidade e a saúde psíquica de seus empregados pela imposição de metas exorbitantes e permanente pressão psicológica. Verificado que, em decorrência do abuso do poder diretivo, o empregado desenvolveu a "síndrome do esgotamento pelo trabalho" impõe-se a indenização pelos danos morais ocasionados.[34]

---

(29) SOUTO MAIOR, Jorge Luiz; MENDES, Ranulio; SEVERO, Valdete Souto. *Dumping social nas relações de trabalho*. São Paulo: LTr, 2012. p. 32.

(30) Principalmente por guardar resquícios de autoritarismo (unicidade, contribuição obrigatória etc.), que podem servir ao peleguismo.

(31) São comuns, não apenas no Brasil, síndrome de *burnout* (esgotamento profissional), depressão, estresse, doenças psicossomáticas, suicídios, *karoshi* (morte pelo excesso de trabalho), entre outros problemas.

(32) LIMA, Maria Elizabeth Antunes. Trabalho e saúde mental no contexto contemporâneo de trabalho: possibilidades e limites de ação. In: Vizzaccaro-Amaral, André Luiz; MOTA, Daniel Pestana; ALVES, Giovanni (Org.). *Trabalho e saúde: a precarização do trabalho e a saúde do trabalhador no século XXI*. São Paulo: LTr, 2011. p. 168.

(33) BRASIL. Tribunal Regional do Trabalho da 3ª Região. Processo n. 1.186-2012-070-03-00-0/RO. Relator Desembargador Sércio da Silva Peçanha. *Diário Eletrônico da Justiça do Trabalho*, Belo Horizonte, 20 set. 2013.

(34) BRASIL. Tribunal Regional do Trabalho da 3ª Região. Processo n. 1.028-2011-145-03-00-8/RO. Relator Convocado José Marlon de Freitas. *Diário Eletrônico da Justiça do Trabalho*, Belo Horizonte, 14 fev. 2014.

Nesse cenário em que o trabalhador deixa de ser visto cada vez menos como pessoa/ser humano e mais como mera força de trabalho/fonte de lucro para o tomador de serviços, percebe-se que o Direito Brasileiro, quando não promove ou agrava o sofrimento, não tem forças para fazer cumprir a proteção prometida ao trabalho e a quem dele vive. A precarização das condições de vida e de trabalho ora vem do texto da lei, ora da interpretação das normas, ora da omissão do Estado.

Gabriela Neves Delgado e Márcio Túlio Viana apontam algumas mudanças promovidas na legislação laboral brasileira, decorrentes da tendência de flexibilização e desregulamentação originária das transformações havidas nas últimas décadas do século XX:

a) instituição do FGTS como alternativa ao sistema da estabilidade no emprego (Lei n. 5.107/1966) e, posteriormente, fim da estabilidade decenal (Constituição de 1988);

b) autorização constitucional para a redução salarial e a majoração da jornada de trabalho por meio de negociação coletiva;

c) reconhecimento do contrato provisório de emprego (Lei n. 9.601/1998);

d) instigação da criação e generalização das cooperativas de mão de obra (Lei n. 8.949/1994);

e) instituição da figura do "banco de horas" (Lei n. 9.601/1998);

f) autorização para a contratação, como estagiários, de alunos do ensino médio, ainda que não profissionalizante (Medida Provisória n. 2.164-41/1998);

g) autorização da suspensão contratual para a qualificação profissional do empregado, com possibilidade de dispensa imotivada no curso da suspensão (Medida Provisória n. 1.726/1998);

h) regulamentação da intermediação da mão de obra (Decreto-Lei n. 200/1967 — setor público; Lei n. 6.019/1974 — setor privado; Lei n. 7.102/1983 — setor de vigilância);

i) fim da política de indexação salarial/reajustes salariais automáticos em julho de 1995;

j) denúncia da Convenção n. 158 da OIT (Decreto n. 2.100/1996);

k) autorização para o trabalho a tempo parcial, com redução das férias (Medidas Provisórias n. 1.709/1998, n. 1.779-6/1999 e n. 2.164-41/2001);

l) instituição do consórcio de empregadores (Portaria n. 1.964/1999 do Ministério do Trabalho e Emprego — consórcio rural);

m) autorização para a intermediação da mão de obra do menor aprendiz (Lei n. 10.097/2000);

n) fixação do prazo prescricional quinquenal para o trabalhador rural (Emenda Constitucional n. 28/2000);

o) fim da natureza salarial das participações nos lucros e resultados, dos planos de saúde, da assistência médica, da escola e dos seguros (Constituição de 1988 e Leis n. 10.101/2000, n. 9.300/1996 e n. 10.243/2001);

p) autorização para descontos em folha de dívidas da vida privada do trabalhador (Decreto n. 4.840/2003).[35][36]

Noutra perspectiva, a precarização dá-se por meio da interpretação normativa, como, por exemplo, nas seguintes situações: reconhecimento do salário mínimo como base de cálculo do adicional de insalubridade; aplicação da prescrição sem a efetivação da proteção contra a dispensa arbitrária ou sem justa causa prevista no art. 7º, I, da Constituição; contagem retroativa do prazo prescricional quinquenal a partir da data do ajuizamento da demanda, não do término do contrato; utilização da capacidade econômica do trabalhador como parâmetro limitador do valor de indenizações por danos morais; aplicação da prescrição total nos casos de supressão de comissões ou alteração prejudicial ao empregado; não reconhecimento da jornada legal/especial de trabalho de determinados profissionais, como médicos e cirurgiões-dentistas; entre outras. A proteção ao trabalho e ao trabalhador, oriunda dos princípios e valores pregados pelo Estado Social e Democrático de Direito instituído no Brasil em 1988, é mitigada pela negativa de interpretação das leis trabalhistas de acordo com a Constituição.

Há, ainda, precarização por omissão do Estado, quando deixa de regulamentar a terceirização trabalhista (impondo restrições), a proteção contra a dispensa arbitrária ou sem justa causa, o adicional de penosidade, entre outros. Também há omissão precarizante quando o Estado, por exemplo, deixa de fiscalizar e punir tomadores que violam a legislação trabalhista, explorando trabalhadores em condição análoga à de escravo e promovendo contratações fraudulentas por meio de "pejotizações", franquias, cooperativas e associações. Ainda é possível reconhecer a omissão estatal quando o Poder Judiciário deixa de utilizar mecanismos capazes de promover maior

---

(35) DELGADO, Gabriela Neves. O mundo do trabalho na transição entre os séculos XX e XXI. In: PIMENTA, José Roberto Freire [et al.] (Coord.). *Direito do trabalho: evolução, crise, perspectivas*. São Paulo: LTr, 2004. p. 147-149.

(36) VIANA, Márcio Túlio. O longo meio século do direito do trabalho no Brasil. In: BRONSTEIN, Arturo (Org.). *Cincuenta años de derecho del trabajo em America Latina*. 1. ed., Buenos Aires: Rubinzal-Culzoni, 2007. p. 178-181.

efetivação do processo trabalhista⁽³⁷⁾, considerada a posição de fragilidade ocupada pelo trabalhador no contrato e no processo, e de se preocupar com a gravidade das infrações às normas laborais em nome da celeridade⁽³⁸⁾.

Nota-se que os fatores precarizantes destacados se ligam, em sua maioria, à insegurança no emprego, à majoração da jornada de trabalho, à redução salarial e ao trabalho não protegido. Não é difícil perceber sua conexão com o sofrimento dos trabalhadores, pois é claro que fomentam o medo, a falta de solidariedade de classe e a superexploração da mão de obra.

4. ALGUMAS PROPOSTAS

> *"No mundo do direito, resiste-se contra a violação da lei — e, às vezes, contra a própria lei, violadora do justo. Mas no mesmo mundo do direito e com igual frequência, os homens se submetem — ora à lei violada, ora à justiça esquecida."*⁽³⁹⁾

Como já exposto, o trabalho mostra-se, ao mesmo tempo, como fonte de prazer e de sofrimento para o trabalhador. Ele pode mediar a autorrealização, a sublimação e a saúde e, ao mesmo tempo, causar infelicidade, alienação e doença mental, sendo inegável que essa ambivalência do trabalho se revela não só sob a perspectiva dos que já estão trabalhando, mas também dos que estão buscando ocupação.⁽⁴⁰⁾

É bem verdade, contudo, que, no mundo atual, o prazer tem perdido espaço para o sofrimento no trabalho, especialmente em razão das mudanças promovidas no modo de produção, organização e direção das empresas. Tais mudanças serviram à tentativa, ainda persistente, de desconstrução do primado do trabalho e do emprego no sistema capitalista⁽⁴¹⁾, e, nesse panorama, o discurso sobre a necessidade da flexibilização e da desregulamentação de direitos laborais deu ensejo a algumas medidas precarizantes da situação daqueles que vivem do trabalho, inclusive no Brasil.

No Brasil contemporâneo, o trabalhador acaba se sujeitando a condições indignas de labor a fim de manter ativo o contrato, como se os tormentos da superexploração fossem menores do que aqueles oriundos da inatividade involuntária. Márcio Túlio Viana destaca alguns efeitos do conformismo e da submissão dos trabalhadores às violações a seus direitos, dos quais se podem extrair as noções de sofrimento e busca pelo prazer não encontrado no trabalho:

> Com o pensamento separado da execução, operário se torna muitas vezes "distraído, sujeito a acidentes, ou então se distancia da realidade, mergulhado num turbilhão de devaneios obsessivos". Com frequência, passa a procurar atividades compensatórias, como uso de excitantes, álcool, apostas, consumo obsessivo e divertimentos brutais, numa verdadeira "caça à diversão".⁽⁴²⁾

Hoje, o prazer no trabalho parece se distanciar da satisfação com as atividades executadas pelo trabalhador para se prender quase que exclusivamente ao alívio da "não desocupação". O prazer propiciado pela tutela jurídica do trabalho e do trabalhador no Brasil, por sua vez, decorre mais da simples existência das promessas de proteção (quase sempre não cumpridas) do que da verdadeira efetivação do Direito do Trabalho.

Naturalmente, quanto mais a legislação protetiva é cumprida, mais o trabalhador se anima e se motiva com o trabalho. Lado outro, se os direitos são progressivamente violados, o prazer no trabalho vai se transformando em sofrimento. Nessa perspectiva, apresentam-se algumas propostas para o aumento do prazer e a redução do sofrimento dos trabalhadores no Brasil, ligadas ao Direito:

a) atuação mais incisiva dos órgãos de fiscalização do trabalho, para que problemas decorrentes das violações à legislação sejam sanados independentemente do ajuizamento de demandas por parte dos trabalhadores;

b) atuação mais incisiva do Ministério Público do Trabalho na defesa de direitos trabalhistas metaindividuais;

c) repúdio à regulação de formas precarizantes da exploração do trabalho humano, com o consequente "encaixe", na relação de emprego tradicional, de modalidades de contratação que garantam proteção inferior à do Direito do Trabalho;

---

(37) Por exemplo, antecipação dos efeitos da tutela, distribuição dinâmica do ônus da prova, aplicação dos princípios da extra e da ultrapetição, inspeção judicial etc.

(38) Por exemplo, por meio da homologação de acordos injustos.

(39) VIANA, Márcio Túlio. *Direito de resistência*. São Paulo: LTr, 1996. p. 24.

(40) DEJOURS, Christophe. *A banalização da injustiça social*. Trad. Luiz Alberto Monjardim. 7. ed., Rio de Janeiro: FGV, 2006. p. 98.

(41) DELGADO, Maurício Godinho. *Capitalismo, trabalho e emprego: entre o paradigma da destruição e os caminhos da reconstrução*. São Paulo: LTr, 2006. p. 33-68.

(42) VIANA, Márcio Túlio. *Direito de resistência*. São Paulo: LTr, 1996. p. 360.

d) fim da terceirização, especialmente por meio de lei;

e) efetivação da proteção contra a dispensa arbitrária ou sem justa causa prevista no art. 7º, I, da Constituição e regulamentação de outros direitos trabalhistas que até hoje não foram efetivados por causa da omissão do Poder Legislativo (por exemplo, adicional de penosidade);

f) redução da jornada de trabalho, com apoio na ideia de "duração razoável da jornada", e imposição de sérias restrições à extrapolação da jornada, com adoção de medidas fiscalizatórias/preventivas e com efetiva penalização administrativa dos empregadores que submetem trabalhadores a jornadas extenuantes;

g) efetivação da tutela penal trabalhista (atualização e desenvolvimento do "Direito Penal do Trabalho");

h) reestruturação do sistema de organização sindical brasileiro (fim do sindicato único e da contribuição sindical obrigatória, por exemplo);

i) por parte dos magistrados trabalhistas: mais sensibilidade na condução de conciliações e mais responsabilidade na homologação de acordos; utilização em maior escala da antecipação dos efeitos da tutela; adoção dos princípios da extra e da ultrapetição; imposição de indenizações mais severas nos casos de danos morais causados aos trabalhadores (desvinculação do valor da indenização com a capacidade econômica do trabalhador); condenação daqueles que descumprem reiteradamente a legislação trabalhista ao pagamento de indenização por danos sociais; adoção da teoria da distribuição dinâmica do ônus da prova no processo do trabalho; e interpretação das normas infraconstitucionais trabalhistas de acordo com a Constituição;

j) interpretação sistemática e teleológica dos dispositivos constitucionais que tratam da negociação coletiva, com o repúdio à ideia de redução ou mitigação de direitos por meio de instrumentos normativos.

O fato é que, independentemente do modo como a economia se organiza, "homem e trabalho constituem a síntese de tudo o que se inventa e se produz dentro e fora da revolução tecnológica."[43] A posição de destaque ou não ocupada pelo Direito do Trabalho é definida pelos operadores do sistema capitalista[44], de acordo com a importância que atribuem ao homem que trabalha e à sua dignidade — o que significa que o combate à precarização das condições de vida e de trabalho depende da vontade de quem está no comando.

As propostas ora apresentadas não são de fácil concretização, mas isso não pode motivar a inércia e a passividade. Algo precisa ser feito, e a mudança também deve passar pela retomada da capacidade humana de indignação com o mal, com o sofrimento alheio.

5. CONCLUSÃO

O trabalho propicia, ao mesmo tempo, prazer e sofrimento para quem dele vive. É bem verdade, entretanto, que, diante das atuais exigências das empresas, os trabalhadores se submetem a pressões e a abusos que acabam reduzindo a satisfação com/no trabalho ao consolo da "não desocupação".

O crescimento econômico não pode custar a dignidade de quem trabalha: é preciso reconhecer a essencialidade do trabalho e do trabalhador para a manutenção do sistema capitalista e a necessidade de proteção à dignidade, a qual não decorre da simples oferta, ao homem, de qualquer tipo de trabalho. São necessárias mudanças no ordenamento jurídico e na forma de interpretação e aplicação da legislação para que o trabalho, no Brasil, se torne menos sofrido e mais prazeroso.

REFERÊNCIAS BIBLIOGRÁFICAS

ALVES, Giovanni; ANTUNES, Ricardo. As mutações no mundo do trabalho na era da mundialização do capital. *Educ. Soc.*, Campinas, v. 25, n. 87. p. 335-351, maio/ago. 2004.

ANTUNES, Ricardo. *Adeus ao trabalho? Ensaios sobre as metamorfoses e a centralidade do mundo do trabalho*. 6. ed., São Paulo: Cortez, 1999.

_____. O neoliberalismo e a precarização estrutural do trabalho na fase de mundialização do capital. In: SILVA, Alessandro da [et al.] (Coord.). *Direitos humanos: essência do direito do trabalho*. São Paulo: LTr, 2007.

_____. *Os sentidos do trabalho: ensaio sobre a afirmação e a negação do trabalho*. São Paulo: Boitempo, 2009.

BRASIL. Tribunal Regional do Trabalho da 3ª Região. Processo n. 1.186-2012-070-03-00-0/RO. Relator Desembar-

---

(43) RENAULT, Luiz Otávio Linhares. Que é isto — o direito do trabalho? In: PIMENTA, José Roberto Freire [et al.] (Coord.). *Direito do trabalho: evolução, crise, perspectivas*. São Paulo: LTr, 2004. p. 54.

(44) Como ensina Mauricio Godinho Delgado, a valorização do emprego e do trabalho no sistema capitalista é, em essência, uma questão de interpretação. Não há como negar que os neoliberais, simplesmente

resgatando a principiologia não intervencionista que norteou o sistema quando do seu nascedouro, pretendem agora, com perspectiva distinta — invocando a globalização —, convencer o mundo de que é preciso reduzir a proteção dos trabalhadores. (DELGADO, Mauricio Godinho. *Capitalismo, trabalho e emprego: entre o paradigma da destruição e os caminhos da reconstrução*. São Paulo: LTr, 2006. p. 98-99).

gador Sércio da Silva Peçanha. *Diário Eletrônico da Justiça do Trabalho*, Belo Horizonte, 20 set. 2013.

_____. Processo n. 1.028-2011-145-03-00-8/RO. Relator Convocado José Marlon de Freitas. *Diário Eletrônico da Justiça do Trabalho*, Belo Horizonte, 14 fev. 2014.

DEJOURS, Christophe. *A banalização da injustiça social*. Trad. Luiz Alberto Monjardim. 7. ed., Rio de Janeiro: FGV, 2006.

DELGADO, Gabriela Neves. O mundo do trabalho na transição entre os séculos XX e XXI. In: PIMENTA, José Roberto Freire [et al.] (Coord.). *Direito do trabalho: evolução, crise, perspectivas*. São Paulo: LTr, 2004.

DELGADO, Mauricio Godinho. *Capitalismo, trabalho e emprego: entre o paradigma da destruição e os caminhos da reconstrução*. São Paulo: LTr, 2006.

FARIA, José Eduardo. *O direito na economia globalizada*. 1. ed., São Paulo: Malheiros, 2004.

LIMA, Maria Elizabeth Antunes. Trabalho e saúde mental no contexto contemporâneo de trabalho: possibilidades e limites de ação. In: VIZZACCARO-AMARAL, André Luiz; MOTA, Daniel Pestana; ALVES, Giovanni (Org.). *Trabalho e saúde: a precarização do trabalho e a saúde do trabalhador no século XXI*. São Paulo: LTr, 2011.

RENAULT, Luiz Otávio Linhares. Que é isto — o direito do trabalho? In: PIMENTA, José Roberto Freire [et al.] (Coord.). *Direito do trabalho: evolução, crise, perspectivas*. São Paulo: LTr, 2004.

SOUTO MAIOR, Jorge Luiz. A fúria. *Revista LTr*, São Paulo, v. 66, n. 11. p. 1287-1309, nov. 2002.

SOUTO MAIOR, Jorge Luiz; MENDES, Ranulio; SEVERO, Valdete Souto. *Dumping social nas relações de trabalho*. São Paulo: LTr, 2012.

VIANA, Márcio Túlio. A proteção social do trabalhador no mundo globalizado. In: PIMENTA, José Roberto Freire [et al.] (Coord.). *Direito do trabalho: evolução, crise, perspectivas*. São Paulo: LTr, 2004.

_____. *Direito de resistência*. São Paulo: LTr, 1996.

_____. O longo meio século do direito do trabalho no Brasil. In: BRONSTEIN, Arturo (Org.). *Cincuenta años de derecho del trabajo em America Latina*. 1. ed., Buenos Aires: Rubinzal-Culzoni, 2007.

WEIL, Simone. *A condição operária e outros estudos sobre a opressão*. Trad. Luiz Otávio Ferreira Barreto Leite. Rio de Janeiro: Paz e Terra, 1979.

RELEITURA DA APLICAÇÃO DO DIREITO NOS CONTRATOS DE TRABALHO COM CONEXÃO INTERNACIONAL NUMA PERSPECTIVA JUSPRINCIPIOLÓGICA

Graciane Rafisa Saliba[*]

1. CONSIDERAÇÕES INICIAIS

A busca por ascensão profissional e econômica, ou até mesmo a oportunidade de emprego, aliada à facilidade de deslocamento entre países tem sido um dos principais fatores que levam à formação dos contratos de trabalho com conexão internacional.

A partir daí advêm os conflitos de direito do trabalho aplicáveis no espaço, ou seja, debate-se qual ordenamento jurídico trabalhista deve ser aplicado ao contrato quando há trabalhador brasileiro que é contratado no Brasil para prestar serviço em outro país, ou é transferido após laborar em território nacional, e ainda quando estrangeiros laboram no Brasil após contratação em outros países.

É possível vislumbrar três critérios que vêm sendo adotados para resolução desses conflitos, sendo o primeiro deles o adotado pela Súmula n. 207 do Tribunal Superior do Trabalho (TST), que, apesar de cancelada em 2012, ainda é sustentada por doutrinadores e persiste em julgados trabalhistas, ao adotar a *lex loci executionis*, consagrando o princípio da territorialidade, com incidência da norma do local em que ocorre a prestação de serviços, para as situações em que o trabalhador brasileiro prestar serviços no exterior, mesmo tendo sido o contrato assinado no Brasil, ou a aplicação do direito brasileiro quando um estrangeiro contratado em outro país prestar serviços no Brasil ao longo do seu contrato.

Outro critério possível para esses contratos é o previsto no art. 9º da Lei de Introdução às Normas do Direito Brasileiro, com utilização da lei do país no qual se constituíram as obrigações, através do qual vincula-se o direito do local onde foi assinado o contrato, independentemente do momento posterior de onde será executado o trabalho.

E, finalmente, a terceira opção vislumbrada na Lei n. 7.064/1982, alterada pela Lei n. 11.962/2009, e atualmente aplicável a todos os trabalhadores contratados ou transferidos para prestar serviços no exterior, excepcionados os designados para prestar serviços de natureza transitória de até noventa dias, e que traz a possibilidade de aplicação da legislação brasileira de proteção ao trabalho, quando mais favorável do que a legislação territorial, no conjunto de normas em relação a cada matéria, o que, portanto, enseja a discussão sobre a viabilidade de utilização da teoria do conglobamento mitigado, além do conglobamento e da acumulação em relação às normas do direito brasileiro.

Constata-se, assim, que a legislação brasileira não delimita e elucida com clareza as hipóteses de aplicação do direito, sendo necessário, ainda, a análise criteriosa das convenções internacionais ratificadas pelo Brasil, assim como os princípios aplicáveis ao direito do trabalho, além da aplicação

---
[*] Doutoranda em Direito do Trabalho e Mestre em Direito Público pela PUC-MG. MBA em Direito do Trabalho pela Fundação Getúlio Vargas. Especialista em *Derecho del Trabajo y Crisis Económica pela Universidad Castilla la Mancha* — Espanha. Coordenadora da Pós-Graduação em Direito e Processo do Trabalho da Faculdade Pitágoras. Professora. Advogada.

desses institutos na jurisprudência que vem sendo adotada pelos tribunais superiores.

2. PREVISÕES PARA APLICAÇÃO DO DIREITO AO CONTRATO DE TRABALHO COM CONEXÃO INTERNACIONAL

A aplicação das normas justrabalhistas "é de caráter imediato, considerando-se o predomínio de normas imperativas, devendo-se, entretanto, respeitar o direito adquirido, o ato jurídico perfeito e a coisa julgada" (BARROS, 2013. p. 132).

O art. 912 da CLT explicita a importância do tempo para entendimento do direito aplicável ao fato, especialmente na seara trabalhista, demarcando a diferenciação entre direito adquirido e direito consumado, nos seguintes termos: "os dispositivos de caráter imperativo terão aplicação imediata às relações iniciadas, mas não consumadas, antes da vigência desta Consolidação". Depreende-se que direito consumado é aquela relação que se encerrou, já finalizou antes do surgimento da nova norma, não sendo por ela atingido. E, no tocante ao direito adquirido, pode-se entender como aquele que a pessoa faz jus por ter preenchido determinados requisitos ou elementos, na vigência de norma contemporânea.

Além do fator temporal para escolha da norma, é importante a análise do fator espacial, ou seja, qual será a legislação aplicável, se a do local onde foi assumida a obrigação, do domicílio do trabalhador ou do local da prestação de serviços.

Quando trata-se de contratos de trabalho com conexão internacional, tal escolha comporta controvérsias acerca do direito aplicável, principalmente quando o trabalhador brasileiro procede à assinatura do contrato no Brasil, e é após um lapso temporal transferido para outro país com condições salariais e laborais melhores ou até piores. Nesses casos, o direito brasileiro ainda não apresenta normas explícitas que sanem a discussão, com alguns instrumentos que permeiam a solução: o princípio da territorialidade, a disposição da Lei de Introdução às normas do Direito Brasileiro, a Lei n. 7.064/82 e a Lei n. 11.962/2009, e ainda convenções ratificadas pelo Brasil.

2.1. Princípio da territorialidade

A incidência da norma do local em que se efetivou a relação empregatícia é um dos critérios mais difundidos para aplicação do direito aos contratos de trabalho, efetivando a preponderância do princípio da *lex loci executionis*. A adoção dessa opção vem corroborada inclusive em diplomas nacionais e internacionais, como pode se depreender do art. 198 do Código de Bustamante, aprovado na Conferência de Havana em 1928 e ratificado pelo Brasil em 13 de agosto de 1929, através do Decreto 18.871, que expõe a aplicação da lei territorial para acidentes do trabalho e proteção social do trabalhador.

E foi seguindo tal instrumento que formou-se o entendimento jurisprudencial exposto na Súmula n. 207 do TST, que consagrou o princípio da territorialidade ao expressar que "a relação jurídica trabalhista é regida pelas leis vigentes no país da prestação do serviço e não por aquelas do local da contratação".

Ressalta-se que, apesar do cancelamento dessa súmula em 16.4.2012, antes mesmo já se discutia os limites para sua aplicação, como pode ser vislumbrado em alguns trechos de julgados do Tribunal Superior do Trabalho, em que fica exposto que desde então já era aplicada a Súmula n. 207 apenas para casos com contratação de trabalhador brasileiro para prestar serviços exclusivamente no exterior. Caso a contratação ocorresse no Brasil, com prestação de serviços neste país e, posteriormente, no exterior, tendo retorno ao país de origem ou não, já não estava sendo aplicada a Súmula, sendo aplicada a legislação brasileira, integralmente. Nesse sentido a ementa, advinda de voto proferido pelo ministro Mauricio Godinho Delgado:

> *AGRAVO DE INSTRUMENTO. RECURSO DE REVISTA. CONTRATO E INÍCIO DE LABOR NO BRASIL. POSTERIOR TRANSFERÊNCIA PARA O EXTERIOR. RETORNO AO BRASIL. INCIDÊNCIA DA LEGISLAÇÃO BRASILEIRA EM RELAÇÃO A TODO O PERÍODO LABORAL. INAPLICABILIDADE DA SÚMULA N. 207/TST. DIFERENÇA DE RECOLHIMENTO DO FGTS — FÉRIAS. A jurisprudência do TST tem abrandado o rigor jurídico de sua Súmula n. 207, para entender que a lex loci executionis somente se aplica a trabalhadores contratados no País para prestarem serviços no exterior. Caso, entretanto, se trate de trabalhador contratado e exercente de funções no Brasil, com subsequente transferência para o estrangeiro, voltando ou não a este País, terá seu contrato regido pelas leis trabalhistas brasileiras, respeitada a norma mais favorável do Estado estrangeiro, se houver, durante o período de estadia naquele território externo. Agravo de instrumento desprovido. (BRASIL. Tribunal Superior do Trabalho. Processo n. 136.040-45.2006.5.02.0471 AIRR. Rel. Ministro Mauricio Godinho Delgado, 2010)*

As discussões até então travadas permeiam o campo do direito material, já que, na seara processual, no que tange à competência para julgamento da lide, há nítida opção pela territorialidade, ao se definir que "a competência das Varas do Trabalho é determinada pela localidade onde o empregado, reclamante ou reclamado, prestar serviços ao empregador, ainda que tenha sido contratado noutro local ou no estrangeiro", conforme expresso no *caput* do art. 651, da Consolidação das Leis Trabalhistas (CLT). Ainda no mesmo sentido, o mencionada artigo ratifica tal competência inclusive para os dissídios ocorridos em agência ou filial no estrangeiro, quando o empregado for brasileiro e não existir convenção internacional dispondo em sentido contrário, o que é expresso no § 2º do art. 651, CLT.

É importante, entretanto, esclarecer que o direito material e o processual, apesar de caminharem juntos e serem dependentes, apresentam funções distintas para saneamento da lide. O direito processual, para as ações que tramitam no Brasil, ainda que tenham partes estrangeiras ou a relação de trabalho tenha ocorrido no exterior, será o direito brasileiro, com suas normas, previsões legais e os princípios de direito processual.

Os requisitos formais, os tipos de ações, os prazos, a competência, os tipos de prova, recursos e limites da decisão são aplicáveis em conformidade com o ordenamento brasileiro, ou seja, no caso, pela CLT ou pelo CPC, e também pelas normas e pelos princípios insculpidos na Constituição Federal (CF/88).

Já o direito material pode ser distinto, sendo possível que a ação tramite no Brasil com aplicação de normas de direito material estrangeiro, desde que haja conexão internacional que possibilite tal feito, e que as leis do outro país não ofendam a soberania brasileira, a ordem pública e os bons costumes, conforme se depreende do art. 17 da Lei de Introdução às Normas do Direito Brasileiro.

Portanto, para contratos de trabalho assinados no Brasil que ocorram com a prestação de serviços que ocorra no estrangeiro, ou para um estrangeiro que labore no Brasil, ou, ainda, para um estrangeiro que labore inicialmente no Brasil e depois seja transferido para outro país, é possível que a ação seja ajuizada no Brasil e tramite em conformidade com o direito processual brasileiro, o que se depreende do art. 88 do Código de Processo Civil (CPC), que complementa o supramencionado art. 651 da CLT:

> Art. 88. É competente a autoridade judiciária brasileira quando:
>
> I — o réu, qualquer que seja a sua nacionalidade, estiver domiciliado no Brasil;
>
> II — no Brasil tiver de ser cumprida a obrigação;
>
> III — a ação se originar de fato ocorrido ou de ato praticado no Brasil.
>
> Parágrafo único. Para o fim do disposto no inciso I, reputa-se domiciliada no Brasil a pessoa jurídica estrangeira que aqui tiver agência, filial ou sucursal.

É importante salientar que trata-se de competência concorrente para julgamento da autoridade brasileira, o que não exclui a competência da autoridade judiciária estrangeira para julgar as causas que enumera o artigo supramencionado:

> Tem-se admitido, no Brasil, que a Justiça nacional deva dar-se por competente, em hipóteses do gênero, desde que exista algum elemento de ligação entre a causa e o nosso país (reflexo possível da teoria norte-americana do *minimum contact*), notadamente quando a decisão a ser proferida haja de produzir efeitos no território brasileiro, ou de qualquer modo se mostre praticamente útil que ela seja proferida no Brasil. (MOREIRA, 1994. p. 144)

Ressalta-se, portanto, que tanto o tratamento dado pelo Código de Processo Civil quanto pela Consolidação das Leis Trabalhistas, ao possibilitarem o ajuizamento de ações que tenham algum elemento de conexão com o Brasil, seja pela parte ser brasileira ou por ter sido a obrigação assumida no país, limitam-se ao direito processual, não sendo até então definido o direito material a ser aplicado ao caso.

2.2. *Lei de Introdução às Normas do Direito Brasileiro*

A assunção de obrigação, seja ela voluntária ou convencional, implica a escolha de um direito material a ser aplicado ao contrato. Entretanto há situações em que não se vislumbra a autonomia das partes para tal escolha, sendo a opção expressa em ordenamento vigente.

Para determinar qual a lei que será aplicada ao caso concreto, deve-se buscar o elemento de conexão pertinente à matéria. Pode-se entender como elemento de conexão "o critério jurídico utilizado para delimitar a lei incidente nos casos de conflito. Tal 'punto de collegamento', expressão utilizada pelos italianos, varia de acordo com o sistema jurídico de cada país". (DALLEGRAVE NETO, 2010)

No mesmo direito interno, o elemento de conexão pode variar conforme a matéria, se sobre direito obrigacional, capacidade, direito real, contratual trabalhista, entre outras, e, no Brasil, vem disciplinado pela Lei de Introdução às Normas de Direito Brasileiro e pelo Código de Bustamante.

Para tanto, em matéria de obrigações, da qual é parte os contratos, a Lei de Introdução às normas do Direito Brasileiro, anteriormente conhecida como Lei de Introdução ao Código Civil, apesar de aplicável a todos os direitos, traz, em seu art. 9º, que, "para qualificar e reger as obrigações, aplicar-se-á a lei do país em que se constituírem".

A regra geral do art. 9º da Lei de Introdução é aplicável aos contratos entre presentes, enquanto, para os contratos entre ausentes, prevê o § 2º do art. 9º do mesmo instrumento normativo, que "a obrigação resultante do contrato reputa-se constituída no lugar em que residir o proponente". Ou seja, "em face da existência de elementos diferentes de conexão e de difícil adaptação, o legislador tem de escolher um dado permanente, um elemento de fixação ou estabilidade. Manifestou-se favorável à lei da residência do proponente". (STRENGER, 2005. p. 631)

Enfim, o que propõe a Lei de Introdução às Normas do Direito Brasileiro, em regra, no tocante às obrigações, é "observar o direito do país em que se constituírem; portanto, se constituírem no Brasil, o direito brasileiro será observado quanto à forma e quanto ao fundo" (CASTRO, 2008. p. 374).

Exceção ao elemento de conexão do art. 9º, aplicável ao direito em geral, pode ser vislumbrada no que tange ao direito do trabalho, já que, se a obrigação for de índole trabalhista, em leitura ao art. 198 do Código de Bustamante, pode se atentar para eleição de outro elemento de conexão, o da aplicação da lei do local da prestação de serviços, como mencionado em tópico anterior. Entretanto ressalta-se que não há no instrumento normativo brasileiro nenhuma norma expressa que coloque tal ressalva.

2.3. Lei n. 11.962/2009: ampliação da Lei n. 7.064/1982

A situação de trabalhadores contratados no Brasil ou transferidos para prestar serviços no exterior, excepcionados os designados para prestar serviços de natureza transitória de até noventa dias, é regulada pela Lei n. 7.064/82, que foi ampliada pela Lei n. 11.962/2009, para estender sua vigência para trabalhadores de qualquer espécie de atividade empresarial, e não meramente aos que laboravam no exterior em atividades de engenharia, projetos e obras, montagens, gerenciamento e congêneres.

A especificidade trazida por esse instrumento é de suma importância para uma nova interpretação do direito aplicável, sendo um largo passo para o reconhecimento da possibilidade de utilização de direito estrangeiro em processos que tramitam na justiça brasileira.

Conforme expresso no art. 3º da Lei n. 7.064/82, a empresa responsável pelo contrato de trabalho do empregado transferido deverá assegurar-lhe "a aplicação da legislação brasileira de proteção ao trabalho, naquilo que não for incompatível com o disposto nesta Lei, quando mais favorável do que a legislação territorial, no conjunto de normas e em relação a cada matéria" (BRASIL, 1982).

A supramencionada lei inova ao permitir a adoção de lei diversa da territorial, ou seja, não será apenas a lei do local da prestação de serviços que será aplicada; pode a lei brasileira também ser utilizada quando mais benéfica em relação à matéria de proteção ao trabalho.

A jurisprudência vem utilizando reiteradamente tal permissivo, buscando inclusive sua interpretação num sentido lato, o que propiciou a superação da Súmula n. 207 do TST e a ampliação da Lei n. 7.064/82, conforme se depreende do julgado do Tribunal Superior do Trabalho:

> PRESTAÇÃO DE SERVIÇOS NO EXTERIOR — CONFLITO DE LEIS TRABALHISTAS NO ESPAÇO — EMPRESA ESTRANGEIRA SUBSIDIÁRIA DE EMPRESA ESTATAL BRASILEIRA
>
> 1. Em harmonia com o princípio da *Lex loci execucionis*, esta Eg. Corte editou em 1985 a Súmula n. 207, pela qual adotou o princípio da territorialidade, sendo aplicável a legislação protetiva do local da prestação dos serviços aos trabalhadores contratados para laborar no estrangeiro.
>
> 2. Mesmo antes da edição do verbete, contudo, a Lei n. 7.064, de 1982, instituiu importante exceção ao princípio da territorialidade, prevendo normatização específica para os trabalhadores de empresas prestadoras de serviços de engenharia no exterior.
>
> 3. Segundo o diploma, na hipótese em que o empregado inicia a prestação dos serviços no Brasil e, posteriormente, é transferido para outro país, é aplicável a legislação mais favorável (art. 3º, II). Por outro lado, quando o empregado é contratado diretamente por empresa estrangeira para trabalhar no exterior, aplica-se o princípio da territorialidade (art. 14).
>
> 4. Apesar de o diploma legal ter aplicação restrita às empresas prestadoras de serviços de engenharia, a jurisprudência desta Eg. Corte Superior passou, progressivamente, a se posicionar favoravelmente à sua aplicação a outras empresas, como se pode observar em vários precedentes.

Essa tendência também tem sido verificada no ordenamento jurídico de outros países.

5. Atento à jurisprudência que veio se firmando no âmbito desta Eg. Corte, o legislador, por meio da Lei n. 11.962/2009, alterou a redação do art. 1º da Lei n. 7.064/82, estendendo o diploma a todos os trabalhadores contratados no Brasil ou transferidos por seus empregadores para prestar serviços no exterior.

6. No caso concreto, o empregado foi contratado pela Braspetro Oil Service Company, empresa subsidiária da Petrobras constituída em outro país, para prestar serviços nas águas territoriais da Angola.

7. Por se tratar de empresa subsidiária da maior empresa estatal brasileira, que tem suas atividades estritamente vinculadas ao país, entendo aplicável a legislação mais favorável ao trabalhador — no caso, a brasileira —, em razão dos estreitos vínculos do empregador com o ordenamento jurídico nacional. Embargos conhecidos e desprovidos. (BRASIL. Tribunal Superior do Trabalho. Processo n. 219.000-93.2000.5.01.0019 E-RR. Rel. Ministra Maria Cristina Irigoyen Peduzzi, 2011)

Nota-se, nesse caso, que a tendência dos julgados do Tribunal Superior do Trabalho é a ampliação do direito visando à proteção do trabalhador, e qualquer vínculo é importante para possibilitar o elemento de conexão necessário para que se torne possível a utilização de norma mais benéfica, seja ela brasileira ou estrangeira, em conformidade com a legislação brasileira.

> RECURSO DE REVISTA DO RECLAMANTE. CONFLITO DE LEIS NO ESPAÇO. PRINCÍPIO DA LEX LOCI EXECUTIONIS. INAPLICABILIDADE. TRABALHADOR CONTRATADO NO BRASIL E POSTERIORMENTE TRANSFERIDO PARA O EXTERIOR. INCIDÊNCIA DA NORMA MAIS FAVORÁVEL. *A jurisprudência desta Corte firmou-se no sentido de que inaplicável o entendimento consagrado na Súmula n. 207/TST aos trabalhadores contratados no Brasil, para prestar serviços neste país e, posteriormente, transferidos ao exterior, devendo incidir, no caso, a norma protetiva mais favorável, à luz do disposto na Lei n. 7.064/82. Configurada contrariedade à Súmula n. 207/TST, ante a sua má-aplicação ao caso em apreço. Revista conhecida e provida, no tema.* (BRASIL. Tribunal Superior do Trabalho. Processo n. 51.300-47.2007.5.10.0003 RR. Rel. Juiz Convocado Flavio Portinho Sirangelo, 2012)

Vislumbra-se, assim, que há o intuito de extensão do entendimento da aplicação da norma mais favorável ao trabalhador, com respaldo na Lei n. 7.064/82, restando inaplicável o consagrado na Súmula n. 207 do TST.

Resta ainda esclarecer no cenário contemporâneo brasileiro como será adotada essa norma mais benéfica, se o ordenamento inteiro de um país ou de outro, ou se partes em relação a determinada matéria, adotando o conjunto de artigos que tratam, por exemplo, sobre segurança e saúde, de um país e as demais de outro.

Essa aplicação ainda comporta controvérsias, necessitando de mais observações sobre as teorias da acumulação, do conglobamento e do conglobamento mitigado, a serem abordadas em tópico posterior.

2.4 Princípio da extraterritorialidade e lei do pavilhão: exceção e possibilidade

Os empregados de embaixada estrangeira apresentam condição de trabalho peculiar. O art. 114 da Constituição Federal foi expresso ao determinar que é competência da Justiça do Trabalho Brasileira processar e julgar as ações oriundas da relação de trabalho inclusive dos entes de direito público externo, como acontece com as embaixadas, os consulados e com os organismos internacionais.

Entretanto, ainda assim, o exercício de tal jurisdição sofre limitações quando, através de tratados ou normas costumeiras, o Estado consente em conferir privilégio a determinado grupo, como ocorre com serviço diplomático, de que cuida a Convenção de Viena de 1961, e o serviço consular, delimitado pela Convenção de Viena de 1963.

> Há imunidade de jurisdição do Estado estrangeiro, sendo imunidade absoluta de jurisdição no tocante aos atos de império, ou seja, àqueles praticados pelo Estado sob regime de prerrogativas públicas, refletindo na sua atuação institucional. Os atos de gestão, entretanto, por estarem desvinculados da atuação estatal propriamente dita, não se beneficiam da imunidade de jurisdição, podendo ser submetidos e apreciados pelo poder Judiciário do outro Estado (WALLBACH, 2013. p. 4).

Assim, em relação aos organismos internacionais, a "imunidade de jurisdição rege-se pelo que se encontra efetivamente avençado nos tratados de sede" (WALLBACH, 2013. p. 4). Estes que em sua grande maioria preveem normas garantidoras da imunidade absoluta.

Neste sentido, exceto quando ocorrer a renúncia expressa pelo organismo internacional, deverá o Brasil garantir a imunidade absoluta de jurisdição a estas instituições.

No mesmo âmbito, em fevereiro de 2012, o Tribunal Superior do Trabalho editou a Orientação Jurisprudencial n. 416 da SBDI-1, nos seguintes moldes:

IMUNIDADE DE JURISDIÇÃO. ORGANIZAÇÃO OU ORGANISMO INTERNACIONAL. (DEJT divulgado em 14, 15 e 16.2.2012)

As organizações ou organismos internacionais gozam de imunidade absoluta de jurisdição quando amparados por norma internacional incorporada ao ordenamento jurídico brasileiro, não se lhes aplicando a regra do Direito Consuetudinário relativa à natureza dos atos praticados. Excepcionalmente, prevalecerá a jurisdição brasileira na hipótese de renúncia expressa à cláusula de imunidade jurisdicional (TST, 2012).

Note-se que o Tribunal Superior do Trabalho colocou as organizações internacionais "em patamar mais elevado e favorável do que o dispensado aos próprios Estados, pois aquelas são dotadas de imunidades absoluta de jurisdição" (CASTRO e HUBNER, 2013. p. 119), enquanto os Estados não gozam de tal benefício quando da realização de atos de gestão.

Persiste o entendimento de que, no tocante à execução, o Estado estrangeiro tem imunidade, ou seja, "embora tenha a Justiça laboral competência para processar e julgar demanda envolvendo ente estrangeiro, não possui competência para executar seus julgados, devendo socorrer-se aos apelos diplomáticos, mediante a denominada carta rogatória" (SARAIVA, 2008. p. 81).

Neste sentido, os bens dos entes estrangeiros não são passíveis de constrição judicial, salvo se houver renúncia expressa ou se tratar de bens desvinculados à representação diplomática ou consular da Entidade, conforme se depreende inclusive nos julgados recentes dos tribunais:

> ORGANISMO INTERNACIONAL. UNESCO. IMUNIDADE DE JURISDIÇÃO. A jurisprudência deste Tribunal é no sentido de que as organizações ou organismos internacionais gozam de imunidade absoluta de jurisdição quando amparados por norma internacional incorporada ao ordenamento jurídico brasileiro, não se lhes aplicando a regra do Direito Consuetudinário relativa à natureza dos atos praticados. Agravo de instrumento a que se nega provimento. (BRASIL, Tribunal Superior do Trabalho. Processo: AIRR n. 216-02.2010.5.10.0003, Relator Ministro Fernando Eizo Ono, 2013)

Da mesma forma, outros julgados ressaltam a imunidade absoluta de jurisdição de organismo internacional, destacando a Orientação Jurisprudencial n. 416 da SBDI-1:

> IMUNIDADE ABSOLUTA DE JURISDIÇÃO. ORGANISMO INTERNACIONAL. ONU/PNUD. Esta Corte Superior, em sintonia com a jurisprudência do Supremo Tribunal Federal, editou a Orientação Jurisprudencial n. 416 da SBDI-1, no sentido de que as organizações ou organismos internacionais gozam de imunidade absoluta de jurisdição quando amparados por norma internacional incorporada ao ordenamento jurídico brasileiro, não se lhes aplicando a regra do Direito Consuetudinário relativa à natureza dos atos praticados. Excepcionalmente, prevalecerá a jurisdição brasileira na hipótese de renúncia expressa à cláusula de imunidade jurisdicional, o que não ocorreu na hipótese. Dessa orientação divergiu o Tribunal Regional, ensejando o provimento do recurso de revista para reconhecer a imunidade absoluta de jurisdição da ONU/PNUD e, por consequência, extinguir o processo sem resolução do mérito, com fulcro no art. 267, VI, do CPC. Recurso de revista conhecido e provido. (BRASIL, Tribunal Superior do Trabalho. Processo: RR n. 92.400-61.2007.5.10.0009, Relator Ministro: Walmir Oliveira da Costa, 2013)

Assim, constata-se a grande problemática que envolve os entes de direito público externo não só no tocante ao direito material aplicável ao caso concreto, mas também no tocante à competência para julgamento e imunidade de jurisdição. E são exatamente nesses casos que também vislumbra-se a utilização do princípio da extraterritorialidade, com aplicação da lei estrangeira em território originariamente brasileiro, e da mesma forma aplicação da lei brasileira em território estrangeiro, ou seja, ao contrário do princípio da territorialidade, cuja regra é a aplicação da lei brasileira dentro do território nacional, o princípio da extraterritorialidade possibilita a aplicação da lei brasileira além das fronteiras, em países estrangeiros, ou de direito estrangeiro em território brasileiro.

Outra peculiaridade no tocante à aplicação da lei ao contrato de trabalho ocorre para os empregados de navios e aeronaves, cujo princípio dominante é a prevalência da lei do pavilhão ou do país em que se está matriculado o navio ou o avião, "isto é, o da aplicação da lei do local da matrícula, como aliás se infere do Código de Bustamante e das Convenções internacionais". (BARROS, 2013. p. 135)

É importante ressaltar que, caso se faça o uso da bandeira, ou se houver a matrícula em local que vise frustrar a incidência de direitos trabalhistas, constata-se uma fraude à lei, e o ato será declarado nulo de pleno direito.

3. PRINCIPIOLOGIA: UMA INTERPRETAÇÃO EXTENSIVA PARA SOLUÇÃO DOS CONFLITOS LABORAIS COM CONEXÃO INTERNACIONAL

A diferente ordem hierárquica presente no direito do trabalho faz com que a tradicional classificação, que coloca a hierarquia conforme a categoria da autoridade de onde a fonte provém, não seja a única observada, sendo priorizada a norma mais favorável ao empregado, o que torna maleável e flexível a hierarquização.

A lei persiste como uma das principais fontes do Direito do Trabalho, desde que encontre respaldo na Constituição Federal, que se encontra no ápice da pirâmide das fontes, seguida pela lei complementar, depois por lei ordinária, lei delegada, decreto legislativo, decretos (regulamentos), portarias, sentença normativa, laudo arbitral, convenção coletiva, acordos coletivos, regulamento interno da empresa e contrato de trabalho.

Além dessas fontes, o art. 8º da CLT traz outras formas de integração do Direito do Trabalho, tais como a jurisprudência, a analogia, a equidade, os princípios gerais e os peculiares, usos e costumes, e Direito comparado.

Apesar da importância de cada uma dessas fontes, "deve ser aplicado o instituto que proporcione melhores condições para o empregado, ainda que contidos em norma de hierarquia inferior. Esse é o traço de originalidade que marca o Direito do Trabalho" (BARROS, 2013. p. 102).

3.1. Teoria da Acumulação, do Conglobamento e do Conglobamento Mitigado

A extração e a escolha da norma mais benéfica são realizadas através de três teorias, a teoria da acumulação ou atomização, a teoria do conglobamento e a teoria do conglobamento parcial, orgânico, por institutos ou mitigado.

A primeira delas, a chamada teoria da acumulação, "implica extrair de cada uma das fontes, objeto de comparação, as disposições mais favoráveis ao empregado, e, reunidos esses "retalhos", serão aplicados ao caso concreto" (BARROS, 2013. p. 103). A problemática dessa teoria surge no momento em que cria um desequilíbrio para o empregador, já que, ao somar todos os direitos mais benéficos para o empregado, oriundos de fontes diversas, a harmonia das normas separadas é quebrada, formando-se uma terceira norma, nova, pendente somente para um dos lados, no caso, o empregado.

A segunda teoria, do conglobamento, objetiva o equilíbrio com escolha de uma das fontes somente, após detida comparação das mesmas. E a que for mais benéfica em seu conjunto, para o empregado, de maneira global, deve ser adotada, sem ser despedaçada ou somada. O ponto negativo de tal adoção se dá no momento em que apenas um ente escolhe a fonte que considera mais benéfica, o que, no caso, é feito pelo juiz em caso de heterogeneidade de normas.

Já na terceira teoria, que ficou conhecida como teoria do conglobamento mitigado, orgânico, por instituto ou parcial, faz-se uma comparação entre dois institutos, ou duas fontes, e "extrai-se do conjunto de normas que se referem a um mesmo instituto, como por exemplo o regime de férias, de despedida" (BARROS, 2013. p. 103). Pode-se entender que a Lei n. 7.064/82 adotou essa teoria em seu art. 3º, II, ao dispor sobre a aplicação da legislação brasileira de proteção ao trabalho, quando mais favorável do que a legislação territorial, que seria a do país onde está sendo prestado o serviço, no conjunto de normas e em relação a cada matéria. A crítica no tocante a essa teoria ocorre no momento em que não se vislumbra facilmente quais são as matérias, não há como ser estanque cada instituto.

Uma outra nomenclatura é adotada por Dallegrave Neto, que afirma que "pela expressa dicção do art. 3º, II, da Lei n. 7.064/82, a teoria adotada é a da Incindibilidade dos Institutos Jurídicos que, por sua vez, difere-se da teoria da Acumulação e da teoria do Conglobamento". (DALLEGRAVE NETO, 2010)

Diferencia, assim, as três teorias pela forma de considerar e escolher qual norma teria a norma mais benéfica:

> A da Acumulação propugna pela reunião de todas as vantagens conferidas ao empregado, fracionando as diversas fontes normativas em verdadeira "colcha de retalhos", enquanto a teoria da Incindibilidade defende a acumulação dos diplomas legais, limitando-os ao conjunto de normas por matéria. Finalmente, a teoria do Conglobamento sustenta que a opção deve recair sobre o conjunto global de uma determinada fonte formal em desprezo de outra: ou se considera integralmente a fonte formal "x" ou integralmente a lei "y". (DALLEGRAVE NETO, 2010)

Enfim, o que se constata é que, apesar da diferenciação de nomenclatura, a opção pela seleção de um conjunto de matéria é a teoria que mais cresce no cenário jurídico trabalhista, apesar da incessante dificuldade em delimitar os institutos e seus reflexos para adotar como matérias distintas.

3.2. Princípio da proteção e da progressividade: a base para os contratos de trabalho internacionais

Os princípios sintetizam os principais valores da ordem jurídica instituída, além de condicionarem a interpretação e aplicação de todas as regras jurídicas. O princípio da proteção, cerne do Direito Trabalhista, pressupõe uma condição de inferioridade do trabalhador na relação jurídica, com uma posição de superioridade hierárquica do empregador, de forma diversa ao que acontece nos demais contratos, nos quais se pressupõe a igualdade do ponto de vista jurídico, quando o teor não é afeto à área trabalhista.

Diante deste cenário foi construído o direito do trabalho, baseado em tal princípio, mola propulsora da defesa dos hipossuficientes:

> O princípio da proteção se refere ao critério fundamental que orienta o Direito do Trabalho, pois este, em vez de inspirar-se num propósito de igualdade, responde ao objetivo de estabelecer um amparo preferencial a uma das partes: o trabalhador. (PLÁ RODRIGUEZ, 2000. p. 83)

O princípio da proteção, além de inspirar todo o complexo jurídico trabalhista, se desdobra em três vertentes, o da norma mais favorável, princípio da condição mais benéfica e o princípio *in dubio pro operario*.

Dentre esses, o que é mais relevante aos contratos de trabalho internacionais é o princípio da norma mais favorável, que deve ser analisado quando apresentam-se dois institutos possíveis de serem aplicados ao caso, devendo ser analisado na fase jurídica, após a construção da regra, como critério de hierarquia e de intepretação, como salienta Mauricio Godinho Delgado:

> Como critério de hierarquia, permite eleger como regra prevalecente, em uma dada situação de conflito de regras, aquela que for mais favorável ao trabalhador, observados certos procedimentos objetivos orientadores, evidentemente.
>
> Como princípio de interpretação do Direito, permite a escolha da interpretação mais favorável ao trabalhador, caso antepostas ao intérprete duas ou mais consistentes alternativas de interpretação em face de uma regra jurídica enfocada. Ou seja, informa esse princípio que, no processo de aplicação e interpretação do Direito, o operador jurídico, situado perante um quadro de conflito de regras ou interpretações consistentes a seu respeito, deverá escolher aquela mais favorável ao trabalhador, a que melhor realize o sentido teleológico essencial do Direito do Trabalho. (DELGADO, 2014. p. 198)

Sendo assim, há que zelar pela escolha do direito material aplicável ao contrato de trabalho internacional no momento em que dois ou mais ordenamentos de países distintos podem ser aplicáveis, quais sejam, o do local da contratação e o do local da prestação de serviços. E, no caso de dúvida de qual ordenamento seguir, não sendo a norma brasileira explícita sobre o assunto, deve-se buscar prevalência da norma mais favorável, como corolário do princípio da proteção, norteador de todo o Direito do Trabalho.

Maria Helena Diniz (2013. p. 254) reforça esse posicionamento quando defende a aplicação, na seara dos contratos internacionais de trabalho, no caso de confronto de normas concorrentes — nacional e estrangeira —, se forem mais favoráveis ao empregado as do local da contratação do que as do da execução, considera que deve-se aplicar aquela que beneficiar o trabalhador, devido ao caráter protetivo do Direito do Trabalho, observando-se, porém, as limitações de ordem pública. Ressalta que esse entendimento é oriundo do princípio do *favor laboriis*, oriundo da Constituição da OIT, especificamente do art. 19, VIII, desse instrumento.

Outro princípio que vem corroborar a importância de aplicação do direito mais favorável ao contrato de trabalho internacional é o da progressividade das normas sobre direitos humanos, sustentado pelo autor uruguaio Héctor-Hugo Barbagelata (2009), que culminava na gradação por vários instrumentos internacionais e por textos constitucionais à aplicação dos direitos humanos, em consonância com o art. 427 do Tratado de Versalhes, para uma vocação de desenvolvimento progressivo no sentido de uma maior extensão e proteção dos direitos sociais, incluídos os direitos trabalhistas.

Esse princípio vanguardista prevê a irreversibilidade ou o dever de não regressividade, com impossibilidade de redução da proteção já existente. Barbagelata (2008. p. 24) explica que esses princípios são "uma consequência do critério da conservação ou não derrogação do regime mais favorável para o trabalhador, o qual pode reputar-se como um princípio ou regra geral no âmbito do Direito do Trabalho", decorrente do inciso VIII do art. 19 da Constituição da OIT.

4. CONSIDERAÇÕES FINAIS

A expansão da migração de trabalhadores e a facilidade da quebra de fronteiras geográficas pelas empresas transnacionais, em busca de mão de obra barata para rebaixamento dos custos e conquista de mercado, fez com que aumentasse, portanto, os contratos de trabalho com conexão internacional. E tal fator reflete diretamente na incidência de conflito de lei trabalhista no espaço, sendo necessário o estabelecimento de normas claras para que as empresas não se aproveitem da situação para minorar os direitos trabalhistas.

Os trabalhadores contratados ou transferidos para prestar serviços no exterior não possuem regra clara e específica sobre a legislação que deve ser aplicada aos seus contratos de trabalho, se a estrangeira ou a brasileira. E, com o recente cancelamento da Súmula n. 207 do TST, que destacava o princípio da territorialidade, fica sinalizada a expansão da interpretação principiológica para aplicação dos princípios da proteção e da progressividade.

Apesar de já existir a possibilidade de cotejamento da norma para trabalhadores que são transferidos para o exterior, trazida pela Lei n. 7.064/82, alterada pela Lei n. 11.962/2009, para estender a todos os profissões, é necessário que se aplique não somente o direito por matéria, mas seja possível a aplicação do direito brasileiro ou do estrangeiro quando a contratação tenha ocorrido no Brasil, sendo o mais benéfico aplicável, sem que seja fracionado ou limitado.

Assim, diante de uma análise principiológica protecionista, perpassando pela Constituição da OIT e pelo Código de Bustamante, conclui-se que na seara dos contratos internacionais de trabalho, diante de confronto de normas concorrentes, entre a nacional e a estrangeira, se forem mais favoráveis ao empregado as do local da contratação do que as do da execução, considera que na justiça trabalhista brasileira deve-se aplicar aquela que beneficiar o trabalhador, em consonância com o ordenamento justrabalhista em sentido amplo e tautológico.

REFERÊNCIAS BIBLIOGRÁFICAS

BARBAGELATA, Héctor-Hugo. *Curso sobre la evolución del pensamiento juslaboralista*. Montevideo: Fundación de cultura universitária, 2009.

_____. Os Princípios de Direito do Trabalho de Segunda Geração, in *Cadernos da Amatra IV*, 7, abr./jun. 2008, ano III, HS Editora, Porto Alegre.

BARROS, Alice Monteiro de. *Curso de direito do trabalho*. 9 ed. São Paulo: LTr, 2013.

BRASIL. *Consolidação das Leis do Trabalho*. Aprovada pelo Decreto-lei n.5.452 de 1º de maio de 1943.

_____. Lei n. 7.064, de 6 de dezembro de 1982, publicada no *Diário Oficial da União*, Brasília, 7.12.1982, e retificada em 13.12.1982. Dispõe sobre a situação de trabalhadores contratados ou transferidos para prestar serviços no exterior.

_____. Tribunal Superior do Trabalho. Processo n. 136.040-45.2006.5.02.0471 AIRR. Rel. Ministro Mauricio Godinho Delgado, 6ª Turma. Data de Julgamento: 7.12.2010, *Diário Eletrônico da Justiça o Trabalho*, Brasília, Data de Publicação: 17.12.2010.

_____. Tribunal Superior do Trabalho. Processo n. 219.000-93.2000.5.01.0019 E-RR. Rel. Ministra Maria Cristina Irigoyen Peduzzi, Subseção I Especializada em Dissídios Individuais. Data de Julgamento: 22.9.2011, *Diário Eletrônico da Justiça do Trabalho*, Brasília, Data de Publicação 7.10.2011.

_____. Tribunal Superior do Trabalho. Processo n. 51.300-47.2007.5.10.0003 RR. Rel. Juiz Convocado Flavio Portinho Sirangelo, 3ª Turma. Data de Julgamento: 7.3.2012, *Diário Eletrônico da Justiça do Trabalho*, Brasília, Data de Publicação 16.3.2012.

_____. Tribunal Superior do Trabalho. Processo AIRR n. 216-02.2010.5.10.0003 Data de Julgamento: 11.12.2013, Relator Ministro: Fernando Eizo Ono, 4ª Turma, *Diário Eletrônico da Justiça do Trabalho*. Data de Publicação: 13.12.2013.

_____. Tribunal Superior do Trabalho. Processo RR n. 92.400-61.2007.5.10.0009 Data de Julgamento: 4.12.2013, Relator Ministro: Walmir Oliveira da Costa, 1ª Turma, *Diário Eletrônico da Justiça do Trabalho*. Data de Publicação: DEJT 6.12.2013.

CASTRO, Amilcar. *Direito internacional privado*. 6. ed., Rio de Janeiro: Forense, 2008.

CASTRO, Fernando Guilhon de; HUBNER, Tamires. *Imunidade absoluta de jurisdição dos organismos internacionais e a violação aos direitos humanos (trabalhistas)*: Comentários à OJ n. 416 do TST. Revista Meritum. Belo Horizonte, v. 8, n. 1. p. 99-141 — jan./jun. 2013. Disponível em <http://www.fumec.br/revistas/index.php/meritum/article/view/1782/1153>. Acesso em: 22 de julho de 2014.

DALLEGRAVE NETO, José Afonso. *Contrato internacional de trabalho*. Paraná: Academia Paranaense de Estudos Jurídicos, 2010. Disponível em: <http://www.trt9.jus.br/aepj/artigos_doutrina_jadn_03.asp>. Acesso em: 15 de julho de 2014.

DELGADO, Mauricio Godinho. *Curso de direito do trabalho*. 13. ed., São Paulo: LTr, 2014.

DINIZ, Maria Helena. *Lei de introdução às normas do direito brasileiro interpretada*. São Paulo: Saraiva, 2013.

DOLLINGER, Jacob. *Direito internacional privado*. 8. ed., Rio de Janeiro: Renovar, 2005.

MAIOR, Jorge Luiz Souto. *Curso de Direito do Trabalho*: a relação de emprego, v. II. São Paulo: LTr, 2008.

MOREIRA, José Carlos Barbosa. *Temas de Direito Processual*. 5ª série. São Paulo: Saraiva, 1994.

NASCIMENTO, Amauri Mascaro. *Curso de direito do trabalho*. 26. ed., São Paulo: Saraiva, 2011.

NGUYEN, Quoc Dinh, DAILLER, Patrick e PELLET, Alain. *Direito Internacional Público*. Tradução de Vítor Marques Coelho. Lisboa: Fundação Calouste Gulbenkian, 1999.

PASSOS, Marcos Fernandes. Breves comentários acerca de competência e de litispendência internacionais. In: *Rev. SJRJ*, v. 18, n. 31., Rio de Janeiro, p. 59-73, ago. 2011.

PLÁ RODRIGUEZ, Américo. *Princípios de direito do trabalho*. 3. ed., São Paulo: LTr, 2000.

REZEK, José Francisco. *Direito internacional público*: curso elementar. 9 ed. rev., São Paulo: Saraiva. 2002.

SARAIVA, Renato. *Curso de direito processual do trabalho*. 5. ed., São Paulo: Método, 2008.

STRENGER, Irineu. *Direito internacional privado*. 6. ed., São Paulo: LTr, 2005.

SÜSSEKIND, Arnaldo. *Direito Internacional do Trabalho*. 3. ed., São Paulo: LTr, 2000.

VIANA, Márcio Túlio. Trabalhando sem medo: novas possibilidades para a proteção ao emprego. In: SENA, Adriana Goulart; DELGADO, Gabriela N; NUNES, Raquel P. (coords.). *Dignidade Humana e inclusão social*: caminhos para a efetividade do direito do trabalho no Brasil. São Paulo: LTr, 2010.

VIANA, Márcio Túlio; RENAULT, Luiz Otávio Linhares; FATTINI, Fernanda Carolina; et al. (orgs). *O que há de novo em direito do trabalho*. São Paulo: LTr, 1997.

WALLBACH. Maria Teresa. *A imunidade de jurisdição e de execução no âmbito do contrato de trabalho*. Disponível em: <http://www.uniesp.edu.br/guaruja/site/revista/PDfs/artigo01AImunidadeJurisdicao.pdf>. Acesso em: 24 de agosto de 2013.

REPENSANDO O SISTEMA DE ENQUADRAMENTO SINDICAL:
uma releitura à luz dos novos princípios constitucionais

Bruno Ferraz Hazan[*]
Luciana Costa Poli[**]

1. INTRODUÇÃO

A Constituição da República de 1988 inaugurou formalmente um novo paradigma: o Estado Democrático de Direito. Nele, a forma de se perceber o Direito, por meio da própria Constituição, faz com que a estrutura normativa até então concebida seja revista e reinterpretada, especialmente por meio dos princípios constitucionalmente assegurados.

Em relação ao Direito Coletivo do Trabalho, a Constituição inaugurou dois princípios basilares: a liberdade sindical e a autonomia sindical. A partir deles, o arcabouço legislativo sindical deve ser revisitado, em especial os pontos de contato entre a nova liberdade e autonomia propostas e a estrutura sindical corporativa ainda presente na legislação infraconstitucional.

O trabalho tem, portanto, o objetivo de apresentar propostas reinterpretativas relativas, particularmente, ao sistema de enquadramento sindical brasileiro com base em uma aplicação plena dos princípios constitucionais supramencionados.

Para tanto se deve, inicialmente, perceber o papel do sindicato na construção do Direito do Trabalho — autonomamente concebido por meio do poder normativo das negociações coletivas — e sua importância na manutenção das conquistas trabalhistas e no desenvolvimento do próprio ramo justrabalhista.

Tal perspectiva deve ser confrontada com as premissas limitadoras do sistema de agregação corporativista baseado exclusivamente em categorias, estruturalmente contraditório com a perspectiva principiológica constitucional. A falta de plasticidade do enquadramento sindical oficial retira a possibilidade de reestruturação interna dos sindicatos, o que dificulta — e muito — a superação da crise pela qual passam.

A fim de se adequarem às novas necessidades da classe trabalhadora — além da necessidade do enfrentamento da crise — e a fim de a representarem adequadamente, propõe-se um novo caminho para a crise de identidade que acomete o sindicalismo brasileiro. Ao se reconfigurar o sistema de enquadramento sindical, espera-se que os sindicatos — readaptados e internamente remodelados — reassumam seu papel histórico na reconstrução do próprio Direito do Trabalho.

2. A IMPORTÂNCIA E O PAPEL DO SINDICATO NO DESENVOLVIMENTO AUTÔNOMO DO DIREITO DO TRABALHO

Não se pode negar a importância dos sindicatos para o Direito do Trabalho, já que suas fontes materiais são atreladas, essencialmente, à questão social

---

[*] Doutorando em Direito Privado pela PUC-MINAS. Mestre em Direito do Trabalho pela PUC-MINAS. Professor.
[**] Pós-Doutoranda pela UNESP (Bolsista da CAPES/PNPD). Doutora em Direito Privado pela PUC-MINAS. Mestra em Direito e Instituições Políticas pela Universidade FUMEC/MG.

e ao agrupamento organizado dos trabalhadores, na luta por melhores condições de trabalho.

Assim, não é absurda a afirmativa de que o Direito do Trabalho tem, em seu nascedouro, a área coletiva que, por sua vez, criou as condições do surgimento da área individual, e isto por mais que algumas legislações, como a brasileira, privilegiem o Direito Individual sobre o Coletivo do Trabalho: *"sob este aspecto pode afirmar-se que surgiu, primeiro, um Direito Coletivo impulsionado pela consciência de classe e, em seguida, um Direito Individual do Trabalho."*[1]

Portanto, quase que intrinsecamente ao Direito do Trabalho, nasceu o poder das partes de construírem suas próprias condições de trabalho, por meio das negociações e lutas organizadas. Isso porque, quando de seu surgimento, o Estado, liberal, não exercia qualquer tipo de intervenção nas relações entre particulares, incluídas aí as relações trabalhistas entre patrão e empregado.

Assim, no sistema liberal, o trabalho se concretizou por meio das locações de trabalho, forma jurídica primeva de relação trabalhista. Tal forma de contratação se formatava pela autonomia da vontade entre os contratantes, consistindo no respeito total à liberdade volitiva do trabalhador e do empregador que se obrigavam um a prestar serviços e o outro a pagar salários, porém sem quaisquer outras implicações[2].

No entanto, como a igualdade entre trabalhador e patrão era, por óbvio, meramente formal (não havia liberdade ou bilateralidade na estipulação das condições de labor) e como o patrão detinha, além dos meios de produção, todo o controle sobre a vida do trabalhador que dele dependia para sobreviver — destacando-se que sobreviver naquele período era, simplesmente, não morrer de fome —, por certo que esta relação "livre" não resistiria muito tempo.

As primeiras formas de produção capitalista eram disseminadas, descentralizadas. O empregador, assim, distribuía a matéria-prima e as máquinas aos trabalhadores que laboravam em suas próprias residências. O mercado, porém, exigia uma produção controlada, barata e regular. Com isso, o empregador reuniu seus funcionários em um mesmo local de trabalho.

Esta reunião fez com que os trabalhadores desenvolvessem consciência coletiva e a solidariedade do grupo passa a se colocar contra a exploração demasiada nas fábricas, com a conscientização de que apenas coletivamente poderiam lutar por melhores salários e condições de trabalho, e isto não obstante fosse juridicamente proibida a união dos trabalhadores, já que desequilibraria a balança do liberalismo, onde empregados e empregadores eram considerados iguais perante a lei. Isso, claro, não passava de mais uma falácia do sistema liberal:

> Todo esse processo desvelava a falácia da proposição jurídica individualista liberal enquanto modelo explicativo da relação empregatícia, eis que se referia a ambos os sujeitos da relação de emprego como seres individuais singelos. Na verdade, perceberam os trabalhadores que um dos sujeitos da relação de emprego (o empregador) sempre foi um ser coletivo, isto é, um ser cuja vontade era hábil a detonar ações e repercussões de impacto social.
>
> [...] Em comparação a ela, a vontade obreira, como manifestação meramente individual, não tem a natural aptidão para produzir efeitos além do âmbito restrito da própria relação bilateral pactuada entre empregador e empregado. O Direito Civil tratava os dois sujeitos da relação de emprego como seres individuais, ocultando, em sua equação formalística, a essencial qualificação de ser coletivo detida naturalmente pelo empregador.
>
> O movimento sindical, desse modo, desvelou como equivocada a equação do liberalismo individualista, que conferia validade social à ação do ser coletivo empresarial, mas negava impacto maior a ação do trabalhador individualmente considerado. Nessa linha, contrapôs ao ser coletivo empresarial também a ação do ser coletivo obreiro[3].

---

(1) GOMES, Orlando; GOTTSCHALK, Elson. *Curso de direito do trabalho.* 17. ed., Rio de Janeiro: Forense, 2006. p. 2-3.

(2) Esta "liberdade" se deu como forma de superação das antigas relações de trabalho, como as corporações de ofício, que impunham regras de preço, qualidade, quantidade, margem de lucro, forma de trabalho e propaganda, tudo a partir de uma divisão hierarquizada de labor. Foram elas extintas pela Revolução Francesa em razão das máximas de *igualdade, liberdade e fraternidade,* mas, em seu lugar, nada se colocou. Permitiu-se que os homens regulassem direta e individualmente suas relações contratuais de trabalho, sem qualquer organismo intermediário, ficando as relações laborais no campo civilista do Direito.

(3) DELGADO, Mauricio Godinho. *Curso de direito do trabalho.* 7. ed., São Paulo: LTr, 2008. p. 90-91.

A partir desta consciência coletiva[4], os trabalhadores é que conquistaram, pela força da união e autonomamente, sem ingerência estatal[5], melhorias, mesmo que tímidas, nas condições de vida e labor.

Assim, as conquistas trabalhistas, coletivas e individuais passaram a se efetivar por meio das uniões sindicais dos trabalhadores em tratativas diretas com as empresas, de forma autônoma, especialmente porque estas não conseguiam seguir com seu desenvolvimento produtivo sem o trabalho.

Somente depois das grandes lutas operárias é que o Estado capitalista passou a regulamentar as condições de trabalho[6] trazendo, para o seu controle, por meio do ordenamento jurídico, as conquistas trabalhistas já realizadas pela classe operária, em uma legislação social afastada do ramo civilista.

Note-se, portanto, que grande parte do movimento de construção normativa, culminado com a intervenção do Estado nas relações de trabalho, veio de "baixo para cima" e não de "cima para baixo".

Sendo assim, desde o surgimento do Direito do Trabalho, os atores sociais tiveram participação essencial na regulamentação de suas condições de vida:

> A origem das negociações coletivas é atribuída à fase na qual o Estado era omissivo diante da questão social, diante de sua política liberalista, com o que surgiu a espontânea necessidade de organização dos trabalhadores em torno das organizações sindicais. Com a força da greve, os trabalhadores conseguiram levar seus empregadores a concessões periódicas, especialmente de natureza salarial, estendendo-se para outros tipos de pretensões, hoje as mais generalizadas.

Formou-se assim um direito do trabalho autônomo[7].

Desta forma é que se tem, como a mais específica deste ramo do Direito que, inclusive, o destaca dos demais outros, a função normativa que dá possibilidade de construção de normas (fonte formal de Direito) pelos próprios sujeitos da relação coletiva para o alcance da melhoria das condições dos trabalhadores que, certamente, leva à paz social e à redução das desigualdades entre o capital e o trabalho:

> A geração de normas jurídicas é o marco distintivo do Direito Coletivo do Trabalho em todo o universo jurídico. Trata-se de um dos poucos segmentos do Direito que possui, em seu interior, essa aptidão, esse poder, que desde a Idade Moderna tende a se concentrar no Estado. A geração de regras jurídicas, que se distanciam em qualidades e poderes das meras cláusulas obrigacionais, dirigindo-se a normatizar os contratos de trabalho das respectivas bases representadas na negociação coletiva, é um marco de afirmação do segmento juscoletivo, que confere a ele papel econômico, social e político muito relevante na sociedade democrática[8].

Assim se fez o Direito do Trabalho, por meio do poder normativo[9] conquistado, na luta, pela classe trabalhadora.

3. A ESTRUTURA SINDICAL CORPORATIVA: UMA MUDANÇA NECESSÁRIA

É de se destacar, entretanto, que toda esta postura do Estado capitalista, que se viu obrigado a aceitar como legais e legítimas tanto as organizações da classe trabalhadora quanto sua competência normativa, esteve vinculada à capacidade de mobilização dos trabalhadores. Assim é que a correlação de forças entre o capital e o trabalho é a força motriz do próprio Direito do Trabalho.

Ocorre que a estrutura sindical brasileira, implantada por Getúlio Vargas na década de 30, foi fundada sobre bases e tendências claramente intervencionistas, "*concebida como um meio de elaborar uma regulação detalhada das condições de trabalho, a fim de tornar desnecessária a atuação sindical e, por outro lado, de condicionar os interessados a bus-*

---

(4) Conquistada a partir da quebra dos falsos paradigmas liberais de igualdade entre empregados, individualmente considerados, e empregadores.

(5) Na verdade, o Estado não deixava de intervir totalmente nas relações. Ocorre que esta intervenção era indireta, no sentido de apenas legitimar as pactuações coletivas. Somente num segundo momento é que o Estado, realmente, interveio diretamente nas relações de trabalho.

(6) Esta intervenção estatal posterior às lutas operárias se deu na maioria dos países capitalistas. No entanto alguns países tiveram a experiência de normatização heterônoma (intervenção do Estado) antes da autônoma (tratativas diretas entre as partes).

(7) NASCIMENTO, Amauri Mascaro. *Curso de direito do trabalho.* 23. ed., São Paulo: Saraiva, 2008. p. 255.

(8) DELGADO, Mauricio Godinho. *Curso de direito do trabalho.* 7. ed., São Paulo: LTr, 2008. p. 1291.

(9) Essa prerrogativa de criação normativa por meio dos acordos e convenções coletivas de trabalho.

car no Estado a solução dos seus conflitos"[10]. Assim, "embora fosse reconhecida a existência de fenômenos de interação coletiva, eles foram relegados a plano desprezível"[11].

De fato, o sistema corporativista possuía, no que tange ao Direito Coletivo do Trabalho, uma concepção tida como fascista[12]. Com isso, o regime privilegiava, na lei, o contrato individual do trabalho sobre o coletivo com a intenção, almejada, de dividir e controlar os trabalhadores frente à empresa. Desprezar o coletivo, priorizando o individual, significava despertar uma disputa entre os trabalhadores com a finalidade de desmantelar a união e a resistência coletivas. Com isso, acabou-se com a liberdade e a autonomia sindicais. Os sindicatos ficaram, definitivamente, atrelados ao Ministério do Trabalho e Emprego e dele se tornaram dependentes para tudo, inclusive, sobrevivência econômica ("imposto sindical").

Como o objetivo, portanto, era o controle coletivo e a redução máxima de possíveis manifestações, estipulou-se o critério de enquadramento sindical por meio das categorias. Os sindicatos patronais se organizariam por categorias econômicas (*solidariedade de interesses econômicos dos que empreendem atividades idênticas, similares ou conexas* — art. 511, § 1º, CLT), enquanto os sindicatos obreiros se organizariam por categorias profissionais (*similitude de condições de vida oriunda da profissão ou do trabalho em comum, em situação de emprego na mesma atividade econômica ou em atividades econômicas similares ou conexas* — art. 511, § 2º, CLT). O sistema conseguiu afastar o natural fator de união dos trabalhadores (que vinha sendo, até aquele momento, por profissão[13]).

Assim, já que a organização sindical passou a ser vinculada à regulamentação estatal (quadro de enquadramento sindical — anexo ao art. 577 da CLT), o Estado tinha pleno controle sobre as organizações coletivas: "*A sindicalização por categorias representa, em consequência, o elemento basilar do regime de sindicato único consagrado pelo ordenamento corporativo.*"[14]

A partir da promulgação da Constituição da República, em 1988, reestabeleceram-se[15], como base da organização sindical brasileira — e em contraponto ao sistema intervencionista que até então reinava —, os princípios da liberdade e autonomia sindicais (art. 8º, CR/88). O viés democrático da Carta Magna foi externado pela vedação da interversão e da interferência do Poder Público na organização dos sindicatos:

> Art. 8º É livre a associação profissional ou sindical, observado o seguinte:
>
> I — a lei não poderá exigir autorização do Estado para a fundação de sindicato, ressalvado o registro no órgão competente, vedadas ao Poder Público a interferência e a intervenção na organização sindical;
>
> [...] V — ninguém será obrigado a filiar-se ou a manter-se filiado a sindicato.

Não obstante a perspectiva não intervencionista e democrática da Carta Magna, doutrina e jurisprudência mantêm fortes e majoritárias as interpretações no sentido de receptividade constitucional da estrutura sindical obreira por meio de categorias[16], mesmo em aparente choque com todos os paradigmas constitucionais postos (liberdade e autonomia sindicais):

> Ao que tudo indica, a Constituição de 1988 pretendeu instituir no Brasil um sindicato do tipo "defesa de classe", tanto que proclamou a autonomia sindical (art. 8º, inciso I); todavia, preservou o sindicato do "tipo corporativo", porque manteve expressamente a unicidade e a sindicalização por categoria (art. 8º, incisos II, III e IV); implicitamente, conservou o enquadramento.

---

(10) ROMITA, Arion Sayão. *O fascismo no direito do trabalho brasileiro — influência da Carta del Lavoro sobre a legislação trabalhista brasileira.* São Paulo: LTr, 2001. p. 14.

(11) ROMITA, Arion Sayão. *O fascismo no direito do trabalho brasileiro — influência da Carta del Lavoro sobre a legislação trabalhista brasileira.* São Paulo: LTr, 2001. p. 14.

(12) "*Afirma-se comumente que a Comissão da CLT se inspirou da Carta Del Lavoro. Tal acusação, além de confundir o todo com uma de suas partes, revela, sem dúvida, o desconhecimento da evolução das leis brasileiras sobre o Direito do Trabalho. Dos onze títulos que compõem a Consolidação, apenas o V, relativo à organização sindical, corresponde ao sistema então vigente na Itália*". In: SÜSSEKIND, Arnaldo et al. *Instituições de direito do trabalho.* v. 1, 20. ed., São Paulo: LTr, 2002. p. 64.

(13) Não obstante haver previsão legal para o enquadramento por profissão (denominado de categoria profissional diferenciada — art. 511, § 3º, CLT), tal critério é excetivo, aplicado a poucos trabalhadores e, de qualquer forma, com controle por parte do Ministério do Trabalho e Emprego.

(14) ROMITA, Arion Sayão. *O fascismo no direito do trabalho brasileiro — influência da Carta del Lavoro sobre a legislação trabalhista brasileira.* São Paulo: LTr, 2001. p. 62.

(15) Na década anterior ao intervencionista Getulista, os sindicatos vinham se organizando com certa liberdade e autonomia, especialmente porque faltavam regulamentações sobre suas estruturas.

(16) Especialmente em razão do inciso II do art. 8º da CR/88, que estabelece: "é vedada a criação de mais de uma organização sindical, em qualquer grau, representativa de categoria profissional ou econômica, na mesma base territorial, que será definida pelos trabalhadores ou empregadores interessados, não podendo ser inferior à área de um Município".

É fora de dúvida que os arts. 511 (e seus parágrafos) e 570 da Consolidação das Leis do Trabalho foram recepcionados pela Constituição de 1988. Como afirma *Arnaldo Süssekind*, as citadas normas "são, não somente compatíveis com o Estatuto Fundamental, mas necessárias ao funcionamento do sistema sindical por ele adotado". O Supremo Tribunal Federal já decidiu neste sentido[17].

Neste mesmo sentido:

No contexto da extinção do controle administrativo sobre os sindicatos, no Brasil, e do consequente fim da comissão de enquadramento sindical do Ministério do Trabalho e Emprego, em face da Carta de 1988 (art. 8º, I e II), tem se espraiado, no âmbito do sindicalismo, uma interpretação restritiva de categoria profissional[18].

É de se questionar, porém, se haveria realmente a compatibilidade entre o sistema democrático da Constituição, pautado nos princípios da liberdade e autonomia sindicais, e um critério corporativo de enquadramento sindical com o claro intuito de enfraquecer a própria organização sindical[19].

Tem-se, no entanto, e em sentido majoritário, que a Constituição da República, apesar de ter garantido os princípios da liberdade e autonomia sindicais, o fez em sentido restrito ou relativizado, já que, ao mesmo tempo, manteve (ou, pelo menos, aparenta ter mantido) as regras da unicidade sindical e da organização por meio de categorias (art. 8º, inciso II da CR/88):

Não há como situá-la [a CR/88] no plano da liberdade sindical: veda mais de um sindicato, da mesma categoria, na mesma base territorial. Seria um marco no sentido da autonomia coletiva se não cometesse esse pecado. [...]

A liberdade sindical não é um direito absoluto. Está, como toda garantia, sujeito a algumas restrições[20].

Com isso, necessária se faz uma releitura das bases da organização sindical (o que até hoje não se tem mostrado eficaz), já que toda a premissa do Direito Coletivo do Trabalho (até então prevista pela própria CLT) se fundava em um modelo com bases fascistas de intervenção estatal e controle dos sindicatos (antítese máxima do novo paradigma constitucional). De fato, naquele sistema "*não são as categorias profissionais que se organizam e se impõem o Estado, mas este é que organiza as categorias profissionais*"[21].

A partir de então, surge uma nova forma de se pensar o sindicato. Os velhos modelos, agora filtrados pelos novos princípios (liberdade e autonomia sindicais), não parecem mais resistir. Novas formas de organização empresariais surgem a cada momento, assim como novas formas de se trabalhar. Uma perspectiva atual de enquadramento sindical se faz necessária, coadunando-se com os paradigmas democráticos instaurados pela Carta de 1988.

Com isso, reforçar o sindicato, reconstruindo-o dentro dos novos paradigmas constitucionais, é reforçar também o próprio Direito do Trabalho, que tem, nos sindicatos, sua principal fonte de afirmação e desenvolvimento. Conforme já explicitado, a correlação de forças entre o capital e o trabalho é a força motriz do Direito do Trabalho.

4. A CRISE DO SINDICALISMO E O PAPEL DA MUDANÇA

A negociação coletiva, que possibilita o exercício do poder normativo e o cumprimento da função central do Direito do Trabalho[22], pressupõe uma

---

(17) ROMITA, Arion Sayão. *O fascismo no direito do trabalho brasileiro* — influência da Carta del Lavoro sobre a legislação trabalhista brasileira. São Paulo: LTr, 2001. p. 66. *Vide*, ainda, Ac. STF-Pleno, Processo RMS n. 21.305-1, Rel. Min. Marco Aurélio Mendes de Farias Mello, in LTr, jan. 1992. p. 13 e 14.

(18) DELGADO, Mauricio Godinho. *Direito coletivo do trabalho*. São Paulo: LTr, 2001. p. 65.

(19) Ressalte-se, inclusive, que tal sistema foi implantado em franca retaliação a uma organização autônoma que, naquele momento (décadas de 20 a 30), vinha crescendo no Brasil.

(20) NASCIMENTO, Amauri Mascaro. *Compêndio de direito sindical*. 2. ed., São Paulo: LTr, 2000. p. 123 e 145. Neste mesmo sentido: "*A Constituição de 1988 iniciou, sem duvida, a transição para a democratização do sistema sindical brasileiro, mas sem concluir o processo. [...] manteve o sistema de unicidade sindical (art. 8, II, CF/88), preservou o financiamento compulsório de suas entidades integrantes (art. 8º, IV, CF/88), deu continuidade ao poder normativo concorrente da Justiça do Trabalho (art. 114, § 2º, CF/88)*". In: DELGADO, Mauricio Godinho. *Direito coletivo do trabalho*. São Paulo: LTr, 2001. p. 68.

(21) ROMITA, Arion Sayão. *O fascismo no direito do trabalho brasileiro* — influência da Carta del Lavoro sobre a legislação trabalhista brasileira. São Paulo: LTr, 2001. p. 63.

(22) "Melhoria das condições de pactuação da força de trabalho na ordem socioeconômica". In DELGADO, Mauricio Godinho. *Curso de direito do trabalho*. 7. ed., São Paulo: LTr, 2008. p. 58. Complete-se, ainda, que "*em todo o Direito do Trabalho há um ponto de partida: a união dos trabalhadores; e há um ponto de chegada: a melhoria das condições dos trabalhadores*". In: PLÁ RODRIGUEZ, Américo. *Princípios de direito do trabalho*. 3. ed., Tradução: Wagner D. Giglio. São Paulo: LTr, 2000. p. 66-67.

organização livre, forte e autônoma da classe trabalhadora em contraposição à força do capital. Em não o sendo, os sindicatos podem servir exclusivamente ao capital e o Direito do Trabalho correrá o risco de se degradar ao ponto de virtualmente desaparecer.

Apesar de não ter sido esta a intenção do legislador constitucional brasileiro, muito menos da sociedade brasileira, com a abertura da crise do sistema capitalista, que esgotou sua fase de produção em massa e consumo em massa, o capitalismo se viu com condições objetivas — a classe trabalhadora e as suas organizações estão enfraquecidas — de tentar voltar ao passado, alterando o modelo do Estado do Bem-Estar Social para o sistema liberal, ou neoliberal, onde a negociação coletiva se presta, principalmente, para a retirada de direitos ou para a flexibilização destes.

Assim é que o Estado capitalista, revisando o pensamento do sistema anterior, o liberalismo, e constatando que os trabalhadores estão coletivamente fracos para resistirem às mudanças[23], impõe um pensamento (neoliberalismo) pelo qual a lei deixa de garantir direitos aos trabalhadores e passa a garantir direitos aos patrões, enquanto o Estado se afasta progressivamente das relações obrigacionais.

É exatamente neste momento que se vive. Os próprios sindicatos passam a acreditar neste discurso, legitimando e permitindo a progressiva redução e flexibilização dos direitos trabalhistas. A respeito desta crise:

> A década de 1980 presenciou, nos países de capitalismo avançado, profundas transformações no mundo do trabalho, nas suas formas de inserção na estrutura produtiva, nas formas de representação sindical e política. Foram tão intensas as modificações, que se pode mesmo afirmar que a classe-que-vive--do-trabalho sofreu a mais aguda crise deste século, que atingiu não só a sua materialidade, mas teve profundas repercussões na sua subjetividade e, no íntimo, inter-relacionamento destes níveis, afetou a sua forma de ser[24].

Além disso, o sindicalismo se defronta com uma nova barreira no início da década de 90, reforçada pelo pensamento neoliberal globalizado: a *reestruturação produtiva* (inovações organizacionais do processo produtivo):

> Particularmente nos últimos anos como respostas à crise dos anos 70, intensificaram-se as transformações no próprio processo produtivo, através do avanço tecnológico, da constituição de formas de acumulação flexível e dos modelos alternativos ao binômio taylorismo/fordismo, onde se destaca, para o capital, especialmente, o toyotismo. Essas transformações, decorrentes, por um lado, da própria concorrência intercapitalista e, por outro, dada peã necessidade de controlar o movimento operário e a luta de classes, acabaram por afetar fortemente a classe trabalhadora e o seu movimento sindical e operário[25].

Em outras palavras:

> Mesmo nos países centrais europeus, de rica experiência em termos de luta operária, o movimento sindical passa por maus momentos.
>
> Na verdade, houve três períodos diferentes. No início dos anos 80, as empresas optaram pela automação radical — e simplesmente despediram grande número de trabalhadores, ignorando os sindicatos. Como a relação custo/benefício não foi a esperada, passaram a adotar um *coquetel* de inovações tecnológicas, máquinas tradicionais e sobretudo novos métodos de organização do trabalho, importados do Japão.
>
> Essas *reengenharias* reclamavam a adesão dos trabalhadores, e por isso permitiram aos sindicatos algumas contrapartidas, especialmente em termos de participação. Com a recessão dos anos 90, as empresas intensificaram o ritmo de trabalho e voltaram a dispensar em massa. Ao mesmo tempo, trocaram a estratégia da "colaboração" pelo autoritarismo. Com tudo isso, o movimento sindical retomou o processo de fragilização[26].

---

(23) O enfraquecimento sindical possui vários fatores, mas destaca-se o descaso doutrinário e jurisprudencial por uma interpretação constitucional que efetive, de forma plena, os princípios da liberdade e autonomia sindicais.

(24) ANTUNES, Ricardo. *Adeus ao trabalho?* (ensaio sobre as metamorfoses e a centralidade do mundo do trabalho). 1. ed., São Paulo: Cortez, 1995. p. 15.

(25) ANTUNES, Ricardo. O neoliberalismo e a precarização estrutural do trabalho na fase de mundialização do capital. In: SILVA, Alessandro da et al. (Org.). *Direitos humanos*: essência do direito do trabalho. São Paulo: LTr, 2007. p. 43.

(26) VIANA, Márcio Túlio. O novo papel das convenções coletivas de trabalho: limites, riscos e desafios. *Revista do Tribunal Superior do Trabalho*, Brasília, v. 67, n. 3. p. 47-63, jul./set. 2001. p. 61.

Certo é que "*o modelo dos chamados anos de ouro do capitalismo industrial, que se estenderam da década de 40 até o início da década de 70*"[27], pressupunha produção em massa e consumo em massa, o que gerava sindicatos de massa:

> De um lado, a empresa grande, de operários em massa, produzindo em massa, vendendo em massa e disposta até a gastar em massa com reajustes salariais. De outro, o sindicato grande, reunindo as mesmas multidões, e legitimando-se sempre mais, a cada conquista.
>
> Na verdade, e tal como no quebra-cabeças o sindicato correspondia a esse modelo de empresa. Cada um dos atores sociais era a contraface do outro. Daí o equilíbrio. Não foi por outra razão que também para o sindicato aqueles anos foram gloriosos, pelo menos nos países centrais[28].

Portanto o antigo *fordismo*[29] foi *substituído pelo toyotismo*, que pressupõe produção enxuta, consumo preestabelecido (*just-in-time*) e fábricas descentralizadas (terceirização). A incompatibilidade entre o novo modelo de produção e o antigo modelo sindical é clara. Os sindicatos, criados e espelhados nas grandes plantas empresariais, já não se compatibilizam com as enxutas empresas:

> O próprio sindicato sente dificuldade em recompor a unidade desfeita. Na verdade, ele surgiu não tanto como resposta ao sistema, mas a um modo de ser desse mesmo sistema, representado pela fábrica concentrada. Na medida em que a fábrica se dissemina, o sindicato perde a referência, o seu contraponto[30].

Certamente, então, uma crise também se instaurou dentro do sindicalismo brasileiro. O enfraquecimento dos sindicatos vem junto com a quebra da solidariedade grupal (o trabalhador terceirizado se torna inimigo do trabalhador efetivado, este temendo por seu emprego e aquele desejando o emprego do outro) e a diluição das categorias (realizando os mesmos serviços dentro da mesma fábrica, há, agora, trabalhadores com categorias e direitos diferenciados):

> Mas os trabalhadores pagam ainda um outro preço pela terceirização. No limite, a empresa em rede resolve aquela contradição a que nos referimos, e que tem sido, ao longo dos tempos, a principal responsável pelo Direito do Trabalho. Ela consegue produzir... sem reunir.
>
> Ao se fragmentar, a empresa também fragmenta o universo operário; mas, ao se recompor, formando a rede, não o recompõe. Os terceirizados não se integram aos trabalhadores permanentes.
>
> Às vezes, a relação entre uns e outros chega a ser conflituosa: os primeiros veem os segundos como privilegiados, enquanto estes acusam aqueles de pressionar para baixo os seus salários. Mas os trabalhadores de cada segmento também competem entre si pelo emprego sempre mais precário e escasso[31].

Pois bem, já que uma organização sindical efetiva e funcional se espelha na organização estrutural das fábricas, e já que a estrutura destas está alterada, certo é que os sindicatos não sobreviverão caso não se reorganizem, principalmente porque o mundo do trabalho no Brasil atual, onde a grande discussão passa pela redução dos custos para a sobrevivência e majoração dos lucros, vê-se pressionado a mudar o modelo sindical para implementar, quase de forma definitiva, a grande máxima do modelo liberal capitalista: o negociado sobre o legislado[32].

---

(27) VIANA, Márcio Túlio. Quando a livre negociação pode ser um mau negócio. *Suplemento Trabalhista LTr*, São Paulo, v. 3. p. 11-14, 2002. p. 12.

(28) VIANA, Márcio Túlio. Quando a livre negociação pode ser um mau negócio. *Suplemento Trabalhista LTr*, São Paulo, v. 3. p. 11-14, 2002. p. 12.

(29) Que, justamente, pressupunha essa produção e esse consumo em massa.

(30) VIANA, Márcio Túlio. Terceirização e sindicato: um enfoque para além do direito. *Revista do Tribunal Regional do Trabalho da 3ª Região*, Belo Horizonte, n. 67. p. 117-146, jan./jun. 2003. p. 134. O mesmo autor completa: "*Hoje, as peças já não se encaixam como antes. O novo modo de produzir não corresponde ao sindicato. A moderna empresa já não abriga multidões uniformes, trabalhando anos a fio, em jornada plena, sofrendo os mesmos dramas e sonhando sonhos iguais. Como dizíamos, ela se fragmenta e se diversifica, e com isso despedaça o movimento sindical. Com a diferença que ela controla — e ele não — cada um de seus pedaços*". In: VIANA, Márcio Túlio. Quando a livre negociação pode ser um mau negócio. *Suplemento Trabalhista LTr*, São Paulo, v. 3. p. 11-14, 2002. p. 13.

(31) VIANA, Márcio Túlio. Terceirização e sindicato: um enfoque para além do direito. *Revista do Tribunal Regional do Trabalho da 3ª Região*, Belo Horizonte, n. 67. p. 117-146, jan./jun. 2003. p. 133-134.

(32) Este planejamento se destaca pela possibilidade de os direitos dos trabalhadores serem reduzidos pelos próprios sindicatos. Ou seja, a nova lógica do sistema, legitimada pelo Estado, pretende acabar com os direitos dos trabalhadores por meio da negociação coletiva com sindicatos profissionais fracos ou que apoiam o governo, o que transformará o poder normativo das partes, de instrumento da paz social e de melhoria das condições da classe que vive do trabalho, em instrumento de redução de direitos e aumento dos lucros empresariais.

Ressalte-se que esta reorganização não está acontecendo na velocidade com que deveria acontecer. Os sindicatos ainda se espelham na antiga forma de produção empresarial vertical e em massa. Ressalte-se, inclusive, que o próprio sistema confederativo (sindicatos, federações e confederações) se espelha na organização vertical-hierárquica das grandes plantas empresariais.

Essa morosidade não é culpa dos sindicatos, mas sim de um sistema, ainda vigente, que não dá subsídios para uma plena liberdade e autonomia sindicais. O sindicato está acompanhando esse movimento só em parte: *"De um lado ele se decompõe; de outro, tenta se reunificar, mas apenas através das centrais. Acontece que as centrais englobam sindicatos de categorias já dispersas. Assim, a fragmentação das bases dificulta a reunificação pela cúpula."*[33]

Tal dinâmica está na dependência da organização e união da classe trabalhadora, vez que, caso não se organize, caso não lute pelos seus direitos, a tendência será o desaparecimento gradual do Direito do Trabalho[34]. E o pior: sem a devida reestruturação da organização sindical, tal desaparecimento será convalidado pelos próprios sindicatos, no âmbito das negociações coletivas:

> Assim, o problema não é tanto o ataque frontal que se faz a certas regras do Direito do Trabalho, mas o processo de inversão de suas fontes. Viradas pelo avesso, elas se voltam contra si mesmas, como certos lagartos que devoram a própria cauda.
>
> Em outras palavras: o que há de mais grave não é a alteração ou revogação de certas normas — o que pode ser até eventualmente defendido, aqui e ali —, mas a circunstância de que *isso está se dando através de convenções coletivas*. Vale dizer: com a participação dos próprios sindicatos.
>
> Mais do que os direitos, portanto, o que está mudando é a própria dinâmica que levava à sua criação. O aparato que servia à conquista agora serve, tendencialmente, à reconquista. É como acontece nas batalhas, quando os soldados tomam as armas dos inimigos e disparam às suas costas[35].

Não se pode admitir, assim, que a crise do Direito do Trabalho seja transferida para a negociação coletiva. Este é um dos desafios postos para aqueles que abraçam o Direito acima da lei! Vale, por fim, mais uma advertência:

> [...] não se trata apenas de saber o que o futuro nos espera, mas o que o futuro espera de nós. E não há neutralidade possível. Ou ajudamos a demolir o direito, ou lutamos para reconstruí-lo; ou nos curvamos à nova ordem, ou semeamos alguma desordem nessa ordem que impera no caos [...][36].

5. AS PREMISSAS GERAIS PARA UMA MUDANÇA

Conforme acima retratado, a ideia geral é de que a estrutura atual de enquadramento sindical deve ser repensada e reconfigurada. Não se afirma, aqui, que a estrutura não funcione, pois sua logística não é o cerne do problema (diga-se, inclusive, que para os objetivos delineados pelo corporativismo a estrutura funciona muito bem).

O problema é que o engessamento do enquadramento, além de incompatível com a Constituição, retira a plasticidade necessária para que os sindicatos se organizem e se reorganizem de acordo com seus anseios, premissa essencial numa sociedade — dita contemporânea — marcada pela velocidade de suas mudanças (caminho tomado, inclusive, pelas empresas que, de certa forma, se reinventaram).

A forma como o sistema sindical se reorganizará fica a cargo dos próprios sindicatos e do interesse da classe trabalhadora (e das categorias envolvidas, é claro), a teor do que for preciso para cada ramo de atividade, profissão, região, etc. Perceba-se que a liberdade e a autonomia sindicais não excluem a premissa inicial básica de uma organização básica, mas não impedem que as entidades, conforme o caso, se adéquem, mesmo que temporariamente, para o enfrentamento de situações específicas — tudo de acordo com a necessidade e o interesse das categorias.

---

(33) VIANA, Márcio Túlio. Terceirização e sindicato: um enfoque para além do direito. *Revista do Tribunal Regional do Trabalho da 3ª Região*, Belo Horizonte, n. 67. p. 117-146, jan./jun. 2003. p. 142.

(34) Desaparecimento da forma como o conhecemos, sendo possivelmente reestruturado como um *Direito Civil do Trabalho*. In: VIANA, Márcio Túlio. Quando a livre negociação pode ser um mau negócio. *Suplemento Trabalhista LTr*, São Paulo, v. 3. p. 11-14, 2002. p. 14.

(35) VIANA, Márcio Túlio. O novo papel das convenções coletivas de trabalho: limites, riscos e desafios. *Revista do Tribunal Superior do Trabalho*, Brasília, v. 67, n. 3. p. 47-63, jul./set. 2001. p. 57.

(36) VIANA, Márcio Túlio. A proteção social do trabalhador no mundo globalizado — o direito do trabalho no limiar do século XXI. *Revista LTr*, São Paulo, ano 63, n. 7. p. 885-896, jul. 1999. p. 895.

Não se trata aqui, portanto, da conclusão por uma alteração legislativa (que, claro, poderia ser bem-vinda). O que se pretende é a mudança de visão, pois o necessário já está posto — falta, apenas, colocá-lo em prática.

Assim, em uma primeira perspectiva, poder-se-ia, dentro da hermenêutica constitucional proposta (reinterpretação normativa conforme os parâmetros constitucionais vigentes), ampliar o atual sentido de categoria para que, com isso, se consiga incluir modalidades de trabalho originalmente não compatíveis com o enquadramento original (situações não existentes ou não cogitadas na época, por exemplo).

De fato, algumas situações não se enquadram perfeitamente na perspectiva atual tida para a organização sindical. Situações assim tendem a criar uma discriminação dentro da própria empresa, entre os trabalhadores, como, por exemplo, o caso de terceirização.

Percebe-se que as novas formas de organizações empresariais, decorrentes da *reestruturação produtiva* no início da década de 90 (inovações organizacionais do processo produtivo), fizeram com que as antigas formas de organizações sindicais se tornassem incompatíveis (pelo menos em parte) com os novos modelos de produção *pós-fordistas*. Um dos exemplos mais marcantes desse problema é a terceirização:

> Analisando o concreto fenômeno social da terceirização, percebemos que este traz ínsito ao seu desenvolvimento o grande incremento da "pulverização de força de trabalho".
>
> Assim, a multiplicidade de tomadores de serviço, componentes de distintas categorias econômicas, bem como a sucessão temporal dos contratos de trabalhos firmados pelos trabalhadores terceirizados, inviabiliza a agregação dos obreiros com nítidos interesses econômicos e de condições de trabalho comuns.
>
> Logo, a solução atual da criação de um sindicato de trabalhadores terceirizados mostra-se "simplesmente um contrassenso"[37].

Assim, devem-se repensar as possibilidades de enquadramentos, renovando os critérios de ajuste entre sindicatos e respectivas empresas, especialmente porque, ao longo dos últimos vinte anos, as empresas se reestruturaram e os sindicatos (que historicamente se organizam de forma "espelhada" pela organização empresarial) permaneceram estruturalmente estagnados.

Discrimina-se a organização sindical obreira, negando-lhes perspectivas de reajustes organizacionais, enquanto se permite ampla liberdade às empresas de se organizarem e se reorganizarem (não há nenhum sistema que limite ou engesse a estrutura das empresas — já o atual sistema de categorias engessa os sindicatos). Os lados opostos precisam e devem evoluir conjuntamente, sob pena de se prejudicar até mesmo a autonomia privada coletiva (que parte da premissa de igualdade entre os contraentes na negociação):

> É verdade que há uma possibilidade de se reduzir esse impacto, se os terceirizados puderem se organizar no mesmo sindicato dos empregados da tomadora — o que nos parece uma proposta interessante. [...] Talvez o ideal fosse abrir espaço para que o trabalhador optasse, caso a caso, por um ou outro sindicato.
>
> Sabemos que o nosso direito limita a liberdade sindical. Mas a Convenção n. 87 da OIT, que a garante, só não pode servir de parâmetro nas hipóteses de choque frontal com a nossa Constituição. No mais, deve ser aplicada, mesmo não ratificada, já que *fundamental*.
>
> [...] Ainda que fosse diferente, o princípio da isonomia do salário e das condições de trabalho não deveria sofrer restrições pelo fato de os empregados da tomadora terem uma convenção coletiva diferente da que abrange os terceirizados. Ou seja: o valor fixado na convenção lhes será aplicável de todo modo, integrem ou não o sindicato[38].

A partir da perspectiva acima relatada (baseada no contexto de uma hermenêutica constitucional) poder-se-ia, em um aspecto mais abrangente, reinterpretar todos os sentidos e significados da expressão *categoria*, invertendo-se a contraditória e equivocada fórmula interpretativa (interpretação da Constituição

---

(37) TEODORO, Maria Cecília Máximo; DOMINGUES, Gustavo Magalhães de Paula Gonçalves. Alternativas para o sindicalismo: o enquadramento sindical pela atividade do trabalhador ou do tomador dos serviços. *Revista do Tribunal Superior do Trabalho*, Porto Alegre/RS, v. 76, n. 2. p. 72-83, abr./jun. 2010. p. 80.

(38) VIANA, Márcio Túlio. A terceirização revisitada: algumas críticas e sugestões para um novo tratamento da matéria. *Revista do Tribunal Superior do Trabalho*, Brasília, v. 78, n. 4. p. 198-224, out./dez. 2012. p. 219.

conforme a lei) — aparentemente utilizada nesse caso pela doutrina —, pela correta (interpretação da lei conforme a Constituição).

Apesar de não ter havido manifestações doutrinarias relevantes a respeito da fórmula a ser adotada, percebe-se um consenso no sentido de que a interpretação restritiva (segundo a lei — CLT) é claramente contraditória ao novo sistema constitucional implantado e que, decerto, outra forma de se pensar poderia (e deveria) ser cogitada:

> É obvio que, do ponto de vista jurídico, pode-se interpretar a noção de categoria profissional não só de modo restritivo (como tendente, hoje, no Brasil); é possível também realizar interpretação ampliativa da mesma noção, de modo a reforçar a atuação dos sindicatos. Essa interpretação ampliativa, a propósito, seria mais consentânea com o próprio Direito Coletivo do Trabalho, uma vez que a história e o conceito de associações sindicais remetem-se ao apelo da união, da unidade, da agregação — e não seu inverso.
>
> De fato, a ideia de similitude de condições de vida e labor, em função de vínculo dos obreiros a atividades econômicas empresariais similares ou conexas [...] permite o alargamento dos sindicatos — e não, necessariamente, seu definhamento, como verificado na ultima década[39].

É importante compreender que a Constituição da República deve ser interpretada como um sistema (interpretação sistemática) e que, por isso, não pode conter contradições internas (especialmente em um nível tão fundamental como nesse caso — *direitos sociais*).

Assim, uma hipótese essencial para a retomada de um novo paradigma de organização sindical é a compreensão de que a principiologia do sistema sindical brasileiro deve ser compreendida de forma plena (ou seja, ao contrário do que se defende, não se deve interpretá-la restritivamente). Não pensar em plenitude dos princípios basilares do Direito Sindical, relativizando-os, é negar e enfraquecer todo esse sistema. Sem sustentáculo principiológico, o desmoronamento é iminente (o que não pode se admitir quanto a direitos e garantias fundamentais).

Pela redação do *caput* e inciso I do art. 8º da CR/88 (que especificam as regras de liberdade e autonomia sindicais) cominada com a redação do inciso II do mesmo artigo, não se deve extrair uma interpretação de que este último restringe aqueles dois (especialmente porque, na técnica legislativa, o inciso tem a função de especificar o *caput* de um artigo, enquanto o parágrafo normalmente define as exceções), mas sim de que se deve proceder a uma releitura conceitual da CLT, adaptando-a aos novos paradigmas constitucionais.

Com isso, o sentido do inciso II do art. 8º da CR/88 pode ser redescoberto e, assim, poder-se-ia afastar a interpretação que é até hoje vigente (restritiva e com as mesmas bases celetistas até então em vigor).

O conceito de categoria, previsto no art. 511 da CLT, não pode ser interpretado de forma estática, mas sim de forma dinâmica, adaptando-o à nova principiologia constitucional. Após a promulgação da Constituição da República, o sentido da norma há de ser revisto, posto que sua interpretação vem sendo pautada como se ainda fosse vigente o antigo sistema corporativo. Talvez a solução possa ser até mesmo rediscutir o significado de "organização sindical" e "categoria" ou, ainda, buscar extrair o sentido da expressão "*limites de identidade, similaridade ou conexidade*" contida no § 4º do art. 511 da CLT para a formação de uma associação "homogênea" e "natural".

Percebe-se, assim, que a própria norma, com seus conceitos jurídicos indeterminados (como o caso acima especificado), permite que o sindicato, sem qualquer interferência até mesmo do Poder Judiciário (daí o sentido de autonomia sindical), construa o sentido de sua associação natural e homogênea de acordo com as necessidades da própria entidade e da classe trabalhadora (na busca, é claro, da melhoria das condições de trabalho apregoada no *caput* do art. 7º da CR/88).

Certo é que o conceito de *categoria*, para ser legitimada dentro da nova perspectiva constitucional, não pode deixar de ser revista, pois esta figura foi originalmente concebida (e daí a necessidade de reinterpretação do seu sentido) não para organizar, mas, sim, para desestabilizar, controlar e, principalmente, para enfraquecer a organização da classe trabalhadora!

6. CONCLUSÃO

O tema central enfrentado no presente trabalho é a reinterpretação da organização sindical — em

---

(39) DELGADO, Mauricio Godinho. *Direito coletivo do trabalho*. São Paulo: LTr, 2001. p. 65-66. Neste mesmo sentido: "*Esse conceito [categoria], importante no corporativismo, perdeu relevância com a liberdade sindical, que permite aos trabalhadores organizarem-se, por categorias ou outras formas, acima ou abaixo da categoria. É incompatível um sistema de liberdade sindical com a concepção de categoria como um a priori oficial*". In: NASCIMENTO, Amauri Mascaro. *Compêndio de direito sindical*. 2. ed., São Paulo: LTr, 2000. p. 124.

especial seu enquadramento por categorias — com base nos princípios constitucionais da liberdade e autonomia sindicais.

Não se tem a intenção de esgotar o assunto e ofertar uma solução definitiva às diversas questões que surgem no desenvolvimento do tema enfrentado, mas sim de se fomentar o debate, a reflexão, o pensamento discursivo sobre as premissas colocadas, a fim de que a normatização relativa à organização sindical possa ser interpretada conforme um novo padrão assentado pela Constituição.

Para tanto, percebe necessária a reinterpretação da organização sindical, com base em paradigmas constitucionais, especificamente no que tange aos critérios de agregação por categorias, na busca da reconstrução conceitual de um sindicalismo posto em crise. Ressalte-se que a releitura constitucional proposta tem como cerne os paradigmas do Estado Democrático de Direito, em especial os princípios da dignidade da pessoa humana, do valor social do trabalho, da liberdade e autonomia sindicais.

O que se pretende, finalmente, é adaptar os conceitos ora colocados ao novo paradigma constitucional que permite a reconstrução do Direito do Trabalho pautado no fortalecimento de suas organizações sindicais, visando redescobrir o verdadeiro papel do sindicato (de coautor e não de mero coadjuvante), dando-lhe a plasticidade necessária para se reconstruir autonomamente e para readaptar sua atuação na defesa dos interesses de toda a classe trabalhadora.

REFERÊNCIAS BIBLIOGRÁFICAS

ANTUNES, Ricardo. *Adeus ao trabalho?* (ensaio sobre as metamorfoses e a centralidade do mundo do trabalho). 1. ed. São Paulo: Cortez, 1995.

_____. O neoliberalismo e a precarização estrutural do trabalho na fase de mundialização do capital. In: SILVA, Alessandro da et al. (Org.). *Direitos humanos*: essência do direito do trabalho. São Paulo: LTr, 2007.

DELGADO, Mauricio Godinho. *Curso de direito do trabalho*. 7. ed. São Paulo: LTr, 2008.

_____. *Direito coletivo do trabalho*. São Paulo: LTr, 2001.

GOMES, Orlando; GOTTSCHALK, Elson. *Curso de direito do trabalho*. 17. ed. Rio de Janeiro: Forense, 2006.

NASCIMENTO, Amauri Mascaro. *Compêndio de direito sindical*. 2. ed. São Paulo: LTr, 2000.

_____. *Curso de direito do trabalho*. 23. ed. São Paulo: Saraiva, 2008.

PLÁ RODRIGUEZ, Américo. *Princípios de direito do trabalho*. 3. ed. Tradução: Wagner D. Giglio. São Paulo: LTr, 2000.

ROMITA, Arion Sayão. *O fascismo no direito do trabalho brasileiro* — influência da Carta del Lavoro sobre a legislação trabalhista brasileira. São Paulo: LTr, 2001.

SÜSSEKIND, Arnaldo et al. *Instituições de direito do trabalho*. v. 1 e 2, 20. ed. São Paulo: LTr, 2002.

TEODORO, Maria Cecília Máximo; DOMINGUES, Gustavo Magalhães de Paula Gonçalves. Alternativas para o sindicalismo: o enquadramento sindical pela atividade do trabalhador ou do tomador dos serviços. *Revista do Tribunal Superior do Trabalho*, Porto Alegre, RS, v. 76, n. 2. p. 72-83, abr./jun. 2010.

VIANA, Márcio Túlio. A proteção social do trabalhador no mundo globalizado — o direito do trabalho no limiar do século XXI. *Revista LTr*, São Paulo, ano 63, n. 7. p. 885-896, jul. 1999.

_____. A terceirização revisitada: algumas críticas e sugestões para um novo tratamento da matéria. *Revista do Tribunal Superior do Trabalho*, Brasília, v. 78, n. 4. p. 198-224, out./dez. 2012.

_____. O novo papel das convenções coletivas de trabalho: limites, riscos e desafios. *Revista do Tribunal Superior do Trabalho*, Brasília, v. 67, n. 3. p. 47-63, jul./set. 2001.

_____. Quando a livre negociação pode ser um mau negócio. *Suplemento Trabalhista LTr*, São Paulo, v. 3. p. 11-14, 2002.

_____. Terceirização e sindicato: um enfoque para além do direito. *Revista do Tribunal Regional do Trabalho da 3ª Região*, Belo Horizonte, n. 67. p. 117-146, jan./jun. 2003.

TRABALHO: valor ou mercadoria?

Patrícia Santos de Sousa Carmo[*]

1. INTRODUÇÃO

"Todas as mercadorias, enquanto valores, são trabalho humano objetivado." (Karl Marx)

A Constituição Federal, ao discorrer sobre a Ordem Econômica e Financeira, Título VII, expressa opção pelo capitalismo.

Consoante ensinamento de Eros Grau, a ordem econômica sintetiza parcela da ordem jurídica, plano normativo, que define, institucionalmente, determinado modo de produção econômica.[1]

Nele joga papel primordial a livre-iniciativa — fundamento do Estado Democrático de Direito, na exata dicção do inciso IV do art. 1º da Constituição Federal —, que repercute no direito de investir o capital no ramo que considerar mais favorável, bem como na escolha da produção de bens que se demonstre mais conveniente à realização de lucros.[2]

Noutro quadrante, a ordem econômica funda-se na valorização do trabalho humano, assegurando a todos existência digna, conforme os ditames da justiça social, segundo indica a exegese do art. 170 da mesma Constituição Federal.[3]

O valor social do trabalho diz respeito a princípio cardeal da ordem constitucional brasileira e dever universal, relevante para a afirmação do ser humano, quer no plano de sua própria individualidade, quer no plano de sua inserção familiar e social.[4]

Daí porque o valor social da livre-iniciativa e o valor social do trabalho estão inscritos no mesmo dispositivo legal, como fundamentos da República.[5]

Não se olvida, pois, que a livre-iniciativa ultrapassa a feição de liberdade econômica — pensada pelo liberalismo econômico —, porquanto deve ser interpretada em consonância com as regras e os princípios consagrados no ordenamento jurídico[6], mormente a função social da empresa, nos termos do art. 5º XXIII e art.170, II e III, todos da Constituição Federal.

Inclusive, com fincas a dar consecução ao Princípio da Dignidade da Pessoa Humana, a Constituição Federal enuncia as diretrizes, os programas e fins a serem realizados pelo Estado e pela sociedade, expressos em seus arts. 1º, 3º e 170.[7]

Não obstante, na prática, tem-se o descompasso entre o plano normativo e o plano factual, com a baixa eficácia normativo-jurídico da Constituição.

Paralelamente, há a problemática da concretização das normas trabalhistas. Deveras, o Direito do Trabalho — especialmente nas últimas décadas — tem sofrido fortes impactos. Surgiu em razão das transformações ocorridas no século XVIII, como instrumento modernizante, progressista e civilizatório, a fim de regular a relação empregatícia e proporcio-

---

(*) Doutoranda e Mestre em Direito do Trabalho pela PUC-MG. Advogada. Professora de Direito do Trabalho.
(1) GRAU, Eros Roberto. *A ordem econômica na Constituição de 1988: interpretação crítica*. 5. ed., São Paulo: Malheiros, 2000. p. 57.
(2) *Ibidem*, p. 180.
(3) *Idem*, p. 179.
(4) DELGADO, Mauricio Godinho. *Princípios de Direito Individual e Coletivo do Trabalho*. 2. ed., São Paulo: LTr, 2004. p. 34.
(5) GRAU, Eros Roberto. *A ordem econômica na Constituição de 1988: interpretação crítica*, cit., v. 2, p. 186.
(6) *Ibidem*, p. 182.
(7) *Idem*, p. 179.

nar a proteção dos trabalhadores e a melhoria das condições de trabalho na ordem socioeconômica.[8]

Nas últimas décadas, porém, já não é o mesmo. Não mais cumpre tão amplamente sua função precípua de salvaguardar os trabalhadores e de implementar melhorias nas condições de trabalho.[9]

Este ramo dinâmico do Direito, que se renova constantemente, por influência dos impulsos sociais aos quais é exposto, tem sido crescentemente precarizado.[10]

Atualmente, a análise global da relação custo-benefício — cumprimento ou descumprimento da lei trabalhista — indica que, do ponto de vista econômico, é extremamente vantajoso para os empregadores o seu descumprimento, criando uma verdadeira cultura de inadimplemento — diferentemente do que acontece em alguns países, como Alemanha e Suíça, em que a regra habitual de conduta — cumprir a legislação trabalhista — é mais benéfico ou menos desvantajoso.[11]

Assim, ante a falência daquele plano de ação global normativo e a falta de efetividade da tutela jurisdicional trabalhista, verifica-se a consecução do valor da livre-iniciativa em detrimento do valor social do trabalho.

Conjuntura que se agrava frente às transformações da ordem econômica mundial — neoliberalismo — e às modificações nos modos de organização do trabalho e de produção — pós-fordismo —, instaurando um quadro de desemprego estrutural.

Ante o exposto, questiona-se: Como o trabalho se insere nesse contexto? Nesse contexto de descompasso entre o ser e o dever ser: é valor social ou mercadoria?

O presente estudo — que não pretende ser exaustivo — tem por escopo, em um constante diálogo com o Direito, o Trabalho e a Democracia, determinar o marco de origem deste paradigma, seu desenrolar ao longo dos tempos, suas incoerências, suas implicações para a sociedade, bem como averiguar a tutela jurídica dispensada ao tema.

O objetivo geral é duplo: fazer um diagnóstico da situação e propor alguma mudança em termos de medida profilática. Nesse sentido, terá naturalmente um aspecto teórico, mas se propõe a ter também uma aplicação prática. Há como compatibilizar a livre-iniciativa com o valor social do trabalho? Há como reduzir a distância entre o direito real e o direito ideal?

O segundo objetivo é talvez o mais importante, pois, ao estabelecermos paradigmas para uma possível reforma trabalhista — diminuindo a distância entre o direito real e o direito ideal, mais perto estaremos do implemento de um Direito do Trabalho articulado aos novos tempos e mais eficiente na proteção do trabalhador.

2. A MORFOLOGIA DO TRABALHO: O TRABALHO MATERIAL

Mercantilismo é o nome dado a um conjunto de práticas adotadas na Revolução Comercial na Idade Moderna, entre o século XV e o final do século XVIII.[12]

É definido, em seu sentido mais amplo, como sistema de intervenção governamental para promover a prosperidade nacional e aumentar o poder do estado.[13]

Em que pese, seja erroneamente considerado um programa de ordens exclusivamente econômicas, diga-se que seus objetivos eram em grande parte políticos, eis que, em verdade, a finalidade da intervenção nos assuntos econômicos não se resumia em expandir o volume da indústria e do conjunto do comércio, mas também, e principalmente, mais dinheiro para o tesouro do rei.[14]

Afinal, o Capitalismo, um sistema econômico em que os meios de produção e de distribuição são da propriedade privada, baseado na livre troca de mercadorias com o objetivo de obter lucro, *"é antítese direta da economia semiestática das corporações medievais, em que a produção e o comércio eram orientados no sentido de beneficiar a sociedade, com uma remuneração apenas razoável dos serviços, ao invés de lucros ilimitados".*[15]

Assim, no século XVI, na Inglaterra, ante a necessidade de força de trabalho e aumento dos lucros, a elite econômica provocou o fechamento das terras, a elevação dos arrendamentos, bem como editaram leis desmantelando as corporações de ofício. É que,

---

(8) DELGADO, Maurício Godinho. *Curso de Direito do Trabalho.* 7. ed., São Paulo: LTr, 2008. p. 58.

(9) *Ibidem*, p. 30.

(10) *Idem*, p. 30.

(11) PIMENTA, José Roberto Freire. *Tutelas de urgência no processo do trabalho: O Potencial Transformador das Relações Trabalhistas das Reformas do CPC Brasileiro*, cit., v. 10. p. 341.

(12) BURNS, Eduard McNall. *História da Civilização Ocidental.* v. I, Tradução da Editora Globo. Porto Alegre: Globo, 1966. p. 497.

(13) *Ibidem*, p. 497.

(14) *Idem*, p. 498.

(15) *Idem*, p. 491.

segundo esse autor, *"um homem só trabalha para o outro quando é obrigado"*.[16]

Portanto, *somente quando os trabalhadores são destituídos dos meios de produção — seja da terra, no caso dos camponeses, ou das ferramentas, no caso dos artífices —, por falta de opção, vendem sua capacidade de trabalho, a fim de angariar recursos para a sobrevivência:*[17]

> O processo que abre caminho para o sistema capitalista não pode ser senão o processo que o toma do trabalhador a posse de seus meios de produção; um processo que transformará, de um lado, os meios sociais de subsistência e produção no capital, e, de outro lado, os produtos imediatos em trabalhadores assalariados.[18]

Ciente daquela máxima, o capital criou uma classe trabalhadora livre e sem propriedade — o operariado — por meio da apropriação dos meios de produção dos camponeses e artesãos:

> De fato, se fosse realmente livre para vender (ou não) a sua liberdade, o trabalhador a manteria — inviabilizando o sistema. Desse modo, para que o sistema se perpetue, é preciso não só que *haja* liberdade formal para contratar, mas que *falte* liberdade real para não contratar. Para que *faltasse* aquela liberdade *real*, foi preciso inviabilizar as antigas alternativas de subsistência do trabalhador. Em outras palavras, foi necessário impedi-lo de produzir a sua pequena economia doméstica, que lhe permitia plantar a sua comida, colher as uvas de seu vinho e costurar as suas roupas. E foi assim que — antes mesmo da difusão do contrato de trabalho — a lei roubou a terra do camponês, enquanto a máquina vencia o artesão. Sem outros meios para produzir, além das próprias mãos, ambos aceitaram então se submeter. As relações de poder tinham se tornado menos visíveis, mas nem por isso menos fortes.[19]

Donde se extrai que o trabalho é elemento constitutivo do Capitalismo, está inserido nas bases do Capitalismo, sistema econômico que se baseia na propriedade privada dos meios de produção e na transformação da força de trabalho livre assalariada — mão de obra — em matéria-prima e na acumulação do capital e na organização dos meios de produção.

Ante o exposto, pode se perguntar: como o trabalho está inserido nessa estrutura? Que papel cumpre no sistema econômico? Dúvidas essas que serão esclarecidas no próximo tópico.

3. A DIALÉTICA DE INSTRUMENTALIZAÇÃO DO TRABALHO E DO DIREITO DO TRABALHO

Inconteste que a afirmação do valor-trabalho nas principais economias capitalistas ocidentais desenvolvidas despontou como um dos principais marcos de estruturação da democracia social no mundo contemporâneo.[20]

É que o trabalho se mostra como momento fundante de realização do ser social, sendo, neste sentido, ponto de partida para a humanização do ser social[21]: *"é o trabalho, por isso, uma condição da existência do homem, independentemente de todas as formas de sociedade, eterna necessidade natural de mediação do metabolismo entre homem e natureza e, portanto, vida humana.*[22]

Assim, com o exercício do trabalho, tem-se transformação recíproca: por um lado, o homem que trabalha é transformado pelo seu trabalho; por outro lado, os objetos e as forças da natureza são transformados em meios, objetos, em matérias-primas.[23]

Trata-se do valor social do trabalho, que traduz o trabalho como elemento central do desenvolvimento da sociabilidade humana:[24]

> Em primeiro lugar, pela gênese: o trabalho, essencialmente pessoal, leva a marca da pessoa, que é a sociabilidade; em segundo, pelas profundas e decisivas influências que ele exerce sobre o bem-estar coletivo e so-

---

(16) HUBERMAN, Leo. *História da Riqueza do Homem*. Tradução de Waltensir Dutra. 21. ed., Rio de Janeiro: Guanabara, 1986. p. 167.

(17) *Ibidem*, p. 157.

(18) *Idem*, p. 163.

(19) VIANA, Márcio Túlio. *Relações de Trabalho e Competência: esboços de alguns critérios*. Rev. Trib. Reg. Trab. 3ª Reg., Belo Horizonte, v. 40, n. 70 (supl. esp.), p. 151-170, jul./dez.2004. p. 170.

(20) DELGADO, Mauricio Godinho. *Capitalismo, Trabalho e Emprego*. São Paulo: LRT, 2006.

(21) ANTUNES, Ricardo. L. C. *O caracol e sua concha: ensaios sobre a nova morfologia do trabalho*. São Paulo: Boitempo, 2005. p. 68.

(22) Karl, Marx. *O capital*. São Paulo: Abril Cultural, 1983. p. 50.

(23) LUKÁS, Georg. *As bases ontológicas do pensamento e da atividade do homem*. São Paulo: Ciências Humanas, n. 4, 1977. p. 8.

(24) ANTUNES, Ricardo. L. C. *O caracol e sua concha: ensaios sobre a nova morfologia do trabalho*, cit., v. 26. p. 68.

bre o progresso da civilização; em terceiro, pelas exigências técnicas da produção, no sentido de que não pode ter produção sem a preestabelecida convergência de muitos esforços, vale dizer, sem divisão do trabalho e cooperação; em quarto, enfim, pelo fim a que visa, que não pode ser para exclusiva vantagem do indivíduo e muito menos com dano a coletividade.[25]

Indo adiante, tem-se que o trabalho pode, também, ter natureza de valor econômico, trabalho essencialmente qualitativo, intercâmbio entre homem e natureza, que viabiliza a produção de coisas socialmente úteis.[26]

Nesse sentido, todo trabalho, dispêndio de força de trabalho do homem no sentido fisiológico, qualidade do trabalho igual ou trabalho humano abstrato gera valor das mercadorias.[27]

Ademais, todo trabalho, também dispêndio de força de trabalho do homem determinada a um fim, qualidade de trabalho concreto útil, produz valor de uso.[28] A propósito, transcreve-se:

> É a força de trabalho do operário que o capitalista compra para vender com lucro, mas é evidente que o capitalista não vende a força de trabalho de seu operário. O que ele realmente vende — e com lucro — são as mercadorias que o trabalho do operário transformou a matéria-prima em produtos acabados. O lucro vem do fato de receber o trabalhador um salário menor do que o valor da coisa produzida.[29]

Ora, no trabalho, em sua acepção econômica, já se percebe a instrumentalização do trabalho, ainda que em pequeno grau.

No entanto essa instrumentalização se elastece no trabalho envolto em relações capitalistas, inconteste, pois que se altera o seu sentido histórico original:[30]

> Se podemos considerar o trabalho como um momento fundante da sociabilidade humana, como ponto de partida do processo de seu processo de humanização, também é verdade que na sociedade capitalista o trabalho se torna assalariado, assumindo a forma de trabalho alienado. Aquilo que era uma finalidade básica do ser social — a busca de sua realização produtiva e reprodutiva no e pelo trabalho — transfigura-se e se transforma. O processo de trabalho se converte em meio de subsistência e a força de trabalho se torna, como tudo, uma mercadoria especial, cuja finalidade vem a ser a criação de novas mercadorias objetivando a valorização do capital.[31]

> Na sociedade capitalista, o mercado separou e isolou o valor de troca ou o preço monetário, das qualidades que configuram a relação do homem com os objetos materiais e com os outros seres humanos. Isso ocorreu de forma particularmente clara no processo de trabalho. Do ponto de vista capitalista, os salários representam simplesmente mais uma despesa de produção a ser acrescentada ao custo das matérias-primas e da maquinaria no cômputo do lucro. O trabalho converteu-se em uma mercadoria como qualquer outra que o capitalista adquiria sempre que via a possibilidade de obter algum lucro delas.[32]

Assim, transmutado o sentido de valor social do trabalho, bem como a sua acepção de valor econômico, o trabalho se torna meio e deixa de ser aquele fim de realização humana.[33]

Por consectário lógico, tem-se a desrealização do ser social, e, mais, o resultado do exercício do trabalho, o produto, se apresenta como um ser alheio e estranho ao produtor.[34]

Trata-se do estranhamento do trabalhador, que traduz a ideia de alienação do trabalhador enquanto ser social, enquanto ser produtivo e enquanto ser criativo:

> O estranhamento do trabalhador em seu objeto se expressa, pelas leis nacional-eco-

---

(25) BATAGLIA, Felice. *Filosofia do Trabalho*. Trad. Luiz Washington Vita e Antônio D'Elia. São Paulo: Saraiva, 1958. p. 24.

(26) *Ibidem*, p. 69.

(27) *Idem*, 69.

(28) *Idem*, 69.

(29) HUBERMAN, Leo. *História da Riqueza do Homem*. Tradução de Waltensir Dutra. 21. ed., Rio de Janeiro: Guanabara, 1986. p. 152.

(30) ANTUNES, Ricardo. L. C. *O caracol e sua concha: ensaios sobre a nova morfologia do trabalho*. São Paulo: Boitempo, 2005. p. 69.

(31) *Ibidem*, p. 69.

(32) HUNT, E. K.; SHERMAN, Howard J. *História do Pensamento Econômico*. Tradução de Jaime Larry Benchimol. 22. ed., Editora Vozes: Petrópolis, 2005. p. 95.

(33) ANTUNES, Ricardo. L. C. *O caracol e sua concha: ensaios sobre a nova morfologia do trabalho*. São Paulo: Boitempo, 2005. p. 69.

(34) *Ibidem*, p. 70.

nômicas, em que quanto mais o trabalhador produz, menos tem para consumir; que quanto mais valor cria, mais sem-valor e indigno ele se torna; quanto mais bem formado o seu produto, tanto mais deformado ele fica; quanto mais civilizado seu objeto, mais bárbaro o trabalhador; que quanto mais poderoso o trabalho, mais impotente o trabalhador se torna; quanto mais rico de espírito o trabalho, mais pobre de espírito e servo da natureza se torna o trabalhador.

Enfim, tem-se uma metamorfose no universo do trabalho humano sob as relações de produção capitalistas. O trabalho, que deveria ser um momento de identidade entre o indivíduo e o ser genérico, objetiva-se, de maneira que as relações sociais se dão entre os produtos do trabalho, portanto, relação entre coisas:[35]

> Em um país fundado sob a lógica capitalista, em que as pessoas sobrevivem daquilo que recebem pelo seu trabalho, atitudes que atentam de modo reiterado contra direitos fundamentais trabalhistas se afiguram ofensivas à ordem axiológica estabelecida. Isso porque retiram do trabalhador, cuja mão de obra se reverte em proveito do empreendimento, a segurança capaz de lhe permitir uma interação social minimamente programada. Retiram sua segurança ao negar pagamento das verbas salariais ou ao submetê-lo a humilhações decorrentes da cobrança de metas. Ou seja, ao colocar o lucro do empreendimento acima da condição humana daqueles cuja força de trabalho justifica e permite seu desenvolvimento como empresa.[36]

Noutro quadrante, na mesma linha de raciocínio, inconteste que o Direito do Trabalho e o capitalismo guardam — entre si — uma relação de simbiose, e em certo sentido contrapeso.

Enquanto o capital se preocupa, basicamente, com a sua própria acumulação, a norma trabalhadora minimiza a exploração constituída, segundo a experiência histórica específica, ainda que de maneira diferenciada e com intensidade distinta.

Dada a qualidade do Direito do Trabalho de minorar os efeitos negativos daquele sistema econômico, demonstra-se útil e necessário para os trabalhadores e — inclusive — para a preservação de tal paradigma: "*O Direito do Trabalho constitui-se, portanto, uma forma de proteção e ampliação dos direitos da classe trabalhadora, servindo ao mesmo tempo à manutenção do próprio sistema.*" [37]

Não obstante, nos últimos anos, frente a matriz apologética desconstrutiva do direito do trabalho, desregulamentação, precarização e mudanças tecnológicas, o direito do trabalho não cumpre, tão amplamente, sua função precípua de salvaguardar os trabalhadores e de implementar melhorias nas condições de trabalho.[38]

E mais, manipula-se o próprio Direito do Trabalho, instrumento de distribuição de renda e dignidade a pessoa humana, como meio de auxiliar para obtenção do fim econômico, culminando em quebra do pacto social.[39]

É inadmissível o uso do Direito do Trabalho, que está no centro da tensão entre capital e trabalho, para viabilizar condutas que em nome da persecução do lucro terminam por gerar sofrimento coletivo.[40]

Tem-se, pois, o malferimento do Direito do Trabalho, enquanto Direito Social, que não se trata apenas de uma normatividade específica, mas sim de regra de caráter transcendental que impõe valores (solidariedade, justiça social, proteção a dignidade da pessoa humana) à sociedade e, consequentemente, a todo o ordenamento jurídico.[41]

E mais, interfere, inclusive, nos custos públicos para manutenção da seguridade social e do judiciário trabalhista, que é obrigado a lidar com as mesmas pretensões jurídicas em face de atos perpetrados pelas sociedades empresarias.[42]

O Direito Social não pode ser reduzido a uma mera questão de custo, na medida em que aí não há o plano de sociedade imaginado pela Carta Magna.[43]

Admitir-se assim é permitir a renúncia de direitos trabalhistas, o que não se autoriza na seara laboral. A título de ilustração, transcreve-se ensinamento de Gabriela Neves Delgado:

---

(35) Idem, p. 72.
(36) MAIOR, Jorge Luiz Souto; MOREIRA, Ranúlio Mendes Moreira; SEVERO, Valdete Souto. *Dumping Social nas Relações de Trabalho*. 2. ed., São Paulo: LTr, 2014. p. 32.
(37) MAIOR, Jorge Luiz Souto. *A Supersubordinação — Invertendo a lógica do jogo*. Revista do Tribunal Regional da 3ª Região, Belo Horizonte, v. 48, n. 78. p. 157/193, jul./dez. 2008. p. 172.
(38) DELGADO, Mauricio Godinho. *Curso de Direito do Trabalho*. 7. ed., São Paulo: LTr, 2008. p. 30.
(39) PINTO, José Augusto Rodrigues. *Dumping Social ou Delinquência Patronal na relação de emprego?* In Revista do Tribunal Superior do Trabalho, Brasília, v. 77, n. 3, jul/set 2011. p. 145.
(40) MAIOR, Jorge Luiz Souto; MOREIRA, Ranúlio Mendes Moreira; SEVERO, Valdete Souto. *Dumping Social nas Relações de Trabalho*. 2. ed., São Paulo: LTr, 2014. p. 51.
(41) *Ibidem*, p. 32.
(42) *Idem*, p. 38.
(43) *Idem*, p. 36.

O direito fundamental ao trabalho digno, enquanto Direito Humano, é alçado à condição de indisponibilidade absoluta por todos os instrumentos internacionais já destacados. A indisponibilidade do direito ao trabalho digno é também considerada regra prevalecente no Direito do Trabalho Brasileiro. (...) Enfim, a ordem jurídico-trabalhista brasileira proíbe a renúncia ou transação lesiva de direitos, independentemente de regular presença dos requisitos do contrato de trabalho já destacados, com base em seu fundamento teleológico.

Regla ensina que tão importante quanto ter uma constituição é viver em constituição: *"Um sistema jurídico-politico — tiene una constitución — cuando cuenta com La forma constitucional como garantia de dichos ideales; y — vive em constituicon — quando esses direitos son praticados."*(44)

Com efeito, no século XX, com o advento do Constitucionalismo Social e da teoria da Constituição Dirigente, altera-se o papel da Constituição, se antes apenas retratava e garantia a ordem econômica (Constituição Econômica), passa a ser aquela que promove e garante as transformações econômicas (Constituição Normativa).

Dessa maneira, imperioso compatibilizar o plano normativo com o plano factual, a livre-iniciativa ao valor social do trabalho, sob pena de se estar em sede de uma Constituição semântica, cuja funcionalidade não se aproveita aos destinatários dela, mas se a quem detiver poder.

Dessa feita, inevitável perguntar: Se o Direito do Trabalho regula o trabalho humano remunerado, para evitar que o homem seja tratado como coisa, como proceder nesse momento histórico em que, de certa forma, há a instrumentalização do homem?

Nos dias de hoje, é preciso que o Direito do Trabalho não apenas deixe de retroagir, mas — para conter os estragos do capital — se torne "maior do que já foi"(45):

> Dentro dessa perspectiva, o ideal será que a Justiça do Trabalho (à espera de/mas também já construindo um novo Direito) possa abraçar, sem preconceitos, também os eventuais, os biscateiros, os cooperados, os ambulantes, os engraxates, as prostitutas e todos os outros que trabalham por conta alheia, dentro ou fora do processo produtivo. Mesmo porque eles já não formam, necessariamente, categorias à parte; são possibilidades presentes numa mesma vida, ou, se preferirmos, recortes de vida de uma mesma pessoa, que talvez possamos conceituar — sem qualquer exagero — como o trabalhador em pedaços do novo milênio.(46)

Neste sentido *"o Direito do Trabalho precisa, portanto, transgredir, para possibilitar a consolidação da essência humana pelo trabalho digno, fazendo com que o ser trabalhador entenda o sentido de ser parte e de ter direitos na sociedade em que se vive".*(47)

Para tanto, "as mudanças jurídicas a serem implementadas devem fundamentar-se na lógica finalística originária do Direito do Trabalho", bem como "alargar a proteção jurídica aos trabalhadores não empregados, com base numa visão humanitária e universal do Direito do Trabalho".(48)

No mesmo sentido, assevera Márcio Túlio Viana:

> E se a realidade, hoje, tem múltiplas faces, o Direito do Trabalho terá de refleti-las, para que possa, em seguida, refletir-se nelas — corrigindo as suas maiores distorções. Nesse sentido, terá mesmo de ser flexível, tal como a nova empresa tem sido; mas mantendo firme o seu princípio protetor, tal como ela faz com a sua lógica de acumulação.(49)

Essa mudança paradigmática torna-se mais relevante ao se perceber que: *"A lógica regressiva, não encontrando limites, aperfeiçoa-se."*(50)

Dessa maneira, à medida que o capital desenvolve técnicas para se esquivar das obrigações legais — seja transferindo parte de sua estrutura para além da fábrica, seja se travestindo de algo que não é, na mesma velocidade e intensidade, deve o Direito do Trabalho estender sua proteção para lá, com vistas a reverter a lógica reducionista dos direitos sociais:

---

(44) REGLA, Josep Aguiló. Sobre la Constitución de Estado Constitucional, p. 445. <http://www.biblioteca.org.ar/libros/142061.pdf>. Disponível em: 13.2.2014.

(45) VIANA, Márcio Túlio. Relações de Trabalho e Competência: esboços de alguns critérios. *Rev. Trib. Reg. Trab.* 3ª Reg., Belo Horizonte, v. 40, n. 70 (supl. esp.), p. 151-170, jul./dez.2004. p. 170.

(46) *Ibidem*, p. 170.

(47) DELGADO, Mauricio Godinho. *Capitalismo, Trabalho e Emprego*. São Paulo: LTr, 2006. p. 240.

(48) *Ibidem*, p. 241.

(49) VIANA, Márcio Túlio. Relações de Trabalho e Competência: esboços de alguns critérios. *Rev. Trib. Reg. Trab.* 3ª Reg., Belo Horizonte, v. 40, n. 70 (supl. esp.), p. 151-170, jul./dez.2004. p. 155.

(50) MAIOR, Jorge Luiz Souto. A Supersubordinação — Invertendo a lógica do jogo. *Revista do Tribunal Regional da 3ª Região*, Belo Horizonte, v. 48, n. 78. p. 157/193, jul./dez. 2008. p. 170.

Reconhecer a condição de "empregado por interpretação constitucional" aos trabalhadores que ingressam na estrutura da empresa ou da rede de empresas, ainda que suas contratações estejam amparadas por contratos de trabalho autônomos. Trata-se de atrair para a proteção dos direitos fundamentais socioeconômicos aqueles que têm semelhanças com o empregado e que em outros sistemas jurídicos recebem tratamento distinto, com proteção jurídica e social inferior ao do empregado.[51]

Afinal, na prática, tem-se mais do que o descompasso entre o plano normativo e o plano factual, verifica-se, ainda, a instrumentalização do trabalhador e do Direito que lhe protege.

De forma que o Direito do Trabalho, quando utilizado como instrumento do Capitalismo, está, também, instrumentalizando o trabalhador.

Dessa feita, enquanto não se coibir esse fenômeno, o Direito do Trabalho estará instrumentando o Capitalismo e não, como deveria, sendo seu contrapeso.

Incontestes, pois, a necessidade de se repensar a relação entre o trabalho e Capitalismo, bem como a relação entre direito do trabalho e Capitalismo:

> É preciso repensar a relação homem-trabalho... É preciso repensar a empresa... E os dois focos sobre os quais devem se centrar as mudanças e os questionamentos estão na transparência da própria organização empresarial e no impacto social de suas ações.[52]

Ante o exposto, com vistas à expansão e inovação do Direito do Trabalho, passa-se ao estudo da função social da empresa, instituto jurídico que pode ajudar sobremaneira no combate à instrumentalização do trabalho e do direito que lhe protege.

4. A FUNÇÃO SOCIAL DA EMPRESA: INSTRUMENTO DE REALIZAÇÃO DOS DIREITOS FUNDAMENTAIS E DO VALOR SOCIAL DO TRABALHO

O termo função social surgiu na filosofia, transferiu-se para as ciências sociais e, progressivamente, adentrou no direito,[53] na Constituição de Weimar (1919), atrelando-se à função social da propriedade.[54]

De se ilustrar que o direito pátrio tratou pela primeira vez da função social — da propriedade — na Constituição de 1943, a qual somente tomou os contornos — como hoje se concebe — com a Constituição Federal de 1988.[55]

Pois bem. A palavra função deriva do latim *functio,* cujo sentido corresponde a se assegurar o preenchimento de uma função.[56] Por sua vez, a expressão social se refere à determinada coletividade.

Sobre função social, veja-se:

> Cumprir a função social de um ente significa, então, fazer o correto uso de sua estrutura segundo a sua natureza, dando ao bem ou ente uma destinação justa, sem ferir seu ideal de existência, no plano aceito conforme o sistema e a ideologia predominante na época.[57]

Portanto a funcionalização, seja da propriedade, seja dos demais institutos jurídicos, reflete, objetivamente, a necessidade de condicionamento do exercício dos respectivos direitos aos interesses maiores da sociedade.[58]

Sabe-se que a função social da empresa decorre da função social da propriedade considerada enquanto propriedade dos bens de produção.[59]

Diante disso, tem-se ser a função social da empresa o poder-dever de o empresário e os administradores da sociedade empresária harmonizarem a atividade econômica aos interesses da sociedade.[60]

Portanto o proprietário tem o direito de usar, gozar e dispor da coisa (poder), mas deve fazê-lo

---

(51) CHAVES JÚNIOR, José Eduardo de Resende; MENDES, Marcus Menezes Barberino. Subordinação Estrutural-Reticular: uma perspectiva sobre a segurança jurídica. *Rev. Trib. Reg. Trab.* 3ª Reg., Belo Horizonte, v. 46, n.76. p. 197-218, jul./dez.2007. p. 20/21.

(52) BREVIDELLI, Scheilla Regina. *A função social da empresa: alargamento das fronteiras éticas da relação de trabalho.* USP. 2000. p. 6.

(53) TOMASEVICIUS FILHO, Eduardo. *A função social da empresa. In* Revista de Direito Privado, v. 810, ano 98, São Paulo: Editora Revista dos Tribunais, abril de 2003. p. 33.

(54) *Idem*, p. 36.

(55) CARVALHO, Maria de Lourdes. *A empresa contemporânea: em face das pessoas com deficiência.* Belo Horizonte: Del Rey, 2012. p. 19.

(56) *Ibidem*, p. 20.

(57) SÜSSEKIND, Arnaldo et al. *Instituições de Direito de Trabalho.* 12. ed., São Paulo: LTr, 1991. p. 134.

(58) BARTHOLO, Bruno Paiva; GAMA, Guilherme Calmon Nogueira. *Função Social da Empresa. In* Revista dos Tribunais. São Paulo: Editora dos Tribunais, ano 96, v. 857, março de 2007. p. 17.

(59) COMPARATO, Fábio Konder. *Função Social da propriedade dos bens de produção. In* Direito empresarial: estudos e pareceres. São Paulo: Saraiva:1995. p. 32.

(60) TOMASEVICIUS FILHO, Eduardo. *A função social da empresa. In* Revista de Direito Privado. São Paulo: Editora Revista dos Tribunais, abril de 2003, v. 810, ano 98. p. 36.

limitado ao cumprimento de suas finalidades sociais (dever).[61]

Diga-se não se tratar de simples limitações ou restrições ao exercício do direito (obrigações negativas), mas também da imposição de deveres positivos, que integram a própria essência do direito subjetivo. [62]

O art. 170 da Constituição Federal estabelece um norte para a densificação da função social da empresa, eis que assegurara a todos os indivíduos uma existência digna, segundo os ditames da justiça social.

Trata-se de norma dotada de aplicabilidade imediata, e não de simples conselho político ou expectativa constitucional. [63]

Todavia registre-se que a aplicação do princípio da função social da empresa é ainda extremamente incipiente. [64]

Inclusive, dada a abstração do instituto jurídico, por interpretação equivocada, a matriz apologética desconstrutiva do Direito do Trabalho defende a função social da propriedade — dentre elas a de bens de produção (empresa) — como argumento para a manutenção da exploração capitalista.[65]

Com efeito, na prática, a maioria das sociedades empresárias é contrária ao cumprimento da função social, eis que colocam a busca desenfreada por lucros como prioridade absoluta. [66]

Inclusive, há quem diga ser esse um problema grave e urgente: "*Se a teoria não oferecer um conceito adequado e o Direito não garantir uma tutela mais eficaz da função social, assistiremos inertes (...) ao comprometimento das condições de vida e da paz social do planeta.*"[67]

É preciso avançar, sob pena de o instituto ficar neutralizado nos limites de um solidarismo social ou de um discurso ético.[68]

Cumpre dar a função social eficácia jurídica e efetividade social, mediante a formulação de um conceito técnico-jurídico.

A princípio, no aspecto corporativo da sociedade empresária, a função social da empresa tem expressão na contratação de pessoas com deficiência física, em um meio ambiente de trabalho higiênico e seguro, no respeito às normas trabalhistas, na não discriminação dos empregados no curso da relação de emprego, na não discriminação em virtude de sexo, cor e idade.[69]

De qualquer modo, sabe-se que cumprir a função social da empresa implica a concretização dos direitos fundamentais[70], eis que promove melhor redistribuição de suas riquezas, paga salários justos e dignos, oferece condições dignas de trabalho e atua em harmonia com seu entorno.[71]

Certo é que: "*Toda a essência da relação de trabalho e proteção do trabalhador pode ter uma nova dimensão e parâmetro dentro desse pensar da empresa.*"[72]

De fato, a questão do trabalho e da efetividade do processo do trabalho, permeia em como o direito regula as sociedades empresárias, como permite ou inviabiliza seu exercício, como controla os deveres contratuais não cumpridos, o que pode — de acordo com a forma com que se apresenta — favorecer ou não a instabilidade social, a concentração de riquezas e a injustiça social.[73]

5. CONCLUSÃO

É como diz um autor desconhecido: "*Andam desarticulados os tempos.*"

Deveras, está-se em sede de um Estado Democrático de Direito, cuja dignidade da pessoa humana é diretriz suprema de organização de toda a República. Todavia a diretriz soa mais como um discurso, uma promessa pra, quem sabe, o amanhã.

E mais, sobrelevando-se que o máximo da dignidade se exercita mediante o trabalho, que guarda em si, hodiernamente, muito menos do social e mais

---

(61) Ibidem, p. 33.

(62) PILATI, José Isaac. *Função social da Empresa: Contribuição a um novo paradigma.* In Revista Jurídica. Blumenau: Universidade Regional de Blumenau, Centro de Ciências Jurídicas, 2005 (jan/jun), n. 17. p. 56.

(63) COMPARATO, Fábio Konder. *Função Social da propriedade dos bens de produção.* In Direito empresarial: estudos e pareceres. São Paulo: Saraiva:1995. p. 60.

(64) Ibidem, p. 34.

(65) Idem, p. 35.

(66) Ibidem, p. 101.

(67) PILATI, José Isaac. *Função social da Empresa: Contribuição a um novo paradigma.* In Revista Jurídica. Blumenau: Universidade Regional de Blumenau, Centro de Ciências Jurídicas, 2005 (jan/jun), n. 17. p. 55.

(68) Ibidem, p. 59.

(69) CASSAR, Vólia Bomfim. *A ponderação entre o princípio constitucional da proteção ao trabalhador e o princípio constitucional da preservação da empresa: a função social da empresa sobre o enfoque trabalhista.* In Revista Magister de Direito Trabalhista e Previdenciário. Porto Alegre: Magister, 2006 (março/abril), n. 31. p. 43.

(70) BESSA, Fabiane Lopes Bueno Netto. *Responsabilidade Social: práticas sociais e regulação jurídica.* Rio de Janeiro: Lumen Juris, 2006. p. 81.

(71) FALLER, Maria Helena Ferreira Fonseca. *Função Social da Empresa & Economia de Comunhão: um encontro à luz da Constituição.* Curitiba: Juruá, 2013. p. 101.

(72) BREVIDELLI, Scheilla Regina. *A função social da empresa: alargamento das fronteiras éticas da relação de trabalho.* USP. 2000. p. 6.

(73) Ibidem, p. 6.

do capital, mais distante parece aquele mandamento constitucional.

Diga-se que este artigo não se presta a questionar a validade do modelo econômico em que estamos inseridos. Tampouco está-se defendendo o fim do lucro, que é inerente à atividade econômica organizada. Em verdade, liga-se a imposição de um padrão ético mínimo para a relação empregatícia.

É imperioso compatibilizar capital e trabalho, de modo a restaurar o vigor do Direito do Trabalho como instrumento modernizante, progressista e civilizatório, e, por conseguinte, proporcionar a proteção dos trabalhadores e a melhoria das condições de trabalho na ordem socioeconômica.

Pretende-se, assim, mediante a Função Social da Empresa, o desenvolvimento de um sistema de checagem do cumprimento das obrigações trabalhistas, capaz de frenar a síndrome de descumprimento das normas trabalhistas, bem como de viabilizar a promoção da dignidade da pessoa humana e o valor social do trabalho.

Quem sabe, assim, os tempos se articulem, e, de preferência, promovam o reencontro do trabalho com o valor social e do Direito do Trabalho com a efetividade jurídico-normativa.

REFERÊNCIAS BIBLIOGRÁFICAS

ANTUNES, Ricardo. *O caracol e sua concha: ensaios sobre a nova morfologia do trabalho*. São Paulo: Boitempo Editorial, 2003.

ARNOLDI, Paulo Roberto Colombo; MICHELAN, Taís Crisitina de Carmargo. *Novos enfoques da função social da empresa numa economia globalizada*. In Revista de Direito Privado. São Paulo: Editora Revista dos Tribunais, 2002 (jun./set.).

BARTHOLO, Bruno Paiva; GAMA, Guilherme Calmon Nogueira. *Função Social da Empresa*. In Revista dos Tribunais. São Paulo: Editora dos Tribunais, ano 96, v. 857, março de 2007.

BESSA, Fabiane Lopes Bueno Netto. *Responsabilidade Social: práticas sociais e regulação jurídica*. Rio de Janeiro: Lumen Juris, 2006.

BREVIDELLI, Scheilla Regina. *A função social da empresa: alargamento das fronteiras éticas da relação de trabalho*. USP. 2000.

BURNS, Eduard McNall. *História da Civilização Ocidental*. Tradução da Editora Globo. Porto Alegre: Globo, 1966.

CANOAS, José Walter (Organizador). *A Busca da Canastra no Mundo do trabalho: caminhos e descaminhos*. Franca: UNESP, 2005.

CARVALHO, Maria de Lourdes. *A empresa contemporânea: em face das pessoas com deficiência*. Belo Horizonte: Del Rey, 2012.

CASSAR, Vólia Bomfim. *A ponderação entre o princípio constitucional da proteção ao trabalhador e o princípio constitucional da preservação da empresa: a função social da empresa sobre o enfoque trabalhista*. In Revista Magister de Direito Trabalhista e Previdenciário. Porto Alegre: Magister, 2006 (março/abril), n. 31.

CHAVES JÚNIOR, José Eduardo de Resende; MENDES, Marcus Menezes Barberino. *Subordinação Estrutural-Reticular: uma perspectiva sobre a segurança jurídica*. Rev. Trib. Reg. Trab. 3ª Reg., Belo Horizonte, v. 46, n.76. p. 197-218, jul./dez.2007.

COMPARATO, Fábio Konder. *Direitos e Deveres fundamentais em matéria de propriedade*. In: AMARAL, JR., Adalberto; PERONE-MOISES, Cláudia (orgs). O cinquentenário da Declaração Universal dos Direitos Humanos. São Paulo, Edusp, 1999.

_____. *Função Social da propriedade dos bens de produção*. In Direito empresarial: estudos e pareceres. São Paulo: Saraiva, 1995.

DELGADO, Gabriela Neves. *Direito Fundamental ao Trabalho Digno*. São Paulo: LTr, 2006.

DELGADO, Mauricio Godinho. *Curso de Direito do Trabalho*. 7. ed., São Paulo: LTr, 2008.

_____. *O Poder Empregatício*. São Paulo: LTr, 1996.

_____. *Princípios de Direito Individual e Coletivo do Trabalho*. 2. ed., São Paulo: LTr, 2004.

FALLER, Maria Helena Ferreira Fonseca. *Função Social da Empresa & Economia de Comunhão: um encontro à luz da Constituição*. Curitiba: Juruá, 2013.

GRAU, Eros Roberto. *A ordem econômica na Constituição de 1988: interpretação crítica*. 5. ed., São Paulo: Malheiros, 2000.

HUBERMAN, Leo. *História da Riqueza do Homem*. Tradução de Waltensir Dutra. 21. ed., Rio de Janeiro: Guanabara, 1986.

HUNT, E. K.; SHERMAN, Howard J. *História do Pensamento Econômico*. Tradução de Jaime Larry Benchimol. 22. ed., Editora Vozes: Petrópolis, 2005.

LEMOS JUNIOR, Eloy Pereira. *Empresa & Função Social*. Curitiba: Juruá, 2009.

LOPES, Ana Frazão de Azevedo. *Empresa e Propriedade: função social e abuso de poder econômico*. São Paulo: Quartier Latin, 2006.

MAIOR, Jorge Luiz Souto. A Supersubordinação — Invertendo a lógica do jogo. *Revista do Tribunal Regional da 3ª Região*, Belo Horizonte, v. 48, n. 78. p. 157/193, jul./dez. 2008.

MAIOR, Jorge Luiz Souto; MOREIRA, Ranúlio Mendes Moreira; SEVERO, Valdete Souto. *Dumping Social nas Relações de Trabalho*. 2. ed., São Paulo: LTr, 2014.

MASSI, Domênico de. *O futuro do trabalho: fadiga e ócio na sociedade pós-industrial*. Rio de Janeiro: Editora José Olympio Ltda. 2001

MATOSO, Jorge Eduardo Levi; OLIVEIRA, Carlos Eduardo Barbosa (organizadores). *Crise e trabalho no Brasil: modernidade ou volta ao passado?*. São Paulo: Scritta, 1996.

PIMENTA, José Roberto Freire. *Tutelas de urgência no processo do trabalho: O Potencial Transformador das Relações Trabalhistas das Reformas do CPC Brasileiro* in Direito do Trabalho: evolução, crise, perspectivas. São Paulo: LTr, 2003.

PILATI, José Isaac. *Função social da Empresa: Contribuição a um novo paradigma. In* Revista Jurídica. Blumenau: Universidade Regional de Blumenau, Centro de Ciências Jurídicas, 2005 (jan/jun), n. 17.

REGLA, Josep Aguiló. Sobre la Constitución de Estado Constitucional, p. 445. <http://www.biblioteca.org.ar/libros/142061.pdf>. Disponível em:13.2.2014.

SARLET, Ingo Wolfgang. *A Eficácia dos Direitos Fundamentais*. Porto Alegre: Livraria do Advogado, 2007.

SÜSSEKIND, Arnaldo et al. *Instituições de Direito de Trabalho*. 12. ed., São Paulo: LTr, 1991.

TOMASEVICIUS FILHO, Eduardo. *A função social da empresa. In Revista de Direito Privado*. São Paulo: Editora Revista dos Tribunais, abril de 2003, v. 810, ano 98.

TUGENDHAT, Ernst. *Lições sobre ética*. Trad. Robson Ramos dos Reis. Petrópolis: Vozes. 1997.

VIANA, Marcio Túlio. Direito do Trabalhador e Flexibilização. In: BARROS, Alice Monteiro de (Org.). *Curso de Direito do Trabalho*: Estudos em Memória de Goyotá. 3. ed., São Paulo: LTr, 1997.

_____. Relações de Trabalho e Competência: esboços de alguns critérios. *Rev. Trib. Reg. Trab. 3ª Reg.*, Belo Horizonte, v. 40, n. 70 (supl. esp.), p. 151-170, jul./dez.2004.

Produção Gráfica e Editoração Eletrônica: GRAPHIEN DIAGRAMAÇÃO E ARTE
Projeto de Capa: FABIO GIGLIO
Impressão: DIGITAL PAGE GRÁFICA E EDITORA